Die Rolle des Ein-Platz-Prinzips in der Autonomie der Sportfachverbände

Augsburger Studien zum internationalen Recht

Herausgegeben von

Volker Behr
ehem. Lehrstuhl für Bürgerliches Recht, Zivilprozessrecht, Ausländisches und Internationales Privatrecht

Luis Greco
Professur für Strafrecht, Strafprozeßrecht und Wirtschaftsstrafrecht

Christoph Vedder
ehem. Lehrstuhl für Öffentliches Recht, Völkerrecht und Europarecht sowie Sportrecht, Jean Monnet-Lehrstuhl für Europäisches Recht

Juristische Fakultät der Universität Augsburg

Band 21

PETER LANG

Paul Fischer

Die Rolle des Ein-Platz-Prinzips in der Autonomie der Sportfachverbände

Eine Untersuchung der exklusiven Organisationsstrukturen im Sport

PETER LANG

Bibliografische Information der Deutschen Nationalbibliothek
Die Deutsche Nationalbibliothek verzeichnet diese Publikation in der Deutschen Nationalbibliografie; detaillierte bibliografische Daten sind im Internet über http://dnb.d-nb.de abrufbar.

Zugl.: Augsburg, Univ., Diss., 2017

Logo auf dem Umschlag:
Abdruck mit freundlicher Genehmigung der
Universität Augsburg

D 384
ISSN 1861-664X
ISBN 978-3-631-75095-7 (Print)
E-ISBN 978-3-631-76039-0 (E-PDF)
E-ISBN 978-3-631-76040-6 (EPUB)
E-ISBN 978-3-631-76041-3 (MOBI)
DOI 10.3726/b14322

Peter Lang – Berlin · Bern · Bruxelles · New York ·
Oxford · Warszawa · Wien

Diese Publikation wurde begutachtet.

www.peterlang.com

Vorwort und Dank

Die vorliegende Dissertation wurde im Wintersemester 2017/2018 von der Juristischen Fakultät der Universität Augsburg angenommen. Das Promotionsverfahren fand mit der mündlichen Prüfung am 13. Dezember 2017 seinen Abschluss.

Die folgende Untersuchung ist das Ergebnis eines langjährigen Entwicklungsprozesses, der sich retrospektiv wie folgt zusammenfassen lässt:

Vom Wintersemester 2011/2012 bis zum Wintersemester 2014/2015 hatte ich mich als wissenschaftlicher Mitarbeiter am Lehrstuhl meines Doktorvaters, Herrn Professor Dr. Christoph Becker, intensiv mit der sportrechtlichen Literatur auseinandergesetzt, woraus ein erster knapp 300 Seiten fassender Entwurf resultierte. Dieser ging zwar ausführlich auf die Autonomie und den Umgang der Sportverbände mit ihrer monopolartigen Stellung ein, nahm aber das Ein-Platz-Prinzip und die exklusiven Organisationsstrukturen als gegeben hin. Rückblickend war es positiv, dass die wissenschaftliche Arbeit während des zweijährigen Referendariats ruhte. Mit Abstand zur Arbeit am Text setzte ein gedanklicher Reifeprozess ein, der einen neuen Ansatz ermöglichte: den Blick hinter die Kulissen des nur sogenannten „Prinzips". Aufbauend auf den bereits gewonnenen Erkenntnissen zur Autonomie der Sportverbände entstand in den Monaten nach dem Abschluss der Zweiten Juristischen Staatsprüfung die komplett überarbeitete, nun vorliegende Fassung.

Mein Dank gilt zuvorderst meinem Doktorvater, der mich stets wohlwollend gefördert und gefordert hat. Herrn Professor Dr. Christoph Vedder danke ich für die rasche Erstellung des Zweitgutachtens mit wertvollen Anregungen.

Während der Zeit als wissenschaftlicher Mitarbeiter konnte ich stets auf die Unterstützung des gesamten Lehrstuhlteams zählen. Dafür meinen herzlichen Dank.

Den Herren Rechtsanwälten Dr. Dirk-Reiner Martens, Christian Keidel und Dr. Heiner Kahlert danke ich vor allem dafür, mir die Möglichkeit gegeben zu haben, die Doktorarbeit neben dem Einstieg in den Beruf als Rechtsanwalt fertigzustellen.

Herrn Bernhard Schmitt gilt mein besonderer Dank als fachlicher und kompetenter Ansprechpartner in der Endphase der Doktorarbeit.

Zuletzt geht der Dank an die Menschen, ohne deren Unterstützung der erfolgreiche Abschluss der Dissertation nicht denkbar gewesen wäre: meine Familie und Freunde.

Insbesondere gilt das für meine Eltern Regina und Dr. Paul Georg, die mir Jahr für Jahr den Rücken gestärkt haben, und für meine Geschwister Stefanie, Martin und Veronika, der ich für ihre gründliche Korrekturlesearbeit von Herzen danke.

Den unschätzbarsten Anteil an dieser Doktorarbeit trägt meine geliebte Anni, die mich von Beginn an Tag für Tag mit nie endendem Verständnis und Zuversicht begleitet hat.

Königsbrunn, im Januar 2018 *Paul Fischer*

Inhaltsverzeichnis

Zusammenfassung und Ausblick

Abkürzungen

Abs.	Absatz, Absätze
AcP	Archiv für die civilistische Praxis, Tübingen
ADAC	Allgemeiner Deutscher Automobil-Club e. V
AEUV	Vertrag über die Arbeitsweise der Europäischen Union, Fassung aufgrund des am 1. Dezember 2009 in Kraft getretenen Vertrages von Lissabon (Konsolidierte Fassung bekanntgemacht im Amtblatt der EG Nr. C 115 vom 9. Mai 2008, S. 47, zuletzt geändert durch Amtsblatt der EU L 112/21 vom 24. April 2012 mit Wirkung von 1. Juli 2013
AG	Aktiengesellschaft
AktG	Aktiengesetz, vom 6. September 1965, BGBl. I 1965, 1089, zuletzt geändert am 20. Juli 2017, BGBl. I 2017, 2787
Art.	Artikel
BayObLG	Bayerisches Oberstes Landesgericht
BayObLGZ	Entscheidungen des Bayerischen Obersten Landesgerichts in Zivilsachen
BB	Betriebs-Berater, Heidelberg
Bearb.	Bearbeiter
BFV	Bayerischer Fußball-Verband e. V.
BGB	Bürgerliches Gesetzbuch, vom 18. August 1896, RGBl. 1896, 195, in der Fassung der Bekanntmachung vom 2. Januar 2002, BGBl. I 2002, 42, berichtigt BGBl. I 2002, 2909 und BGBl. I 2003, 738, zuletzt geändert am 6. Juni 2017, BGBl. I 2017, 1495
BGBl. I	Bundesgesetzblatt, Teil I
BGH	Bundesgerichtshof
BGHZ	Entscheidungen des Bundesgerichtshofs in Zivilsachen
BT-Drucksache	Bundestagsdrucksache
BVerfG	Bundesverfassungsgericht
BverfGE	Entscheidungen des Bundesverfassungsgerichts
BvL	Aktenzeichen des BverfG für konkrete Normenkontrollen i.S.v. Art. 100 Abs. 1 GG
BvR	Aktenzeichen des BverfG für Verfassungsbeschwerden i.S.v. Art. 93 Abs. 1 Nr. 4a und 4b GG
bzw.	beziehungsweise
ca.	circa

DB	Der Betrieb, Düsseldorf
DFB	Deutscher Fußball-Bund e. V.
DFL	Deutsche Fußball-Liga
DÖV	Die Öffentliche Verwaltung, Stuttgart
DOSB	Deutscher Olympischer Sportbund
DVBl.	Deutsches Verwaltungsblatt, Köln
DZWIR	Deutsche Zeitschrift für Wirtschafts- und Insolvenzrecht, Berlin
EGBGB	Einführungsgesetz zum Bürgerlichen Gesetzbuche, vom 18. August 1896, RGBl. 1896, 604, in der Fassung der Bekanntmachung vom 21. September 1994, BGBl. I 1994, 2494, berichtigt BGBl. I 1997, 1061, zuletzt geändert am 20. Juli 2017, BGBl. I 2017, 2787
EuGH	Europäischer Gerichtshof
etc.	et cetera
e. V.	eingetragener Verein
f.	und folgender/folgende/folgendes
FA	Football Association
FamFG	Gesetz über das Verfahren in Familiensachen und in den Angelegenheiten der freiwilligen Gerichtsbarkeit, vom 17. Dezember 2008, BGBl. I 2008, 2586, zuletzt geändert am 20. Juli 2017, BGBl. I 2017, 2780
ff.	und die folgenden
FIFA	Fédération Internationale de Football Association
GG	Grundgesetz für die Bundesrepublik Deutschland, vom 23. Mai 1949, BGBl. 1949, 1, zuletzt geändert am 13. Juli 2017, BGBl. I 2017, 2347
GmbH	Gesellschaft mit beschränkter Haftung
GmbHG	Gesetz betreffend die Gesellschaften mit beschränkter Haftung, vom 20. April 1892, RGBl. 1892, 477, in der Fassung der Bekanntmachung vom 20. Mai 1898, RGBl. 1898, 369, 846, zuletzt geändert am 17. Juli 2017, BGBl. I 2017, 2446
Hrsg.	Herausgeberin, Herausgeber
IOC	International Olympic Committee
i.S.v.	im Sinne von
JuS	Juristische Schulung, München/Frankfurt am Main
JZ	JuristenZeitung, Tübingen
KG	Kommanditgesellschaft
MDR	Monatsschrift für Deutsches Recht, Köln

MMR	MultiMedia und Recht, München
m.w.N.	mit weiteren Nachweisen
n. Chr.	nach Christi Geburt
NJW	Neue Juristische Wochenschrift, München/Frankfurt am Main
NJW-RR	NJW-Rechtsprechungs-Report Zivilrecht, München/Frankfurt am Main
Nr.	Nummer, Nummern
NSRL	Nationalsozialistischer Reichsbund für Leibesübungen
OLG	Oberlandesgericht
RabelsZ	Zeitschrift für ausländisches und internationales Privatrecht, Tübingen
RG	Reichsgericht
RGBl.	Reichs-Gesetzblatt
RGBl. I	Reichsgesetzblatt, Teil I
RGZ	Entscheidungen des Reichsgerichts in Zivilsachen
Rn.	Randnummer, Randnummern
S.	Seite(n)
SFV	Süddeutscher Fußball-Verband e. V.
Sp.	Spalte(n)
SpuRt	Zeitschrift für Sport und Recht, München
u. a.	und andere
UEFA	Union des Associations Européennes de Football
UmwG	Umwandlungsgesetz, vom 28. Oktober 1994, BGBl. I 1994, 3210, berichtigt BGBl. I 1995, 428, zuletzt geändert am 17. Juli 2017, BGBl. I 2017, 2434
v. Chr.	vor Christi Geburt
vgl.	vergleiche
WM	Zeitschrift für Wirtschafts- und Bankrecht, Frankfurt am Main
WuW	Wirtschaft und Wettbewerb, Düsseldorf
z. B.	zum Beispiel
ZGB	Zivilgesetzbuch (Schweiz) vom 10. Dezember 1907, Schweizerisches Bundesblatt 1907 (Nr. 54), 589 ff., zuletzt geändert am 18. März 2016, Schweizerisches Bundesblatt 2016, 2021.
ZGR	Zeitschrift für Unternehmens- und Gesellschaftsrecht, Berlin
ZIP	Zeitschrift für Wirtschaftsrecht, Köln

Einleitung

§ 1: Gegenstand der Untersuchung

An jedem Wochenende werden in Bayern über 15.000 Fußballspiele angepfiffen.[1] Die Wettkampfgegner haben, neben der Leidenschaft für den Fußballsport, vor allem eines mit sehr großer Wahrscheinlichkeit gemeinsam: Sie sind im Bayerischen Fußballverband (BFV)[2] organisiert.[3]

Dass diese kühn anmutende Behauptung eine zutreffende ist, liegt an der weltweiten Organisation der Sportart Fußball nach dem Ein-Platz-Prinzip. Kurz

---

1 Laut Information des Bayerischen Fußballverbandes „rollt [im Vollbetrieb] an einem Wochenende bei rund 15.000 Spielen der Ball", vgl. http://www.bfv.de/cms/spielbetrieb/neuigkeiten/2015_153392 _einfach_nur_die_infos_die_ich_moechte_168476.html (zuletzt abgerufen am 10. Dezember 2016). Von über 15.000 Spielen ist im Text die Rede, da der BFV mit seiner Zahlenangabe nur die Spiele erfasst, die unter Mannschaften seiner Verbandsmitglieder ausgetragen werden. Daneben gibt es noch organisierte Hobbyligen wie beispielsweise die Royal Bavarian Liga, in der aber nur ca. 200 Mannschaften organisiert sind, (Stand Saison 2017, siehe http://www.royalbavarianliga.de/ (zuletzt abgerufen am 13. Juni 2017)).

2 Der BFV erlangte als eingetragener Verein mit Sitz in München am 3. Februar 1949 die Rechtspersönlichkeit (§ 1 Abs. 2 BFV-Satzung 2018; Eintragung nach § 25 der BFV-Satzung von 1949). Er ging hervor aus der Sparte Fußball des Bayerischen Landes-Sportverbandes (BLSV), die Anfang Februar 1947 gegründet worden war und mit dem 3. Februar 1949 zum BFV e. V. wurde, vgl. Mitteilung des "Military Government Liasion and security office" München vom 21.1.1947 und Amtliche Sportmitteilungen des BLSV vom 5. Februar 1947, vgl. „1. Verbandstag 1947". Die Ursprungssatzung des BFV war die mit geringfügigen Änderungen versehene Fußball-Spartensatzung des BLSV vom 1. August 1947. Zu diesem Zeitpunkt hatten 1490 Vereine eine Fußballabteilung, die Mitglied in der Sparte des BLSV war. Im Gründungsjahr des BFV waren es bereits 2640 Vereine. Mittlerweile sind 4611 Vereine im Verbandsgebiet Bayern Mitglieder des BFV. In diesen Vereinen sind insgesamt über 1,6 Millionen Menschen organisiert (Laut Information der Mitglieder-Statistik 2017 des DFB, https://www.dfb.de/fileadmin/_dfbdam/141295-Mitglieder-Statistik_2017_final.pdf (zuletzt abgerufen am 27. Januar 2018). Organisatorisch sind die Mitgliedsvereine – parallel zu den Regierungsbezirken des Freistaates Bayern – in sieben Bezirke aufgegliedert, die wiederum aus insgesamt 24 Kreisen bestehen. Auf Kreis- wie auf Bezirksebene existieren Ausschüsse, die organisatorische Aufgaben hinsichtlich des Wettkampfbetriebs gemäß der Satzung und Ordnungen des BFV in ihrem Gebiet wahrnehmen sollen.

3 Zwar ist der einzelne Wettkampfteilnehmer, also das Individuum, nicht Mitglied des BFV, aber dennoch grundsätzlich über die Satzung seines Vereins an die Regeln des den Wettkampf organisierenden Verbands gebunden.

gesagt fordert dieses „Prinzip", dass es von der regionalen über die nationale bis hin zur globalen Ebene pro Gebiet nur eine Instanz für die Organisation einer Sportart gibt. In den meisten Wettkampfsportarten gibt es tatsächlich nur eine weltweite Spitzenorganisation.[4]

Veranschaulichend kann man von einer „Verbandspyramide" sprechen, wenn man sich die Organisationsstruktur des Wettkampfsports vor Augen führt. Das soll dem Leser am Beispiel der gegenwärtig vorherrschenden Organisation des Wettkampfs im Fußballsport verdeutlicht werden:

An der Basis der Pyramide stelle er sich den einzelnen Sportler aus einer bayerischen Gemeinde vor, der Mitglied in seinem lokalen Sportverein ist. In seinem Sportverein betreibt er gemeinsam mit seinen Vereinskameraden den Fußballsport. Im Wettkampf tritt er mit der Mannschaft seines Sportvereins gegen Mannschaften anderer Sportvereine an. Die Sportvereine sind Mitglieder des BFV, der den Fußball-Wettkampf in Bayern organisiert. Der BFV ist, unter anderem gemeinsam mit weiteren Regionalverbänden, Mitglied des Deutschen Fußball-Bundes (DFB). Der DFB wiederum ist Mitglied in der Union des Associations Européennes de Football (UEFA)[5] und in der Fédération Internationale de Football Association (FIFA)[6], zwei Verbände mit Sitz in der Schweiz, die den Fußball-Wettkampf auf kontinentaler Ebene (UEFA) und auf globaler Ebene (FIFA) organisieren. Die FIFA steht also an der Spitze der Verbandspyramide, die sich über die kontinentale, nationale bis hin zur regionalen Ebene aufgrund

---

4 Die bekannteste Ausnahme dürfte der Boxsport sein, der durch mehrere Weltverbände organisiert wird, siehe dazu unter § 7 III.1.

5 Die Union des Associations Européennes de Football (UEFA) wurde am 15. Juni 1954 in Basel gegründet und hat ihren heutigen Sitz in Nyon in der Schweiz, vgl. mit weiteren Ausführungen zur UEFA: *Jörg Englisch/Tim Bagger*, Nationalverband – DFB in: *Stopper/Lentze* (Hrsg.), Handbuch Fußball-Recht, S. 508. Die UEFA ist ein im Handelsregister eingetragener Verein im Sinne von Art. 60 ff. des Schweizerischen Zivilgesetzbuches. Sie hat derzeit 54 Mitglieder, vgl. UEFA-Statuten 2018, S. 30 (hierbei ist bemerkenswert, dass die Mitglieder nicht nach ihren Verbandsnamen bezeichnet werden, sondern nach dem Namen des Staates, in dem der Verband seinen Sitz hat. Eine Ungenauigkeit, die auch als Indiz für das Selbstverständnis der UEFA gesehen werden kann.).

6 Die FIFA (Fédération Internationale de Football Association) wurde am 21. Mai 1904 gegründet und ist gemäß Art. 1 Abs. 1 FIFA-Statuten 2018 ein im Handelsregister eingetragener Verein im Sinne der Art. 60 ff. des Schweizerischen Zivilgesetzbuch mit Sitz in Zürich, Art. 1 Abs. 2 FIFA-Statuten 2018, vgl. mit weiteren Ausführungen zur FIFA: *Jörg Vollmüller*, Weltverband – FIFA in: *Stopper/Lentze* (Hrsg.), Handbuch Fußball-Recht, S. 425 ff.

der Zahl der jeweiligen Mitglieder[7], bildlich gesprochen, verbreitert. Auf allen Ebenen der Verbandspyramide finden sich zu diesem „Prinzip" und seiner Absicherung Satzungsregelungen. Wie für nahezu jede Sportart, existieren für den Fußballsport keine weiteren vergleichbaren Verbandspyramiden.[8]

Der BFV ist in Bayern Monopolist.[9]

Diese Feststellung rückt den Gegenstand der Untersuchung in den Blickpunkt: Die Monopolstellung der Sportfachverbände in ihrem jeweiligen Organisationsbereich bedeutet für die Sportfachverbände ein Machtübergewicht gegenüber ihren einzelnen Mitgliedern[10], da der Ausschluss aus dem Verband[11] mangels einer vergleichbaren Verbandspyramide mit der Exklusion aus dem jeweiligen organisierten Sport gleichzusetzen wäre.[12] Die grundsätzlich gegebene Möglichkeit für die Sportvereine, sich in einer neuen Verbandsstruktur zu organisieren

---

7 Die Bezeichnung „Mitglied" trifft für das Verhältnis der Verbände auf kontinentaler Ebene (wie beispielsweise der UEFA) zur FIFA nicht zu, wie aus Art. 22 Abs. 1 FIFA-Statuten 2018 und Art. 3 UEFA-Statuten 2018 hervorgeht. Sie sind vertraglich an die Statuten der FIFA gebunden.

8 Vgl. dazu allgemein *Haas/Martens*, Sportrecht – Eine Einführung in die Praxis, S. 38 ff.; *Pfister*, Einführung, in: *Fritzweiler/Pfister/Summerer*, Praxishandbuch Sportrecht, S. 15 ff. und *Fechner/Arnhold/Brodführer*, Sportrecht, S. 33.

9 Der BFV hat auch das Selbstverständnis, die einzige Organisationsinstanz für Fußball in Bayern zu sein. Das vermittelt – neben der Namenswahl – § 1 Abs. 3 S. 2 BFV-Satzung 2018, der die Landesfarben des Bundeslandes Bayern zu den Verbandsfarben erklärt. Die bewusst plakativ gewählte Darstellung ist nur insofern zu relativieren, dass es auf dem Gebiet des Bundeslandes Bayern auch weitere Veranstalter gibt, die Fußball nach den Regeln des DFB in einer Ligenstruktur organisieren wie die „Royal Bavarian Liga". Allerdings hat diese zum einen nur ca. 200 am Wettkampf teilnehmende Mannschaften (Stand Saison 2017, siehe http://www.royalbavarianliga.de/ (zuletzt abgerufen am 13. Juni 2017)), der BFV dagegen ca. 30.000 (siehe oben Fußnote 1) und zum anderen entbehrt die „Royal Bavarian Liga" der Anknüpfung an die nationale und internationale Verbandspyramide. Letztere hat exklusiv der BFV auf dem Gebiet Bayerns inne.

10 Die überragende Machtstellung im sozialen Bereich, für die bereits ein nur regionales Monopol genügen soll, wurde bei Sportverbänden bereits mehrfach höchstrichterlich als gegeben betrachtet und immer wieder bestätigt, vgl. dazu mit Bezug zu früherer Rechtsprechung, BGH, Urteil vom 23. November 1998, II ZR 54–98, NJW 1999, 1326.

11 Der Ausschluss ist als Sanktion bei bestimmten Verstößen gegen die Satzung und sonstigen Ordnungen auch satzungsgemäß vorgesehen, vgl. nur § 12 lit. b) BFV-Satzung 2018.

12 Zum Einsatz der tatsächlichen Struktur als Machtmittel des übergeordneten gegenüber dem untergeordneten Verband siehe beispielsweise den Streit der Deutschen Triathlon Union mit dessen Mitglied, dem Bayerischen Triathlon Verband, um rückständige

und weitere Verbandspyramiden zu implementieren, wird durch das satzungsrechtlich geregelte Ein-Platz-Prinzip und den Regelungen zu seiner Absicherung sowie faktischen Hindernissen nahezu unmöglich gemacht.

Dazu kommt, dass die Sportfachverbände Forderungen nach stärkerer staatlicher Kontrolle und Regulierung meist mit dem Schlagwort der „Autonomie des Sports“ entgegentreten.[13] Substanz erhält dieses Schlagwort durch den für das Verhältnis der Sportfachverbände zu ihren Mitgliedsvereinen maßgeblichen einfach-gesetzlichen Rahmen des Bürgerlichen Gesetzbuchs, der grundsätzlich Gestaltungsfreiheit gewährt. Wie wir sogleich aus dem historischen Hintergrund des Vereinsrechts des Bürgerlichen Gesetzbuchs erkennen werden, bieten die §§ 21 ff. BGB vordergründig keine spezifischen Lösungen für die Realität der monopolistischen Sportfachverbände, sodass der Inhalt der „Autonomie des Sports“ einer eingehenden Untersuchung bedarf.

Auf dieser Ausgangslage beruhen die vereinsrechtlichen Fragestellungen, denen diese Untersuchung nachgeht:

- Welchen Inhalt hat die Autonomie der Sportfachverbände gegenüber ihren Mitgliedsvereinen?
- Inwieweit gehören das Ein-Platz-Prinzip und Regelungen zur Absicherung der exklusiven Organisation nach dem Ein-Platz-Prinzip zum Inhalt der Autonomie?

Zur Beantwortung dieser Fragen wollen wir uns auf die privatrechtliche Beziehung von Verbänden zu ihren Mitgliedern konzentrieren. Dieser Ansatz wird von der Überzeugung genährt, dass der Ursprung der Verbandsautonomie in der Freiheit der sich zusammenschließenden Individuen begründet ist.[14] Deshalb stehen die privatrechtlichen Vorschriften, insbesondere die §§ 21 ff. BGB, sowie die Abwägung der Interessen des Verbandes und seiner Mitglieder im Vordergrund.

Auf das Kartellrecht wird dagegen nur am Rande eingegangen. Zwar ist ein nicht geringer Teil des monopolistisch organisierten Sportgeschehens unternehmerischer Natur, sodass die unmittelbare Anwendung des Kartellrechts auf die vereinsrechtlichen Fragestellungen zumindest in diesem Bereich naheliegt. Allerdings ist das gesetzliche Kartellrecht aus der Würdigung von Verträgen nach den Aspekten Sittenkonformität und Redlichkeit am Maßstab von § 138 BGB und

---

Verbandsbeitragszahlungen (Quelle: *Tobias Schuhwerk*, „Bayern raus“, Augsburger Allgemeine Zeitung vom 13. Oktober 2012 (Nr. 237), S. 15).

13 Siehe dazu *Fritzweiler*, Autonomie der Sportverbände – Gefahr für den Sport?, SpuRt 2011, 1.

14 Dazu näher sogleich unter § 2 II.

§ 242 BGB entstanden. Genau nach diesen Aspekten bemisst sich grundsätzlich auch die Verbindlichkeit der Vereinssatzung.[15] Deshalb ist es für die Beantwortung der oben genannten Fragen für den gesamten Wettkampfsportbereich (also auch den nicht-unternehmerischen Teil) klarer, mit den allgemeinen Regeln zu argumentieren und auf wettbewerbsrechtliche Beobachtungen nur gelegentlich als vergleichende Argumentationshilfe zurückzugreifen.[16]

Zur Veranschaulichung der als allgemein für den Sportbereich zu verstehenden Ausführungen dient die Sportart Fußball. Das liegt, zugegeben neben meiner großen Leidenschaft für diese Sportart, an der besonderen gesellschaftlichen Relevanz des Fußballsports in Deutschland. Davon zeugen alleine über sieben Millionen Menschen, die unter dem Dach des nationalen Fußballverbandes (DFB) am organisierten Wettkampfbetrieb mitwirken[17] und den DFB damit zum weltweit zahlenstärksten nationalen Sportfachverband machen[18]. Innerhalb der 27 Mitgliedsverbände des DFB wiederum nimmt der BFV eine herausragende Stellung ein, da er mit großem Abstand die meisten Mitgliedsvereine (4611) hat.[19] Die

---

15 Siehe dazu unter § 6 IV.

16 Im Übrigen wird auf die durchaus zahlreich vorhandenen sportkartellrechtlichen Monographien (*Stopper*, Ligasport und Kartellrecht (1997); *Hannamann*, Kartellverbot und Verhaltenskoordinationen im Sport (2001); *Grätz*, Missbrauch der marktbeherrschenden Stellung durch Sportverbände (2009); *Scheck*, Die Tätigkeit von Idealvereinen im Spannungsverhältnis zwischen Vereinsautonomie und kartellrechtlichen Verhaltensanforderungen (2012); *Horn*, Die Anwendung des europäischen Kartellrechts auf den Sport (2016)) und Aufsätze (*Heermann*, Verbandsautonomie versus Kartellrecht (Causa Sport 3/2006); *ders.*, Anwendung des europäischen Kartellrechts im Bereich des Sports (WuW 4/2009); *Jickeli*, Kartellrechtliche Grenzen des Einplatzprinzips im Verbandsrecht (2010)) der jüngeren Vergangenheit verwiesen.

17 Vgl. Mitglieder-Statistik 2017 des DFB, https://www.dfb.de/fileadmin/_dfbdam/141295-Mitglieder-Statistik_2017_final.pdf (zuletzt abgerufen am 27. Januar 2018).

18 Auf dem Gebiet Deutschlands folgen mit einigem Abstand der Deutsche Turner-Bund (knapp fünf Millionen) und der Deutsche Tennis-Bund (knapp 1,4 Millionen), vgl. S. 9 der Bestandserhebung des DOSB 2017 in der Fassung vom 25. Januar 2018 abrufbar unter https://cdn.dosb.de/user_upload/www.dosb.de/uber_uns/Bestandserhebung/BE-Heft_2017_aktualisierte_Version_25.01.18.pdf (zuletzt abgerufen am 27. April 2018).

19 Der Fußballverband Niedersachsens als nächstgrößter Verband zählt 2661 Mitgliedsvereine, vgl. Mitglieder-Statistik 2017 des DFB, abrufbar unter https://www.dfb.de/fileadmin/_dfbdam/141295-Mitglieder-Statistik_2017_final.pdf (zuletzt abgerufen am 27. Januar 2018). Als Mitglied des DFB hinzugerechnet wurde der in der Statistik fehlende Verband, „DFL Deutsche Fußball Liga e. V.“, in dem die Teilnehmer der 1. und 2. Bundesliga organisiert sind.

vereinsrechtlichen Beziehungen zwischen BFV und Mitgliedsverein werden eingehend untersucht. Soweit relevant, wird auch auf die vereinsrechtliche Beziehung DFB–BFV und Mitgliedsverein–individuelles Mitglied näher eingegangen. Die rechtliche Analyse beschränkt sich also auf den nationalen Teil der Verbandspyramide,[20] wenngleich die organisatorische Anbindung des DFB an die beiden Vereine schweizerischen Rechts, UEFA und FIFA, mitberücksichtigt wird.[21]

20 Mit der internationalen Einbindung deutscher Vereine in die Verbandspyramide des Sports beschäftigen sich intensiv die beiden folgenden sportrechtlichen Habilitationen: *Vieweg*, Normsetzung und -anwendung deutscher und internationaler Verbände (1990) und *Adolphsen*, Internationale Dopingstrafen (2003).

21 Die unter der Kontrolle des IOC stehenden olympischen Spiele sind insbesondere für Einzelsportler die bedeutendste Sportveranstaltung der Welt. In dieser Untersuchung liegt der Fokus auf der Sportart Fußball und damit einer Mannschaftssportart. Für die Mannschaftssportarten sind die bedeutendsten Ereignisse immer noch die „Weltmeisterschaften" in der entsprechenden Sportart. Deshalb konzentriert sich diese Untersuchung auf die sportartbezogene Verbandspyramide am Beispiel des Fußballs. Auf das IOC und seine Bedeutung für den organisierten Sport wird nur insoweit eingegangen, als dies für die Untersuchung von Relevanz ist.

§ 2: Begriffe und Definitionen

I. Sportfachverband

Der Begriff „Sportfachverband“ beinhaltet mehrere erklärungs- und abgrenzungsbedürtftige Wortbestandteile:

1. Verband

Ein Verband ist im allgemeinen Sprachgebrauch eine „größere Vereinigung, die durch Zusammenschluss von Vereinen oder Gruppen entsteht“.[22] In der Rechtswirklichkeit wird „Verband“ für soziale Gebilde verschiedener Art gebraucht.[23] Etymologisch hat Verband eine sehr ähnliche Bedeutung[24] wie der Verein. Die zivilrechtlichen Regelungen des Vereinsrechts, §§ 21 ff. BGB, sowie die in Art. 9 GG verfassungsrechtlich abgesicherte Vereinigungsfreiheit gelten grundsätzlich für Vereine und Verbände, sodass die konkrete Begriffswahl lediglich Unterschiede in den Strukturen hinsichtlich Größe oder Organisationsform des Zusammenschlusses verdeutlichen.[25] In den vereinsrechtlichen Vorschriften des Bürgerlichen Gesetzbuchs findet sich keine Legaldefinition des Begriffs „Verein“. Die gängige zivilrechtliche Definition, die ihre Grundlage in der Rechtsprechung findet,[26] bestimmt diesen als einen auf Dauer angelegten, körperschaftlich organisierten Zu-

---

22 Vgl. Stichwort „Verband“, in: Dudenredaktion (Hrsg.), Das Bedeutungswörterbuch.

23 Vgl. Art. 164 EGBGB: „[...] Realgemeinden und ähnliche Verbände“; Art. 17 ff. KommZG (Zweckverbände der Gemeinden). Nur im Hinblick auf das Selbstverständnis des weltweiten Fußballdachverbandes (FIFA) aussagekräftig ist dessen „Definition“ des Verbandes: „Ein von der FIFA anerkannter Fußballverband.“, vgl. Definitionen in: FIFA-Statuten 2018, S. 4; siehe auch *Vieweg*, Normsetzung und -anwendung deutscher und internationaler Verbände, S. 22 f. m.w.N.

24 Im *Grimm'schen* Wörterbuch zur deutschen Sprache liest man unter dem Stichwort „Verband“ als die in der Aufzählung vierte bekannte Bedeutung dieses Wortes „das zu einem Ganzen verbundene“, vgl. *Grimm*, Deutsches Wörterbuch, Zwölfter Band, I. Abteilung, Spalte 90 f. Schlägt man in demselben Wörterbuch das Stichwort „Verein“ nach, so wird dieser dort unter anderem als „das durch Vereinigung verbundene“ beschrieben und als Beispiel für das Vorkommen in der deutschen Sprache der Verein der Turner genannt, siehe *Grimm*, Deutsches Wörterbuch, Zwölfter Band, I. Abteilung, Spalte 272 f.

25 Vgl. *Reichert*, Handbuch des Vereins- und Verbandsrechts, S. 3.

26 RG, Urteil vom 2. Februar 1905, VI 153/04, RGZ 60, 94, 96; daran anknüpfend: RG, Urteil vom 18. Januar 1934, IV 369/33, RGZ 143, 212, 213.

sammenschluss von Personen, welcher einen gemeinsamen Namen tragen, durch den Vorstand vertreten werden und einen gemeinsamen Zweck verfolgen muss.[27]

Verbände sind juristischen Personen.[28] Darunter verstehen wir eine zweckgebundene Organisationseinheit, der die Rechtsordnung die Rechtsfähigkeit verliehen hat.[29] Mit der Zuordnung zu den juristischen Personen ist nur die

---

27 Palandt/*Ellenberger*, Einführung vor § 21, Rn. 14; MünchKommBGB/*Reuter*, §§ 21, 22, Rn. 1.; *Reichert*, Handbuch des Vereins- und Verbandsrechts, S. 1.

28 Vgl. Buch 1, Abschnitt 1, Titel 2 des BGB; Für einen Überblick zur Geschichte der Juristischen Person siehe den Lexikonbeitrag von *Becker*, Juristische Person, Sp. 1456 ff.; ausführlich zum Theorienstreit des 19. Jahrhunderts und den Hintergründen der Stellung der juristischen Person im Bürgerlichen Gesetzbuch von 1896 siehe *Flume*, Allgemeiner Teil des Bürgerlichen Rechts, Erster Band. Zweiter Teil, S. 15 ff.

29 BGH, Urteil vom 11. Juli 1957, VII ZR 226/56, BGHZ 25, 134, 144; MünchKommBGB/*Reuter*, Vorbemerkung zu §§ 21 ff., Rn. 2; *Flume*, Allgemeiner Teil des Bürgerlichen Rechts, Erster Band. Zweiter Teil, S. 29; zum Begriff und der Theorie zur juristischen Person allgemein, vgl. *Flume*, Allgemeiner Teil des Bürgerlichen Rechts, Erster Band. Zweiter Teil, S. 1 ff. Diese konkrete Vorstellung von der juristischen Person wurzelt in der Theorie *Friedrich Karl von Savignys*, der festgestellt hat, dass „jeder einzelne Mensch, und nur der einzelne Mensch rechtsfähig [ist]" (*Savigny*, System des heutigen römischen Rechts, Zweyter Band, S. 2; siehe dazu *Staudinger/Weick*, Einleitung zu §§ 21 ff. BGB, Rn. 4), während die juristischen Personen nur fiktive Wesen des Rechtsverkehrs sind (*Savigny*, System des heutigen römischen Rechts. Zweyter Band, S. 282). Diesem Standpunkt traten vor allem die Germanisten entgegen, die von einer soziologischen Betrachtungsweise der menschlichen Zusammenschlüsse ausgingen und deshalb diese Korporationen in Anwendung des Organismusgedankens als wirkliche Personen bezeichneten und folgerten, dass diesen Verbandspersonen zumindest grundsätzlich Rechtspersönlichkeit zustehen müsse („Theorie der realen Verbandspersönlichkeit"), vgl. *Gierke*, Deutsches Privatrecht, S. 471, § 59; dazu *Staudinger/Weick*, Einleitung zu §§ 21 ff. BGB, Rn. 4. Auch *Savigny* betont die „natürliche Handlungsfähigkeit der juristischen Personen" (*Savigny*, System des heutigen römischen Rechts, Zweyter Band, S. 283) und plädiert für eine scharfe Trennung zwischen den Mitgliedern und der Korporation als juristische Person, deren reales Dasein auf ihrer Vertretung durch einzelne Menschen kraft der zugrundeliegenden Verfassung beruht (*Savigny*, System des heutigen römischen Rechts, Zweyter Band, S. 312; *Flume*, Allgemeiner Teil des Bürgerlichen Rechts, Erster Band. Zweiter Teil, S. 14). Er sieht also das individuelle Element sehr wohl, bezieht es aber in die Wirkung für den Rechtsverkehr nach außen nicht romantisierend mit ein. Davon ausgehend ist das Wesen der juristischen Person darin zu sehen, dass diese Rechtshandlungen ermöglicht, Verantwortlichkeit für die Rechtshandlungen herstellt und als Zurechnungsobjekt für Rechte und Pflichten fungiert (MünchKommBGB/*Reuter*, Vorbemerkung zu §§ 21 ff., Rn. 2.). Als überindividuelle Organisation aus privater Initiative kann die juristische

rechtstechnische Natur der Sportfachverbände als Rechtssubjekte festgelegt und es sind noch keine Aussagen über den konkreten Inhalt der damit verbundenen Autonomie möglich.[30]

In Rechtsprechung und Literatur wird der Begriff „Verband“ für eingetragene Vereine im Sinne des § 21 BGB, auch „Idealvereine“ genannt, verwendet, wenn Großvereine oder Vereinsverbände oder auch beide zugleich gemeint sind.[31] Begründet wird dies mit dem allgemeinen Sprachgebrauch sowie dem Eindruck, den das durchschnittliche Publikum mit dem Begriff verbindet.[32]

Die Bezeichnung der Sportfachverbände[33] als „Idealverbände“ zeigt ihren Status als eingetragener Verein im Sinne des § 21 BGB in Abgrenzung zur Rechtsform des wirtschaftlichen Vereins im Sinne des § 22 BGB an.[34] Die Einordnung von Sportfachverbänden als Idealverbände ist kritisch zu beurteilen, wenn die Organisation der entsprechenden Sportart Vermarktungsmöglichkeiten[35] in gro-

---

Person somit ein eigenes Vermögen haben, das als Haftungseinheit vom Vermögen der Mitglieder getrennt ist, und unabhängig vom Wechsel ihrer Mitglieder fortexistieren (*Staudinger/Weick*, Einleitung zu §§ 21 ff. BGB, Rn. 7).

30 So stellt auch *Savigny* fest, dass das, was das Wesen der sozialen Gebilde ausmacht, gerade nicht das Wesen der juristischen Person ist, vgl. *Savigny*, System des heutigen römischen Rechts, Zweyter Band, S. 240. So auch *Staudinger/Weick*, Einleitung zu §§ 21 ff. BGB, Rn. 17 f., der allzu pauschale Lösungsansätze für nicht hilfreich hält; *Lutter*, Theorie der Mitgliedschaft, AcP 180 (1980), S. 129: „Es kommt auf die typische Situation (Eigenart des gemeinsamen Zwecks und der tatsächlichen Struktur der Korporation) und nicht/nur wenig auf die Rechtsform an.“.

31 Vgl. BayObLG, Beschluss vom 16. Juli 1974, BReg. 2 Z 26/74, BayObLGZ 1974, 299, 300 f.; *Reichert*, Handbuch des Vereins- und Verbandsrechts, S. 3, 9 ff.; *Scheck*, Die Tätigkeit von Idealvereinen im Spannungsverhältnis zwischen Vereinsautonomie und kartellrechtlichen Verhaltensanforderungen, S. 35.

32 BayObLG, Beschluss vom 16. Juli 1974, BReg. 2 Z 26/74, BayObLGZ 1974, 299, 300; *Scheck*, Die Tätigkeit von Idealvereinen im Spannungsverhältnis zwischen Vereinsautonomie und kartellrechtlichen Verhaltensanforderungen, S. 35.

33 Soweit im Folgenden nicht anders bezeichnet, sind damit die Verbände mit Sitz in Deutschland gemeint.

34 Vgl. dazu die nur in Abgrenzung zu wirtschaftlichen Vereinen formulierte Definition des § 21 BGB; positiv definiert z. B. Art. 60 Abs. 1 des schweizerischen Zivilgesetzbuches die sogenannten Idealvereine als „Vereine, die sich einer politischen, religiösen, wissenschaftlichen, künstlerischen, wohltätigen, geselligen oder andern nicht wirtschaftlichen Aufgabe widmen […]“.

35 Die enormen Vermarktungsmöglichkeiten für die Sportfachverbände resultieren vor allem aus dem Monopol bei der Veranstaltung und Organisation des Spielbetriebs der sportlich erfolgreichsten Mannschaften seines Organisationsgebiets. Haupteinnahme-

ßem Umfang[36] bietet und der Verband diese nutzt.[37] Eine Rechtsformverfehlung aufgrund einer nicht mit § 21 BGB vereinbaren wirtschaftlichen Tätigkeit ist in solchen Fällen durchaus denkbar.[38] Das soll aber hier nicht weiter vertieft werden, da die die Untersuchung treibenden Fragen auf dem gegenwärtigen Status der Sportfachverbände beruhen. Solange ein Sportfachverband nicht durch das Re-

---

quellen sind die wirtschaftliche Verwertung der Medienrechte, der Werberechte und der Verkauf von Eintrittskarten (Siehe dazu ausführlich *Hannamann*, Kartellverbot und Verhaltenskoordinationen im Sport, S. 114 ff.; zum ökonomischen Spektrum des „Wirtschaftsgutes“ Sport vgl. auch *Heinemann*, Einführung in die Ökonomie des Sports, S. 29 ff.) Ebenfalls kann den Fachverbänden die Vermarktung des Namens und eventuellen Markenzeichen Einnahmemöglichkeiten bieten, sei es durch den Verkauf von Nutzungsrechten, das Eingehen von Partnerschaften mit Wirtschaftsunternehmen, die von einer Verbindung mit dem Sportbereich profitieren möchten, oder durch „Merchandising“ (Vgl. dazu *Jörg Englisch/Tim Bagger*, Nationalverband – DFB in: *Stopper/Lentze* (Hrsg.), Handbuch Fußball-Recht, S. 514 f.).

36 Aufgrund seines gesellschaftlichen Stellenwertes nimmt der Fußballsport bei der auf die regionale Ebene voranschreitenden Vermarktung des Wettkampfsports eine herausragende Rolle ein, vgl. *Summerer*, Sport, Vereine, Verbände, Kapitalgesellschaften in: *Fritzweiler/Pfister/Summerer*, Praxishandbuch Sportrecht, S. 149 f.; *Cario*, Vom Sportverein zur Sport-eG, S. 6 ff., beleuchtet am Beispiel des Fußballsports in Deutschland die wirtschaftliche Entwicklung des Sports ab den 1970er Jahren; den Fußball als globale Leitsportart in jeder Hinsicht einstufend: *Grätz*, Missbrauch der marktbeherrschenden Stellung durch Sportverbände, S. 3.).

37 So verwertet beispielsweise der BFV seit jüngerer Vergangenheit den Wettkampfbetrieb in den höchsten bayerischen Ligen (Regionalliga Bayern, Bayernliga Süd und Nord) medial. Daneben geriert der BFV hohe Einnahmen durch Zahlungen von Unternehmen, die als „Partner des BFV“ von einem „sportlichen Image“ profitieren wollen. Siehe dazu auch unten § 8 I.3.b).

38 Für die viel diskutierte Frage der Abgrenzung der Vereinsklassen „Idealverein“ – „wirtschaftlicher Verein“ sowie der rechtlichen Folge wirtschaftlicher Betätigungen von Idealvereinen unter besonderer Berücksichtigung von Sportvereinen siehe die Untersuchung von *Lars Leuschner*, Das Konzernrecht des Vereins, Tübingen 2011. Mit Beschluss vom 16. Mai 2017, II ZB 7/16, NJW 2017, 1943, hat der BGH entschieden, dass es für die Abgrenzung maßgeblich auf den Zweck des Vereins ankommt: Ist dieser nicht wirtschaftlich und die wirtschaftliche Tätigkeit des Vereins damit nur Nebenzweck, stehe einer Eintragung als Idealverein im Sinne des § 21 BGB nichts entgegen. Für die Nicht-Wirtschaftlichkeit des Zwecks sei die Gemeinnützigkeit im Sinne von § 51 AO ein wichtiges Indiz. Wird an die Mitglieder kein Gewinn ausgeschüttet und die Einnahmen für den nicht wirtschaftlichen Zweck verwendet, so sei die wirtschaftliche Tätigkeit nur untergeordnete Nebentätigkeit. Kritisch dazu: *Lars Leuschner*, Der Zweck heiligt doch die Mittel! – Vereinsklassenabgrenzung nach dem Kita-Beschluss des BGH, NJW 2017, 1919 ff.

gistergericht aus dem Vereinsregister gemäß § 395 FamFG gelöscht wird, sind auf sie *de lege lata* die §§ 25 ff. BGB anzuwenden.

2. Großverein

Ein Großverein hat eine große Anzahl an natürlichen oder juristischen Personen zum Mitglied. Eine genaue Zahl, ab der ein Verein zum Großverein wird und damit „Verband" genannt werden kann, ist gesetzlich nicht geregelt. Bei einer vierstelligen Mitgliederzahl scheint es angemessen, einen „Großverein" anzunehmen.[39] Irreführend wäre es, wenn sich ein Verein, der ausschließlich eine geringe Anzahl an natürlichen Personen als Mitglieder hat, als Verband bezeichnet, da dies den Rechtsverkehr objektiv über die tatsächliche Struktur des Vereins täuscht und aus Klarheitsgründen nicht jeder Verein den Namensbestandtteil „Verband" tragen soll.[40]

3. Vereinsverband

Ein Vereinsverband hat grundsätzlich nur korporative Mitglieder.[41] Ein weiteres Merkmal des Vereinsverbandes ist, dass die Initiative seiner Bildung von „unten" ausgeht, dass also Vereinsvertreter einen Verband zur Verfolgung eines gemeinsamen Zwecks gründen. Zu differenzieren ist der Vereinsverband vom Gesamtverein. Entscheidender Unterschied ist, dass der Gesamtverein gemäß seiner Satzung in unselbständige Untergliederungen, meist Abteilungen genannt, organisiert ist und somit die Zugehörigkeit zu einer solchen Abteilung lediglich eine vereinsinnenorganisatorische Bedeutung hat, da das Mitgliedschaftverhältnis der natürlichen Person direkt mit dem Gesamtverein besteht.[42] Beim Vereinsverband dagegen sind die natürlichen Personen lediglich Mitglied in ihrem Verein, der wiederum Mitglied im Vereinsverband ist. Der DFB ist beispielsweise ein Vereinsverband, aber kein Großverein,[43] da er nur 27 Mitglieder hat.[44]

---

39 Vgl. dazu die Studie von *Kiel*, Zukunftswerkstatt und Visionskultur im Sport, S. 78.

40 Vgl. BayObLG, Beschluss vom 16. Juli 1974, BReg. 2 Z 26/74, BayObLGZ 1974, 299, 300 f.; *Staudinger/Weick* § 21 BGB Rn. 36.

41 Vgl. *Reichert*, Handbuch des Vereins- und Verbandsrechts, S. 9 f.

42 Zum Gesamtverein vgl. *Reichert*, Handbuch des Vereins- und Verbandsrechts, S. 10 f.

43 Zu undifferenziert ist deshalb die Definition von *Staudinger/Weick* § 21 BGB Rn. 36: „Verbände (Großvereine) sind entweder einheitlich organisierte mitgliederstarke Vereine oder Vereine, die selbständige Vereine als Mitglieder haben, diese für bestimmte Zwecke zusammenfassen und für sie gemeinsame Aufgaben wahrnehmen, sog. *Dachorganisationen*, Vereinsverbände, zB DFB.".

44 Die Mitglieder des DFB setzen sich zusammen aus 26 regionalen Sportfachverbänden und dem Zusammenschluss der Mannschaften der ersten und zweiten Bundesliga,

4. Sport-„fach"-verband

Der Begriffsbestandteil „-fach-" drückt aus, dass der Verband den Wettkampf einer bestimmten Sportart organisieren und repräsentieren soll. Mitglieder im Fachverband sind grundsätzlich nur Vereine. In diesen Mitgliedsvereinen sind natürliche Personen zusammengeschlossen, die am organisierten Wettkampfbetrieb einer bestimmten Sportart teilnehmen wollen. Schließen sich mehrere Fachverbände einer Sportart zusammen, um zwischen ihren Mitgliedsvereinen einen Wettkampf zu organisieren, werden diese „nationale", „internationale" oder „übergeordnete" Sportfachverbände genannt.

Zu differenzieren sind die Sportfachverbände von den Dachverbänden des Sports, deren Mitglieder Sportfachverbände verschiedener Sportarten sind wie beispielsweise der Bayerische Landes-Sportverband (BLSV).[45]

5. Fachverbände für Wettkampfsport

Die Definition des Begriffsbestandteils „Sport" in Sportfachverband ist die größte Herausforderung.

a) Definition „Sport"

Eine allgemein anerkannte Definition für das seit Jahrtausenden als Teil der Kultur des Menschen bestehende Phänomen „Sport",[46] auf die an dieser Stelle

---

der DFL e. V., vgl. Mitglieder-Statistik 2017 des DFB, https://www.dfb.de/fileadmin/_dfbdam/141295-Mitglieder-Statistik_2017_final.pdf (zuletzt abgerufen am 27. Januar 2018).

45 Zum BLSV, der wiederum Mitglied im Deutschen Olympischen Sportbund (DOSB) ist, vgl. allgemein *Summerer*, Sport, Vereine, Verbände, Kapitalgesellschaften in: *Fritzweiler/Pfister/Summerer*, Praxishandbuch Sportrecht, S. 137 ff. Zur Rolle der Dachverbände des Sports siehe unten § 7 II.2.

46 Bereits in der Antike war körperliche Betätigung, die wir heute als Sport bezeichnen würden, Teil der Kultur des Menschen, siehe *Behringer*, Kulturgeschichte des Sports, S. 25 ff.; speziell für Ballspiele siehe den anschaulichen Überblick mit antiken Darstellungen bei *Walter Umminger*, Fußball in drei Jahrtausenden, in: *Huba* (Hrsg.), Fußball-Weltgeschichte, S. 22 ff.; auch *Platon* schreibt von einer Art Wurfspiel als vormilitärische Übung in seinem Werk Nomoi, Achtes Buch, [830a ff.] S. 13 f. Die Anzahl der Mitglieder, die zum Zweck der Sportausübung mit Leistungsvergleich in Vereinen organisiert sind, belegt die grundsätzliche Attraktivität dieser Art der Freizeitgestaltung. Laut DOSB zählen die deutschen Vereine insgesamt 27.402.981 Mitgliedschaften, vgl. die Bestandserhebung des DOSB 2017 in der Fassung vom 25. Januar 2018 abrufbar unter https://cdn.dosb.de/user_upload/www.dosb.de/uber_uns/

verwiesen werden könnte, gibt es nicht.[47] Das zeigt ein Blick auf verschiedene Definitionsansätze:

Das Grimm'sche Wörterbuch nennt Sport knapp eine „Leibesübung als Spiel und zum Vergnügen",[48] was grundsätzlich mit der Etymologie des Begriffs, die im lateinischen *„disportare"* (= sich zerstreuen, sich vergnügen) vermutet wird,[49] harmoniert. Der Duden definiert Sport als „eine nach bestimmten festen Regeln (im Wettkampf mit anderen) ausgeübte körperliche Betätigung (aus Freude an Bewegung und Spiel und/oder [sic!] zur körperlichen Ertüchtigung)".[50]

Die Europäische Kommission definiert Sport als „jegliche Form körperlicher Ertüchtigung, die innerhalb oder außerhalb von Vereinen betrieben wird, um die körperliche und seelische Verfassung zu verbessern, zwischenmenschliche Beziehungen zu entwickeln oder ergebnisorientierte Wettkämpfe auf allen Ebenen zu bestreiten."[51]

Holzke kommt in seiner Untersuchung zum Begriff des Sports im deutschen und europäischen Recht zu dem Ergebnis, dass Sport im weiteren Sinn eine „menschliche Betätigung [ist], die Wettkampfsport oder Körpersport ist."[52]

Der Deutsche Olympischen Sportbund (DOSB)[53] führt folgende Aspekte in seiner Aufnahmeordnung als Inhaltsbestimmungen des Sports an, die ku-

---

Bestandserhebung/BE-Heft_2017_aktualisierte_Version_25.01.18.pdf (zuletzt abgerufen am 27. April 2018).

47 Vgl. zum Fehlen einer anerkannten Definition: *Holzke*, Der Begriff Sport im deutschen und im europäischen Recht, S. 81 ff.; *Scherrer/Ludwig* (Hrsg.), Sportrecht – Eine Begriffserläuterung, S. 253 f.; *Pfister*, Einführung, in: *Fritzweiler/Pfister/Summerer*, Praxishandbuch Sportrecht, S. 2. *Bauer*, Kultur und Sport, S. 253 hält eine Definition des Sports allgemein für untunlich und plädiert für eine Erfassung in den Einzelbereichen. Sich neu entwickelnde Betätigungsformen bedürfen deshalb stets der Einzelprüfung, ob sie als Sport anzusehen sind, vgl. beispielsweise *Holzhäußer/Bagger/Schenk*, Ist E-Sport „echter" Sport, SpuRt 2016, 94 ff.

48 *Jacob und Wilhelm Grimm*, Deutsches Wörterbuch, Zehnten Bandes Erste Abtheilung, Spalte 2688.

49 Vgl. *Scherrer/Ludwig* (Hrsg.), Sportrecht – Eine Begriffserläuterung, S. 253; *Ketteler*, Sport als Rechtsbegriff, SpuRt 1997, S. 73.

50 Vgl. Stichwort „Sport", in: Dudenredaktion (Hrsg.), Das Bedeutungswörterbuch.

51 Kommission der Europäischen Gemeinschaften, Weißbuch Sport (Vorlage der Kommission), 11. Juli 2007, KOM (2007) 391 final, S. 2.

52 *Holzke*, Der Begriff Sport im deutschen und im europäischen Recht, S. 157.

53 Auch wenn der DOSB sich als Dachverband der Sportfachverbände mit Sitz in Deutschland grundsätzlich nur an seine Mitglieder richten kann, so kann seine Sport-Definition aufgrund des gesellschaftlichen Gewichts des verbandsmäßig or-

mulativ vorliegen müssen:[54] Es muss eine zielgerichtete motorische Aktivität gegeben sein, die nicht vorliegen soll bei Denkspielen, Bastel- und Modellbau, Zucht und Dressur von Tieren ohne Einbeziehung der Bewegung des Menschen und bei Bewältigung technischer Geräte ohne Einbeziehung der Bewegung des Menschen. Die eigenmotorische Aktivität muss Selbstzweck der Betätigung sein, was insbesondere bei Arbeits- und Alltagsverrichtungen sowie rein physiologischen Zustandsveränderungen des Menschen nicht der Fall sein soll.

Insgesamt zeigen die Definitionsansätze deutlich, dass die Vielgestaltigkeit des Phänomens „Sport“ eine „disjunktive Definition“[55], also die Nennung von alternativ möglichen Merkmalen, erfordert.

b) Präzisierung auf Wettkampfsport

Mit der Präzisierung auf den Wettkampfsport wird der hier verwendete Begriff des Sportfachverbandes zu solchen Verbänden abgegrenzt, die zwar sportliche Betätigungen, aber nicht einen auf die Leistungsspitze ausgerichteten sportlichen Wettkampf organisieren.[56]

Im Wettkampfsport wird menschliche Betätigung in Form von motorischen Fähigkeiten darauf verwendet, ein nach bestimmten Regeln zu betreibendes Spiel zu gewinnen, ohne daraus unmittelbare produktive Vorteile zu erwarten. Streben nach körperlicher Leistung im Wettkampf ist seit Jahrtausenden Teil der mensch-

---

ganisierten Sports, seines langjährigen Engagements im Sportbereich und den damit verbundenen gewonnenen Erfahrungswerten bei der Annäherung an wesentliche Merkmale des Sports nicht außer Acht bleiben, vgl. zum Rückgriff auf verbandsrechtliche Wertungen auch außerhalb des Mitgliederkreises nur *Kreutz*, Der rechtliche Status von Verhaltensregeln im alpinen Wintersport, Causa Sport 1/2014, S. 23 ff.

54 Vgl. § 3 Aufnahmeordnung des DOSB.

55 Vgl. dazu *Holzke*, Der Begriff Sport im deutschen und im europäischen Recht, S. 14.

56 Zu dieser Differenzierung auch *Pfister*, Einführung, in: *Fritzweiler/Pfister/Summerer*, Praxishandbuch Sportrecht, S. 2 f.; *Scherrer/Ludwig* (Hrsg.), Sportrecht – Eine Begriffserläuterung, S. 254; *Ketteler*, Sport als Rechtsbegriff, SpuRt 1997, S. 73. Vgl. zur Abgrenzung des „Freizeitsports“ von dem die Basis der Verbandspyramide bildenden „Breitensports“ die Ausführungen von *Pöttinger*, Wirtschaftliche und soziale Grundlagen der Professionalisierung im Sport, S. 131 ff.; ebenso differenziert *Holzke*, Der Begriff Sport im deutschen und im europäischen Recht, S. 157 im Rahmen seiner Abgrenzung des Wettkampfsports vom Körpersport.

lichen Kultur.[57] Es wird meist verstärkt durch die Auslobung einer Prämie.[58] Durch einheitliche Regeln wird dieser Wettkampf innerhalb einer Spielart vergleichbar, sodass bei weltweit einheitlicher Spielart einer Sportart der „Beste“ von der lokalen bis auf die globale Ebene hin ermittelt werden kann.

Unter Berücksichtigung der oben genannten Definitionsansätze sowie soziologischer[59] und sportwissenschaftlicher[60] Untersuchungen zum Wettkampfsport sind seine wesentlichen Merkmale:[61]

- Menschliche Betätigung,
- Unmittelbare Unproduktivität der Tätigkeit,[62]
- Leistungsstreben,
- Leistungsvergleich durch Wettkampf,
- Chancengleichheit durch einheitliche Regeln.

Zur Klarstellung sei bereits an dieser Stelle erwähnt, dass die Definition des Wettkampfsports sowie die Definition einer bestimmten bereits existierenden Sportart

---

57 Davon zeugen bereits die antiken Wettkämpfe an der Kultstätte des Zeus in Olympia ab ca. 700 v. Chr., wo der Beste in der jeweiligen Disziplin gekürt wurde und den Sieger lebenslang materielle wie immaterielle Vorteile erwarteten, vgl. *Sinn*, Olympia, S. 39 f. und *Swaddling*, Die Olympischen Spiele der Antike, S. 151. Von dem griechischen Dichter und Philosophen *Xenophanes* aus Kolophon erfahren wir von öffentlichen Ehrungen und Wertschätzung der Olympiasieger in seiner sogenannten Sportelegie, vgl. *Steinmann*, Meisterstücke der griechischen und römischen Literatur, S. 57 ff. Auch die Olympischen Spiele der Neuzeit standen von Beginn an unter dem Wahlspruch „Citius, altius, fortius“ („höher, schneller, stärker“), vgl. *De Coubertin*, Olympische Erinnerungen, S. 216 und die Rule 10 in der Olympic Charter 2018. Damit kommt das Ziel des Wettkampfes zum Ausdruck: das Erreichen der Spitze.

58 Vgl. *Schröder*, Symbolik der Olympischen Bewegung, S. 72.

59 *Bette*, Sportsoziologie, S. 15 ff.

60 *Röthig/Prohl u. a.* (Hrsg.), Sportwissenschaftliches Lexikon, S. 493 ff. mit weiteren Nachweisen.

61 Hierbei wurden auch die Definitionsansätze aus rechtswissenschaftlicher Sicht von *Pfister*, Einführung, in: *Fritzweiler/Pfister/Summerer*, Praxishandbuch Sportrecht, S. 2 ff. sowie von *Ketteler*, Sport als Rechtsbegriff, SpuRt 1997, S. 73 ff. mitberücksichtigt. Zu einem ähnlichen Ergebnis kommt *Holzke*, Der Begriff Sport im deutschen und im europäischen Recht, S. 157.

62 Danach ist Angeln um des Fisches als Nahrungsmittel willen kein (Wettkampf-)Sport, Angeln um des Fischfangs willen im Vergleich mit anderen Anglern nach bestimmten Regeln dagegen schon, vgl. *Pfister*, Einführung, in: *Fritzweiler/Pfister/Summerer*, Praxishandbuch Sportrecht, S. 4.

nicht durch den Sportfachverband vorgegeben werden kann. Die gegenwärtig bestehenden Sportfachverbände sind nicht die „Eigentümer" der jeweiligen Sportarten,[63] sondern vielmehr Rechtsgebilde für ihre Mitglieder mit dem Zweck, eine bereits existierende Sportart im geordneten Wettkampf zu organisieren und die Mitgliederinteressen zu vertreten.[64]

II. Die innere Vereinsautonomie

Die Untersuchung konzentriert sich auf vereinsinnenrechtliche Fragen. Das bedeutet, dass es um die rechtliche Beziehung zwischen der juristischen Person, Sportfachverband, und dessen Mitglied, der juristischen Person, Sportverein, sowie dessen Mitgliedern, natürliche Personen, geht. Diese rechtliche Beziehung wird von der inneren Vereinsautonomie bestimmt. Davon abzugrenzen ist die äußere Vereinsautonomie.

1. Abgrenzung zur äußeren Vereinsautonomie

Die äußere Vereinsautonomie bezeichnet die grundsätzlich gegebene Freiheit eigener Regelsetzung und -anwendung vor hoheitlichen Eingriffen. Art. 9 Abs. 1 GG beinhaltet den Schutz und die Garantie dieser Freiheit. Die Grundrechte des Grundgesetzes in den Artikeln 1 bis 19 GG funktionieren primär als Abwehrrechte gegen den Staat und somit als Schutz gegenüber hoheitlichen Eingriffen in den privaten Bereich, also gleichsam gegen Einwirkung von außen in den individuellen Freiheitsbereich nach innen.[65] Darüber hinaus verankert das Grundgesetz in seiner Funktion als Werteordnung[66] in Art. 9 Abs. 1 GG das Prinzip der freien Gruppenbildung und erteilt damit der planmäßigen Organisation innerhalb diktierter Wertesysteme totalitärer Staaten eine Absage.[67] Jedenfalls über

63 Insofern wird die Definitionsbefugnis, die *Steiner*, Die Autonomie des Sports, S. 242, den Sportfachverbänden zugesteht, kritisch gesehen.

64 Siehe ausführlich dazu unter § 6.

65 Vgl. BVerfG, Beschluss vom 15. Juni 1989, 2 BvL 4/87, BVerfGE 80, 244, 252 f.; BVerfG, Urteil vom 1. März 1979, 1 BvR 532, 533/77, 419/78 und BvL 21/78, BVerfGE 50, 290, 352; *Maunz/Dürig/Scholz*, Grundgesetz-Kommentar, Art. 9, Rn. 34.

66 Zum Grundgesetz als Wertordnung, die für alle Bereiche des Rechts Geltung beansprucht, vgl. BVerfG, Urteil vom 18. Juli 1972, 1 BvL 32/70 und 25/71, NJW 1972, 1561; BVerfG, Beschluss vom 2. Mai 1967, 1 BvR 578/63, BVerfGE 21, 362, 372, dort mit weiteren Nachweisen aus der Rechtsprechung des Bundesverfassungsgerichts.

67 Vgl. BVerfG, Urteil vom 1. März 1979, 1 BvR 532, 533/77, 419/78 und BvL 21/78, BVerfGE 50, 290, 352; *Maunz/Dürig/Scholz*, Grundgesetz-Kommentar, Art. 9, Rn. 37.

Art. 19 Abs. 3 GG gilt Art. 9 Abs. 1 GG auch für juristische Personen,[68] sodass sich auf die äußere Vereinsautonomie bei staatlichen Eingriffen grundsätzlich auch der Sportfachverband berufen kann.

Art. 9 Abs. 1 GG ist ein bloßes „Ausübungsrecht" zwecks kollektiver Verfolgung eines bestimmten grundrechtlich legitimierten Zwecks, wobei dieser Zweck seine verfassungsrechtliche Legitimation in einem bestimmten, inhaltlich definierten Grundrecht als Inhaltsrecht findet. Als Inhaltsrechte dieser Art fungieren insbesondere die Grundrechte aus Art. 4, 5, 12, 14 GG sowie Art. 2 Abs. 1 GG.[69] Es handelt sich also bei innerer und äußerer Vereinsautonomie um zwei Seiten einer Medaille, wobei die äußere Vereinsautonomie ihren Inhalt aus der inneren Vereinsautonomie schöpft.

Die innere Vereinsautonomie bestimmt den Inhalt der rechtlichen Beziehung von Verein und Mitglied. Grundlage der „inneren" Vereinsautonomie ist die Privatautonomie.[70]

---

68 Dies ist die restriktive Ansicht, die bei *Maunz/Dürig/Scholz*, Grundgesetz-Kommentar, Art. 9, Rn. 55 zum Ausdruck kommt. Bereits über die Funktion des Art. 9 Abs. 1 GG als „Doppelgrundrecht" herleitend: BVerfG, Urteil vom 1. März 1979, 1 BvR 532, 533/77, 419/78 und BvL 21/78, BVerfGE 50, 290, 354; *Kohler*, Mitgliedschaftsrechtliche Regelungen in Vereinsordnungen, S. 33.

69 *Maunz/Dürig/Scholz*, Grundgesetz-Kommentar, Art. 9, Rn. 40.

70 Vgl. nur *Lutter*, Theorie der Mitgliedschaft, AcP 180 (1980), S. 94, der klarstellt, dass die Ausgestaltung des rechtlichen Rahmens von privaten Zweckgemeinschaften nur als Verwirklichung von Privatautonomie überhaupt zutreffend zu verstehen ist. Dagegen verkehrt die Annahme einer durch Art. 9 Abs. 1 GG legitimierten Unterordnung der einzelnen Mitglieder unter den Verein die Wertentscheidung des Grundgesetzes in das Gegenteil, das durch Art. 9 Abs. 1 und Art. 19 Abs. 3 GG den Freiheitsbereich des Individuums erweitern wollte. Diese steht im Widerspruch zu der grundsätzlichen Funktion der Grundrechte als Abwehrrechte gegen den Staat, zum anderen zur Intention des Art. 19 Abs. 3 GG, der „um des Menschen willen [da] ist" (So *Maunz/Dürig/Remmert*, Grundgesetz-Kommentar, Art. 19 Abs. 3, Rn. 113). Siehe zum Ganzen ausführlich *Look*, Vereinsstrafen als Vertragsstrafen, S. 70 ff.; auch: OLG Frankfurt, Urteil vom 14. März 1985, 6 U 53/84, Wirtschaft in Recht und Praxis (WRP) 1985, 500, 503; auch *Steinbeck* lehnt ein Über-Unterordnungsverhältnis ab und betont die Gleichordnung, nimmt jedoch im Innenverhältnis einen gegenseitigen Schutz durch Art. 9 Abs. 1 GG an, bezeichnet aber in der Folge Art. 9 Abs. 1 GG lediglich als deklaratorische Anerkennung vorgegebener Autonomie, vgl. *Steinbeck*, Vereinsautonomie und Dritteinfluß, S. 24 f. Andere Ansicht auch bei *Schimke, Martin/Eilers, Goetz*, Vereins- und Verbandsrecht, in: *Nolte/Horst* (Hrsg.), Handbuch Sportrecht, S. 91.

2. Privatautonomie

„Privatautonomie" setzt sich zusammen aus dem lateinischen Lehnwort „Privat", das die Abgrenzung zum „Öffentlichen", zum „Staatlichen" deutlich macht, und den griechischen Wörtern αυτός (= von selbst, freiwillig, aus eigenem Antrieb)[71] und νόμος (= 1. Brauch, Sitte; 2. Satzung, Gesetz)[72], übersetzt: „Selbstgesetzgebung in den eigenen Angelegenheiten". Als terminus technicus des Privatrechts ist die Freiheit[73], die eigenen Angelegenheiten in mündiger Selbstverwaltung durch Aufstellung eigener Regeln zu bestimmen, gemeint.[74] Grundlage für dieses Verständnis ist ein freiheitliches Menschenbild innerhalb der Gesellschaftsordnung, dessen Wurzeln in der Zeit der Aufklärung zu sehen sind und insbesondere auf Immanuel Kant zurückgehen.[75] Die im Grundgesetz zum Ausdruck kommende Werteordnung folgt dem Grundgedanken, dass jeder Mensch frei in der Entfaltung

71 *Gemoll*, Griechisch-Deutsches Schul- und Handwörterbuch, S. 142.

72 *Gemoll*, Griechisch-Deutsches Schul- und Handwörterbuch, S. 524.

73 Folgt man – entgegen der hier vertretenen Position – der Ansicht, dass Privatautonomie aus der hoheitlichen Ermächtigung folgt und nicht die Privatautonomie dem Menschen naturgemäß gegeben ist und zu ihrer Entfaltung in der Gesellschaft der absichernden Anerkennung bedarf, müsste man hier statt „Freiheit" wohl von „Befugnis" sprechen, vgl. zu dieser „Ermächtigungstheorie": *Busche*, Privatautonomie und Kontrahierungszwang, S. 18 m.w.N.

74 Zur Begriffsentwicklung und dem heutigen Verständnis siehe *Busche*, Privatautonomie und Kontrahierungszwang, S. 13 ff.; zur Privatautonomie als selbstverständlicher Grundsatz einer jeden Zivilrechtsordnung: *Flume*, Allgemeiner Teil des Bürgerlichen Rechts, Zweiter Band, S. 1.

75 Grundlegend dafür ist *Immanuel Kants* Aufsatz „Beantwortung der Frage: Was ist Aufklärung?", der 1784 im Vierten Band der Berlinischen Monatsschrift, die sich verschiedensten zeitgenössischen Themata widmete, auf den Seiten 481–494 erschienen ist; zu Leben, Werk und Lehre *Immanuel Kants* siehe *Vogt*, Philosophie, S. 187 ff. Das nur Entwurf gebliebene Allgemeine Gesetzbuch für die Preussischen Staaten von 1791 bestimmte in § 79 der Einleitung im Rahmen der „Allgemeinen Grundsätze des Rechts" (II.): „Die Gesetze und Verordnungen des Staats dürfen die natürliche Freyheit und Rechte der Bürger nicht weiter einschränken, als es der gemeinschaftliche Endzweck erfordert." Die Privatautonomie als Wert für die Gesellschaft an sich lässt bereits sich aus den Grundgedanken von *Adam Smith* ableiten, wenn er das natürliche Streben des Individuums nach Glück und Wohlstand als Garant für eine wohlgedeihende Gesellschaft erkennt, vgl. *Smith*, An inquiry into the nature and causes of the wealth of nations (1776). Im selben Jahr wurde das Streben nach Glück – „pursuit of hapiness" – als unabstreitbares Menschenrecht neben dem Recht auf Leben und Freiheit in der sogenannten „Unabhängigkeitserklärung" der Vereinigten Staaten von Amerika im Entwurf von *Thomas Jefferson* festgehalten, der dem Kongress vorgelegt wurde, vgl. *Armitage* (Hrsg.), The Declaration of Independence, S. 165–171. Dieses Menschenbild

seiner Persönlichkeit ist.[76] Dies belegt Art. 2 Abs. 1 GG, der die Idee einer von der staatlichen Rechtsordnung anerkannten und dieser Ordnung zugrunde liegenden Freiheit des Menschen per Verfassung garantiert. Freiheit, auch mit ihren Risiken für sich und andere, ist also ein entscheidendes Wesensmerkmal einer jeden Persönlichkeit.[77] Diese Freiheit bleibt in einem Zusammenschluss von Rechtssubjekten, also beispielsweise einem Verein, nur dann erhalten, wenn die Selbstbestimmung des Einzelnen von den anderen Mitgliedern der Gesellschaft anerkannt wird.[78] Diese Übereinkunft stellt die Grundlage der staatlichen Rechtsordnung dar, die den Individuen Freiheit im Staat durch Recht und formale Gleichheit ermöglicht.[79] Dabei sollten bestenfalls nur soziale Ungleichheiten und somit unterschiedliche Voraussetzungen für die Verfolgung des individuellen Glücks durch korrigierende Eingriffe im Interesse des Gesamtwohls der Gesellschaft stattfinden,[80] indem das privatautonome Handeln begrenzt und mit Inhaltsbestimmungen versehen wird.[81]

---

kommt auch im Liberalismus des 19. Jahrhunderts zum Ausdruck, vgl. *Humboldt,* Ideen zu einem Versuch, die Gränzen der Wirksamkeit des Staates zu bestimmen, S. 141 ff.

76 Zu einer solchen Definition des Menschenbildes des Grundgesetzes siehe BVerfG, Urteil vom 15. Dezember 1983, 1 BvR 209, 269, 362, 420, 440, 484/83, BVerfGE 65, 1, 43 ff.; BVerfG, Urteil vom 21. Juni 1977, 1 BvL 14/76, BVerfGE 45, 187, 228; BVerfG, Urteil vom 20. Juli 1954, 1 BvR 459, 484, 548, 555, 623, 651, 748, 783, 801/52, 5, 9/53, 96, 114/54, BVerfGE 4, 7, 15 f. Zum heutigen Verständnis der individuellen Freiheit in der Gesellschaft: *Maunz/Dürig/di Fabio*, Grundgesetz-Kommentar, Art. 2, Rn. 4 ff.

77 *Maunz/Dürig/di Fabio*, Grundgesetz-Kommentar, Art. 2, Rn. 1.

78 Vgl. *Busche*, Privatautonomie und Kontrahierungszwang, S. 15; siehe auch *Jellinek*, Allgemeine Staatslehre, S. 207 ff., mit Bezugnahme auf die Wurzel dieses Staatsverständnisses in der Gesellschaftsvertragslehre der Staatsphilosophen der Aufklärung, *Thomas Hobbes* und *John Locke* (kurzer Überblick über deren Leben und Werk bei *Tilman Repgen* in: *Stolleis* (Hrsg.), Juristen, S. 294 ff. und 396 f.).

79 *Maunz/Dürig/di Fabio*, Grundgesetz-Kommentar, Art. 2, Rn. 2. Zur Gewährleistung individueller Wirkungsbereiche durch das Recht siehe auch *Zippelius*, Gesellschaft und Recht, S. 69 f.

80 Der mangelnde Ausgleich der sozialen Ungleichheit im Bürgerlichen Gesetzbuch für das Deutsche Reich wurde bereits auf dem Weg zur Kodifikation stark bemängelt, siehe die 1890 erschiene Schrift von *Anton Menger* mit dem Titel „Das Bürgerliche Gesetzbuch und die besitzlosen Klassen“ sowie den von *Otto von Gierke* im Jahr 1889 veröffentlichten Vortrag mit dem Titel „Die soziale Aufgabe des Privatrechts“. Sozial motivierte Korrekturen wurden erst im Laufe des 20. Jahrhunderts durch Normierung zwingenden Rechts eingeführt, insbesondere im Miet-, Arbeits-, und Verbraucherschutzrecht, vgl. *Honsell*, Einleitung zum BGB – Entstehung und Entwicklung, S. 195.

81 *Flume*, Allgemeiner Teil des Bürgerlichen Rechts, Zweiter Band, S. 6. Als ein Plädoyer für eine zurückhaltende Grundhaltung des Staates gegenüber dem privatautonomen

In diesen der Gesellschaft allgemein überlassenen Freiraum soll der Staat nur dann korrigierend eingreifen, wenn krasse Abweichungen von der μεσότης, der rechten Mitte,[82] bestehen.[83] Wie *Werner Flume* treffend feststellt, kann im Rahmen der willkürlichen Rechtsgestaltung – anders als in der des Gesetzgebers – durchaus die Intention im Vordergrund stehen, innerhalb des gegebenen Freiraums den eigenen Vorteil zu suchen.[84] Gesetze als gesellschaftliche Konsensnormen bilden gleichsam die Leitlinien dieses Freiraums, innerhalb dessen sich die Autonomie entfalten kann.[85]

3. Die innere Vereinsautonomie als Organisationsautonomie

Ein Anliegen dieser Untersuchung ist es, einem inflationären Gebrauch des Schlagworts der „Autonomie des Sports" zur Rechtfertigung bestimmter Verbandsregelungen und -maßnahmen dadurch entgegenzutreten, dass die rechtlichen Grundlagen sowie der Inhalt dieser Autonomie klar herausgearbeitet werden. Das beginnt bereits damit, den Begriff nicht über seinen Wortsinn hinaus überzustrapazieren. Für eine solche Klarheit in der Begrifflichkeit hat sich bereits im Jahr 1910 das Reichsgericht im Zusammenhang mit der Überprüfung eines Ausschlusses eines Vereinsmitglieds ausgesprochen:[86] „Will man den Begriff der Selbstgesetzgebung [also der wörtlichen Übersetzung von „Autonomie"] nicht sinnwidrig auf das ganze Gebaren des Vereins ausdehnen, so läßt sich darunter nur das Recht verstehen, sich seine Satzung und damit seine Verfassung, soweit sie nicht auf gesetzlichen Vorschriften beruht, selbst zu geben (§ 25 BGB). Dadurch aber, daß der Verein einem einzelnen Mitgliede die Mitgliedschaft entzieht, handelt er (...) in Ausübung bestehender Rechte und vollführt alsdann einen Akt nicht der Autonomie, sondern der Vereinsverwaltung oder er bricht die Verfassung."

Gestaltungsraum als höchstes Gut des Zivilrechts kann gesehen werden: *Honsell*, Einleitung zum BGB – Entstehung und Entwicklung, S. 193 ff.

82 Vgl. Aristoteles, Nikomachische Ethik, 2. Buch, 5. Kapitel, 1106a-b (zum „Mittleren" als Tugend) und 5. Buch, 6. Kapitel, 1131a (zur Anwendung der Lehre von der μεσότης auf das Wesen des Rechts).

83 Vgl. *Honsell*, Einleitung zum BGB – Entstehung und Entwicklung, S. 198; zur Vorzugswürdigkeit einer mittleren Linie zwischen Extremen in privatrechtlichen Herausforderungen: *Bydlinski*, Die Suche nach der Mitte als Daueraufgabe des Privatrechts, AcP 204 (2004), S. 309 ff.

84 *Flume*, Allgemeiner Teil des Bürgerlichen Rechts, Zweiter Band, S. 5 f.

85 *Flume*, Allgemeiner Teil des Bürgerlichen Rechts, Zweiter Band, S. 5 f.

86 RGZ, Urteil vom 23. März 1910, IV 694/09, RGZ 73, 187, 190 f.

Demzufolge ist die innere Vereinsautonomie die Freiheit der juristischen Person, in unserem Fall des Sportfachverbandes, zu sehen, sich selbst Regeln zu setzen, um auf deren Grundlage die inneren Angelegenheiten selbst zu verwalten. Diese Freiheit hat ihren Ursprung in der Privatautonomie der Menschen, die Mitglieder in den Sportvereinen an der Basis der Verbandspyramide sind.[87] Dagegen spricht auch nicht die in Art. 19 Abs. 3 GG geregelte Grundrechtsfähigkeit von juristischen Personen. Denn zum einen betrifft Art. 19 Abs. 3 GG das Verhältnis der juristischen Person des Privatrechts zum Staat und zum anderen ist Art. 19 Abs. 3 GG nur Mittel zum Zweck der kollektiven Rechtsausübung von Individuen.[88]

Die grundsätzlich gewillkürte Ausgestaltung von Regelungen zur Organisation, Willensbildung und Geschäftsführung des Sportvereins ist die innere Vereinsautonomie,[89] die nachfolgend prägnant als „Organisationsautonomie" bezeichnet wird.[90] Auf Grundlage ihrer Organisationsautonomie können die Sportvereine ihrerseits einen Verband gründen oder einem gegründeten Sportfachverband bei-

---

87 Zur geistigen Grundlage der Ableitung der inneren Vereinsautonomie aus der persönlichen Freiheit des Individuums in der zweiten Hälfte des 19. Jahrhunderts siehe die Ausführungen unter § 4 II. sowie *Müller F.*, Korporation und Assoziation, S. 260 ff.; Mit *Lutter*, Theorie der Mitgliedschaft, AcP 180 (1980), S. 94, ist Mitgliedschaft in allen ihren Spielarten als Verwirklichung von Privatautonomie zu verstehen; *Maunz/Dürig/Scholz*, Grundgesetz-Kommentar, Art. 9, Rn. 34; auch *Coing*, Das Privatrecht und die Probleme der Ordnung des Verbandswesens, S. 430.

88 Siehe zur „Grundidee" des Art. 19 Abs. 3 GG: *Maunz/Dürig/Remmert,* Grundgesetz-Kommentar, Art. 19 Abs. 3, Rn. 113: „Art. 19 Abs. 3 GG ist um des Menschen willen da".

89 Zu diesem Autonomieverständnis in den inneren Angelegenheiten: BVerfG, Urteil vom 1. März 1979, 1 BvR 532, 533/77, 419/78 und BvL 21/78, BVerfGE 50, 290, 354; *Maunz/Dürig/Scholz*, Grundgesetz-Kommentar, Art. 9, Rn. 68; MünchKommBGB/*Reuter*, § 25 BGB, Rn. 18 ff.; ausdrücklich von abgeleiteter, aber dennoch eigener Autonomie der Vereine schreiben *Kohler*, Mitgliedschaftsrechtliche Regelungen in Vereinsordnungen, S. 33 und *Scheck*, Die Tätigkeit von Idealvereinen im Spannungsverhältnis zwischen Vereinsautonomie und kartellrechtlichen Verhaltensanforderungen, S. 50. Aus philosophischer Sicht sei hierbei auf die Gedanken von *Aristoteles* über das Verhältnis des Ganzen (also hier des gebildeten Vereins) zu seinen Teilen (hier den einzelnen Mitgliedern) verwiesen und zu dem Schluss kommt, dass das „Allgemeine mehr [ist] als das Einzelne", vgl. Metaphysik 7. Buch, 17. Kapitel, 1041b und 8. Buch, 1. Kapitel, 1042a. Zum zivilrechtlichen Leitbild der Vereinsautonomie innerhalb der Beziehungen in der Verbandspyramide siehe auch *Heß*, Voraussetzungen und Grenzen eines autonomen Sportrechts unter besonderer Berücksichtigung des internationalen Spitzensports, 16.

90 Vgl. zur Organisationsautonomie als Recht zur organisatorischen Selbstbestimmung: *Maunz/Dürig/Scholz*, Grundgesetz-Kommentar, Art. 9, Rn. 84.

treten. Die Regelungen zu Organisation, Willensbildung und Geschäftsführung des Sportfachverbandes sind dann wiederum grundsätzlich Ausdruck dessen Organisationsautonomie.

Die Organisationsautonomie der Sportfachverbände findet ihren einfachgesetzlichen Rahmen im Vereinsrecht des Bürgerlichen Gesetzbuchs, also in den §§ 21 ff.[91]

Selbstverständlich wird die Organisationsautonomie und die auf ihr beruhende Selbstverwaltung wie jede privatrechtliche Ausgestaltung von Rechtsverhältnissen über die §§ 138, 242 BGB von den Wertentscheidungen des Grundgesetzes beeinflusst,[92] sodass insoweit die vereinsinnenrechtlichen Fragestellungen auch mit Blick auf verfassungsrechtliche Wertungen zu beantworten sind.[93]

---

91 Vgl. dazu *Schockenhoff*, Der Grundsatz der Vereinsautonomie, AcP 193 (1993), S. 37, der den Grundsatz der Vereinsautonomie als ungeschriebenes Tatbestandsmerkmal des § 40 BGB sieht.

92 Vgl. zu dieser Funktion der zivilrechtlichen Generalklauseln: *Palandt/Ellenberger*, § 138, Rn. 4; *Palandt/Grüneberg*, § 242, Rn. 8; BVerfG, Beschluss vom 19. Oktober 1993, 1 BvR 567/89, NJW 1994, 36, 38: „Indem § 138 BGB und § 242 BGB ganz allgemein auf die guten Sitten, die Verkehrssitte sowie Treu und Glauben verweisen, verlangen sie von den Gerichten eine Konkretisierung am Maßstab von Wertvorstellungen, die in erster Linie von den Grundsatzentscheidungen der Verfassung bestimmt werden. Deshalb sind die Zivilgerichte von Verfassungs wegen verpflichtet, bei der Auslegung und Anwendung der Generalklauseln die Grundrechte als ‚Richtlinien' zu beachten.".

93 Zur durch die Gerichte durchzuführenden Abwägung der Grundrechtspositionen sowohl des Verbandes als auch des Vereins BVerfG, Beschluss vom 5. September 1988, 1 BvR 1008/85, NJW-RR 1989, 636.

§ 3: Gang der Untersuchung

Mit den nötigen Begriffsbestimmungen und Abgrenzungen an der Hand werden dem Leser die in § 1 genannten, die Untersuchung leitenden Fragestellungen auf folgendem Weg beantwortet:

In §§ 4 bis 6 der Untersuchung wird die Frage beantwortet, welchen Inhalt die Autonomie der Sportfachverbände gegenüber ihren Mitgliedsvereinen, also die Organisationsautonomie, eigentlich hat:

In § 4 soll die ausführliche Darstellung des historischen Hintergrunds des Vereinsrechts des Bürgerlichen Gesetzbuchs zeigen, weshalb die §§ 21 ff. BGB nur sehr wenige zwingende Regelungen zur Ausgestaltung der inneren Angelegenheiten von Idealvereinen enthalten und welche Konzeption den Regelungen zugrunde liegt. Daraus wird ersichtlich, weshalb bei Monopolvereinen eine Konzentration auf den Vereinszweck angezeigt ist.

In § 5 wird die Vereinssatzung als Organisationsvertrag beschrieben und die Mindestgehalte sowie Gestaltungsmöglichkeiten aufgezeigt.

In § 6 wird der primäre Zweck des Sportfachverbandes als maßgeblich für den Inhalt und die Grenzen seiner Organisationsautonomie hervorgehoben. Auf dieser Grundlage wird die These entwickelt, dass die für die Verwirklichung des Zwecks des Sportfachverbands notwendigen Regelungen den Kerninhalt seiner Organisationsautonomie bestimmen. Diese notwendigen Regelungen werden wir von weiteren Verbandsregelungen hinsichtlich ihrer Justiziabilität abgrenzen.

In §§ 7 und 8 wird der Frage nachgegangen, welche Rolle das Ein-Platz-Prinzip und die Regelungen zu seiner Absicherung innerhalb der Organisationsautonomie der Sportfachverbände einnehmen:

In § 7 blicken wir auf die Entstehungsgeschichte des Ein-Platz-Prinzips und seine Verankerung in den Satzungen der Sportfachverbände. Daraufhin werden die Prinzipieneigenschaft dieser Organisationsregel, ihr Aussagegehalt und ihre Notwendigkeit für den Wettkampfsport hinterfragt und bewertet.

In § 8 werden Teilnahmeverbote als Regelungen, die zur Absicherung der exklusiven Organisation nach dem Ein-Platz-Prinzip beitragen, kritisch geprüft.

Erster Teil: Der Inhalt der Organisationsautonomie der Sportfachverbände

Inwieweit der Organisationsautonomie im Rahmen von sportrechtlichen Sachverhalten im Einzelfall die Grenzen gezogen sind, ist wohl die zentrale Frage des Sportrechts schlechthin.[94]

Wir wollen uns dieser Herausforderung dadurch stellen, dass wir im ersten Teil dieser Untersuchung mit Blick auf die an der untersten Ebene der Verbandspyramide bestehenden Beziehung Sportfachverband-Sportverein die Grundlagen der Organisationsautonomie der Sportfachverbände herausarbeiten, um für die Grenzziehung im Fall des Ein-Platz-Prinzips vorbereitet zu sein.

---

94 So auch *Kaiser*, Sport- und Spielregeln als materielles Nichtrecht, SpuRt 2009, 7; *Pfister*, Einführung, in: *Fritzweiler/Pfister/Summerer*, Praxishandbuch Sportrecht, S. 22, bezeichnet es als „grundlegende Frage des Sportrechts". Auch das Europäische Parlament hat in seiner Entschließung vom 29. März 2007 zu der Zukunft des Profifußballs in Europa (2006/2130) festgestellt, dass es „unklar ist, wie weit die Autonomie der Selbstregulierungseinrichtungen wie z. B. der UEFA, der nationalen Verbände und der nationalen Ligen reicht (…)." Allgemein für die Vereinsautonomie hat bereits *Schockenhoff*, Der Grundsatz der Vereinsautonomie, AcP 193 (1993), S. 41, festgestellt, dass zwar der Grundsatz der Vereinsautonomie von niemandem infrage gestellt wird, aber seine Anwendung zu unterschiedlichen Ergebnissen führt, da er unterschiedlich interpretiert wird.

§ 4: Der historische Hintergrund der §§ 21 ff. BGB

Natürlich ist es grundsätzlich wertvoll, den historischen Hintergrund von Regelungen zu kennen, kann man doch dann auch mit dem historischen Element der Auslegung[95] argumentieren.[96] Für diese Untersuchung ist die Kenntnis des historischen Hintergrunds von besonderem Wert, da wir nur auf Grundlage der folgenden Ausführungen verstehen, weshalb die §§ 21 ff. BGB keine besonderen Maßgaben für sozialmächtige Verbände wie die monopolistischen Sportfachverbände vorsehen und deshalb eine Konzentration auf den Zweck eines Monopolvereins unbedingt erforderlich ist.

So lässt sich aus den rechtshistorischen Zusammenhängen die auf vertraglichen Mechanismen beruhende Konzeption und die begrenzende Funktion des Vereinszwecks erkennen und damit der richtige Lösungsansatz für die Bestimmung des Inhalts der Organisationsautonomie der Sportfachverbände gewinnen.[97]

---

95 Vgl. zum historischen Element als eines der vier Elemente der Auslegung, die nach *Savigny* unterschieden werden müssen: *Savigny*, System des heutigen römischen Rechts. Erster Band, S. 213 f.

96 Zu den Facetten des praktischen Nutzens der Rechtsgeschichte siehe die von *Eckert* herausgegebene Festschrift: Der praktische Nutzen der Rechtsgeschichte. Hans Hattenhauer zum 8. September 2001, Heidelberg 2003, passim.

97 Damit ist nach der Kategorisierung von *Eckert* eine von vier praktischen Nutzungsweisen der Rechtsgeschichte für das Verständnis des Rechts angesprochen, vgl. *Eckert*, Die Krise der Rechtsgeschichte und die Frage nach ihrem Nutzen für die Theorie und die Praxis des Rechts, S. 130. Für weitere Abhandlungen, die den geschichtlichen Hintergrund des Vereinsrechts auf ihre jeweilige spezifische Fragestellung hin untersucht haben und deren Forschungsergebnisse für den hier unternommenen Ansatzpunkt berücksichtigt werden: *Teubner*, Organisationsdemokratie und Verbandsverfassung, S. 6 ff.; *Mummenhoff*, Gründungssysteme und Rechtsfähigkeit, S. 19 ff.; *Bär*, Die Schranken der inneren Vereinsautonomie, S. 31 ff.; *Müller F.*, Korporation und Assoziation, S. 18 ff.; *Popp*, Öffentliche Aufgaben der Gewerkschaften und innerverbandliche Willensbildung, S. 135 ff.; *Simon*, Die Rechtsprechung des 19. und beginnenden 20. Jahrhunderts zur Möglichkeit gerichtlicher Nachprüfung von Vereinsentscheidungen, S. 4 ff.; *Schwierkus*, Der rechtsfähige ideelle und wirtschaftliche Verein (§§ 21, 22 BGB), S. 29 ff. Für umfassende Abhandlungen über die Geschichte des Vereinsrechts siehe die Abhandlungen in vier Bänden von *Gierke*, Das deutsche Genossenschaftsrecht und dabei insbesondere den ersten und vierten Band oder die Monographien von *Kögler*, Arbeiterbewegung und Vereinsrecht, S. 43 ff. sowie

I. Das Vereinswesen unter staatlicher Kontrolle

1. Vereine im Römischen Recht

Das für unser Privatrecht fundamentale Römische Recht[98] konzentriert sich auf die Regelung des Verhältnisses des Staates zu den Vereinen. Zwar gab es im Römischen Reich sowohl in Zeiten der Republik als auch im Kaiserreich Vereine und Verbände,[99] jedoch wurde eine freie Entfaltung des Vereinswesens durch hoheitliche Kontrolle stark eingeschränkt. Das lag hauptsächlich daran, dass ein freies Vereinswesen als Gefahr für den Staat gesehen wurde. Die öffentlich-rechtliche Kontrolle des Vereinswesens diente also der Gefahrenabwehr. Der öffentlich-rechtliche Schwerpunkt des römischen Vereinsrechts wird exemplarisch durch folgende Regelungen verdeutlicht: Der römische Senat konnte Vereinsgründungen verbieten und bestehende Vereine auflösen.[100] Wegen sozialer Missbräuche und Korruption in Vereinen sah sich *Caesar* genötigt, ein umfassendes Vereinsverbot zu erlassen.[101] Auch Kaiser *Augustus* stand Vereinen ablehnend gegenüber: Bis auf wenige Ausnahmen löste er die Vereine auf und führte zugleich das Instrument der Gründungskontrolle ein.[102] Bereits im 1. Jahrhundert n. Chr. war die Bildung eines erlaubten Vereins

---

Vormbaum, Die Rechtsfähigkeit der Vereine im 19. Jahrhundert, S. 44 ff.; für einen allgemeinen kursorischen Überblick über die Geschichte des Vereinswesens von der Antike bis heute siehe *Reichert*, Handbuch des Vereins- und Verbandsrechts, S. 3 ff.; vgl. auch die Lexikoneinträge von *Schulze*, „Verbände", und Werkmüller, „Verein", S. 662 und 690.

98 Siehe dazu *Kaser*, Der römische Anteil am deutschen bürgerlichen Recht, JuS 1967, S. 337 ff. Die Bedeutung des Römischen Rechts für unseren Rechtskreis wird auch insgesamt deutlich bei *Coing*, Europäisches Privatrecht. Band I und II, bei *Schlosser, H.*, Grundzüge der neueren Privatrechtsgeschichte, S. 1 ff. mit weiteren Nachweisen auf S. 6. Zur Rezeption des Römischen Rechts als *ius commune* und seiner Vorbildfunktion für die Gestaltung örtlichen und regionalen Rechts siehe *Becker*, Systembildung in Europas Kodifikationen, S. 53 ff. und *Becker*, Kodifikation des Bürgerlichen Rechts – Lehren aus dem Streit zwischen Savigny und Thibaut, S. 20 (BGB als „zuverlässiger Schüler der antiken römischen Rechtslehre"). Vgl. zum Vorgang der Rezeption im Überblick *Schlosser, H.*, Grundzüge der neueren Privatrechtsgeschichte, S. 59 ff.

99 Siehe dazu die Untersuchung von *Liebenam*, Zur Geschichte und Organisation des römischen Vereinswesens, S. 61 ff.

100 So geschehen in einem Senatsbeschluss von 186 v. Chr. vgl. *Bruns/Gradenwitz* (Hrsg.), Fontes iuris Romani antiqui, S. 164 ff.

101 *Kaser*, Das Römische Privatrecht, Erster Abschnitt, S. 308.

102 *Sueton*, De Vita Caesarum, Divus Augustus [32], S. 198; *Liebenam*, Zur Geschichte und Organisation des römischen Vereinswesens, S. 29 f.

(*collegium licitum*) ausschließlich mit Gestattung der Obrigkeit möglich.[103] Lediglich Hilfsvereine zur Unterstützung der Armen im Volk sowie die althergebrachten Handwerksverbände[104] bekamen eine Generalerlaubnis.[105] Aus dem überlieferten Briefwechsel *Plinius' des Jüngeren* mit Kaiser *Trajan* ist ebenfalls ersichtlich, dass die Furcht vor der Entwicklung eines politischen Zwecks die Ablehnung von Zusammenschlüssen mehrerer Personen auch zu einem gemeinsamen unpolitischen, ja für das Gemeinwesen zuträglichen Zweck bestimmte.[106]

Diese Verbote offenbaren einen großen Respekt vor der Dynamik und der möglichen Macht von Personenzusammenschlüssen innerhalb des Staates. Das Römische Recht war vom Selbstverständnis geprägt, dass Vereine kontrolliert werden müssen, um mögliche aus dem Volk erwachsende Machtpositionen zu unterdrücken. Den Regelungen des Römischen Rechts liegt der Gedanke zugrunde, dass eine Kontrolle des Vereinswesens zum Wohle des Staates unerlässlich ist und Personenzusammenschlüsse nur ausnahmsweise erlaubt und sich überlassen sein sollen, nämlich dann, wenn sie als politisch harmlos angesehen werden. Ausdrücklich werden wir diese Geisteshaltung auch Ende des 19. Jahrhunderts im Rahmen der Beratungen der Ersten Kommission zum Vereinsrecht des Bürgerlichen Gesetzbuchs erkennen.[107]

In der Konsequenz finden wir im Römischen Recht nur wenige Regelungen als Anknüpfungspunkte für die Ausgestaltung der Vereinsverfassung: Im „Zwölf-Tafel-Gesetz", dessen Ursprung in der Mitte des 5. Jahrhunderts v. Chr. liegt,[108] findet sich eine Regelung, nach der ein Personenzusammenschluss berechtigt sein soll, sich selbst Statuten zu setzen, sofern diese nicht in Widerspruch zu den öffentlichen Gesetzen stehen.[109] Über die Ausgestaltung der inneren An-

---

103 *Mummenhoff*, Gründungssysteme und Rechtsfähigkeit, S. 21 m.w.N.

104 *Schulz*, Classical Roman law, S. 95; *Liebenam*, Zur Geschichte und Organisation des römischen Vereinswesens, S. 4 f.

105 Vgl. *Marcianus*, D.47.22.1.pr., in: *Krueger/Mommsen*, Corpus Iuris Civilis. Volumen primum, S. 840.

106 Vgl. die Briefe Nr. 33 (Verfasser: *Plinius der Jüngere*) und 34 (Verfasser: Kaiser *Trajan*) aus dem Briefwechsel *Plinius' des Jüngeren* und Kaiser *Trajans* in: *Plinius der Jüngere*, Briefe, S. 60 ff., aus welchem die Ablehnung des Kaisers gegenüber einer an sich als notwendig erachteten Gründung eines Feuerlöschvereins hervorgeht.

107 Unten § 4 IV.2.

108 So auch *Kaser*, Römische Rechtsgeschichte, S. 68, sich der historischen Unsicherheiten bezüglich des „Zwölf-Tafel-Gesetzes" bewusst seiend. Dazu auch *Kreutz*, Romidee und Rechtsbild in der Spätantike, S. 60 ff.

109 *Gaius*, D. 47.22.4, in: *Krueger/Mommsen*, Corpus Iuris Civilis. Volumen primum, S. 840.

gelegenheiten der *collegia*, die den heutigen Idealvereinen am nächsten kommen, ist lediglich überliefert, dass sie für ihre Korporation mindestens drei Personen benötigten[110] und ein Mitglied für den Fortbestand reichen soll[111]. Über diese Grundregeln hinaus haben die römischen Juristen, die vorrangig privates Recht untersuchten,[112] keine geschlossene Lehre von der juristisch eigenständigen Privatrechtskorporation entwickelt.[113]

Die Organisationsautonomie für Vereine war stets von einer staatlichen Konzession abhängig und durch die staatliche Prüfung der inneren Struktur beschränkt. Umfangreiche juristische Auseinandersetzungen mit dem inneren Vereinsrecht und die Ausgestaltung der Autonomie existieren nicht[114], sodass das Römische Recht der privatrechtlichen Ausgestaltung der inneren Angelegenheiten von Vereinen und erst recht von Verbänden mit gestufter Organisationsstruktur nicht als Regelungsvorbild dienen konnte.[115]

2. Die Vorstellung von Verbänden als Gefahr für den Staat in der Neuzeit

Die Vorstellung von Verbänden als Gefahr für das Gemeinwesen findet sich auch in der Neuzeit wieder. So kamen die geisteswissenschaftlichen Betrachtungen der berühmten Staatstheoretiker *Thomas Hobbes* (Leviathan)[116] und *Jean-Jacques*

---

110 *Marcellus,* D. 50.16.85, in *Krueger/Mommsen,* Corpus Iuris Civilis. Volumen primum, S. 912.

111 *Ulpian,* D. 3.4.7.2, in: *Krueger/Mommsen,* Corpus Iuris Civilis. Volumen primum, S. 72.

112 *Schulz,* Classical Roman law, S. 88. Zur Gliederung des Römischen Rechts in Stoffe des öffentlichen und privaten Rechts siehe *Institutionen 1, 2, 1 ff.*, in: *Knütel/Kupisch/Lohsse/Rüfner,* Corpus Iuris Civilis. Die Institutionen, S. 2 ff.; vgl. dazu *Becker,* Kodifikation des Bürgerlichen Rechts – Lehren aus dem Streit zwischen Savigny und Thibaut, S. 17.

113 *Coing,* Europäisches Privatrecht. Band I, S. 261; vgl. dazu auch die treffende Aussage von *Jhering,* Der Zweck im Recht, Erster Band, S. 217: „Die eine Hälfte des Rechts, das Recht des Tauschverkehrs, haben die Römer in so vollendeter Weise entwickelt, dass den modernen Völkern nur nach gewissen Seiten [...] eine Ergänzung übrig blieb, an dieser zweiten Hälfte des Rechts [-den Assoziationen -] werden sie um so mehr zu thun finden.".

114 So auch *Kaser,* Das Römische Privatrecht, Erster Abschnitt, S. 307; *Schulz,* Classical Roman law, S. 95 ff.

115 So auch *Kaser,* Der römische Anteil am deutschen bürgerlichen Recht, JuS 1967, S. 337, der dabei auf die umwälzenden wirtschaftlichen und gesellschaftlichen Veränderungen seit dem frühen 19. Jahrhundert verweist.

116 Zur „Vereinsfeindlichkeit" der Lehre von *Hobbes* siehe *Müller F.,* Korporation und Assoziation, S. 35.

Rousseau (Du Contract Social)[117] – gleichwohl aufgrund verschiedener Denkansätze hinsichtlich der vorzugswürdigen Staatsform[118] – zu dem Ergebnis, dass Verbände für einen Staat grundsätzlich nicht zuträglich sind.

Hobbes führte als Vertreter der absolutistischen Gesellschaftstheorie aus, dass nur der Staat unabhängig und souverän sein kann und deshalb die absolute Kontrolle über alle anderen Gebilde innehaben muss.[119] Autonomie von Verbänden unter dem Verband „Staat" war im Absolutismus[120] nicht denkbar.

Rousseau, der die Demokratie für die vorzugswürdige Staatsform ansah, hielt Verbände für nicht vereinbar mit demokratischer Willensbildung, da solche intermediäre Gruppen den Willen der Allgemeinheit, der aus der Summe der einzelnen Individuen gebildet wird, verfälschen.[121] *Rousseaus* Gedanken schlugen sich in der Realität der Französischen Revolution nieder, als Verbänden jede öffentliche Funktion aberkannt wurde.[122] Auch wenn sich die Äußerung auf die demokratieschädliche Mitwirkung von Verbänden am Staatsleben bezieht, so zeigt die strenge staatliche Überwachung lediglich lose organisierter, rein auf enge private Zwecke begrenzter Verbindungen,[123] dass auch private Vereinigungen als potentielle Gefahr für eine funktionierende Demokratie gesehen wurden. Als Ausdruck dieser Sorge ist Artikel 291 des Code Pénal von 1810 zu sehen: Er stellte die Gründung von Vereinen mit mehr als 20 Mitgliedern unter Strafe.[124]

---

117 Ausführlich zur Vereinslehre von *Jean-Jacques Rousseau* siehe *Müller F.*, Korporation und Assoziation, S. 61 ff. Kurzbiographie von *Jean-Jacques Rousseau* bei *Vogt*, Philosophie, S. 185 ff.

118 Zum konträren Denkansatz *Jean-Jacques Rousseaus* zu dem von *Thomas Hobbes* siehe *Vogt*, Philosophie, S. 186.

119 *Hobbes*, Leviathan, Kapitel XXII, S. 189.

120 Die monokratische Regierungsform des Absolutismus (vgl. *Meyers Lexikonredaktion* (Hrsg.), Meyers neues Lexikon, Erster Band, S. 37) legte aus ihrem Selbstverständnis heraus hoheitliche Kontrolle privater Vereine nahe und durch das entstehende Beamtentum ist es auch praktisch möglich, bereits die Bildung von Vereinen zu überwachen, siehe dazu *Mummenhoff*, Gründungssysteme und Rechtsfähigkeit, S. 32.

121 *Rousseau*, Du Contract Social, Zweites Buch, Drittes Kapitel, S. 62 ff.

122 *Mummenhoff*, Gründungssysteme und Rechtsfähigkeit, S. 39; zu *Rousseaus* Ideen als Grundlage für die ablehnende Haltung gegenüber jeglichen Verbänden zwischen Individuum und Staat siehe auch *Simon*, Die Rechtsprechung des 19. und beginnenden 20. Jahrhunderts zur Möglichkeit gerichtlicher Nachprüfung von Vereinsentscheidungen, S. 23.

123 *Teubner*, Organisationsdemokratie und Verbandsverfassung, S. 14.

124 Der Code Pénal widmete den unerlaubten Gesellschaften oder Vereinigungen einen eigenen Abschnitt mit vier Artikeln (Art. 291–294) – übrigens in unmittelbarer „Nachbarschaft" zum Mord (Art. 295). Auch derjenige, der eine Räumlichkeit zur

Der polizeirechtliche[125] Umgang mit Vereinen stand also im Mittelpunkt der Erfassung dieser Personenzusammenschlüsse.[126] Fragen zu einer differenzierten, inneren Organisation stellten sich in diesem Zusammenhang nicht. Die Urheber des Bürgerlichen Gesetzbuchs konnten deshalb hinsichtlich Regelungen zur Ausgestaltung der Vereinsverfassung kaum auf rechtliche Vorerfahrungen zurückgreifen.

II. Wider staatliche Einflussnahme – die Gedanken des Liberalismus als Grundlage der äußeren Vereinsautonomie

Konträr zum Kontrollstaat standen an der Wende zum 19. Jahrhundert die Gedanken der politischen Bewegung des Liberalismus,[127] der die Realität im Umgang mit Vereinen im 19. Jahrhundert mitprägen sollte.

1. Wilhelm von Humboldt

Wilhelm von Humboldt[128] empfahl gemäß seinem frühliberalen Staatsverständnis, dass „jede moralische[129] Person oder Gesellschaft für nichts weiter, als für die

---

Versammlung einer solchen Gesellschaft zur Verfügung stellte, musste mit einer empfindlichen Geldstrafe rechnen (Art. 294). Diese Regelung galt bis zum Beginn des 20. Jahrhunderts, vgl. *Coing*, Europäisches Privatrecht. Band II, S. 138.

125 Zum durch den Polizeistaat beherrschten Vereinsrecht im 19. Jahrhundert vgl. *Simon*, Die Rechtsprechung des 19. und beginnenden 20. Jahrhunderts zur Möglichkeit gerichtlicher Nachprüfung von Vereinsentscheidungen, S. 7 ff.

126 Zum Misstrauen der politischen Anschauungen des späten 18. und 19. Jahrhunderts gegenüber dem Vereinswesen auch *Coing*, Europäisches Privatrecht. Band II, S. 137 ff.

127 Zum Begriff des Liberalismus vgl. *Meyers Lexikonredaktion* (Hrsg.), Meyers neues Lexikon, Sechster Band, S. 83; zum Liberalismus als Grundlage für die Vereinigungsfreiheit des 19. und 20. Jahrhunderts siehe *Müller F.*, Korporation und Assoziation, S. 220 ff.; *Simon*, Die Rechtsprechung des 19. und beginnenden 20. Jahrhunderts zur Möglichkeit gerichtlicher Nachprüfung von Vereinsentscheidungen, S. 26.

128 Zur Bedeutung der Ideen *Wilhelm von Humboldts* für den geistesgeschichtlichen Entwicklungsprozess der deutschen Nation in Anknüpfung an die Ideen *Kants* siehe bereits 1851 *Eduard Cauer*, Einleitung, in: *Humboldt,* Ideen zu einem Versuch, die Gränzen der Wirksamkeit des Staates zu bestimmen, S. XXIV ff.

129 Die Bezeichnung „moralische Person" oder „persona moralis" für juristische Personen rührt aus dem im Laufe der Zeit entstanden Bedürfnis nach Systematisierung und einer der Antike noch fremden Analogie zur natürlichen Person; daneben existierten Bezeichnungen wie „persona ficta", „persona mystica" und „persona composita". Siehe *Becker*, Juristische Person, Sp. 1457.

Vereinigung der jedesmaligen Mitglieder anzusehen sei, und daher nichts diese hindern könne, über die Verwendung der gemeinschaftlichen Kräfte und Mittel durch Stimmenmehrheit nach Gefallen zu beschließen".[130] Dieser Personenzusammenschluss von überschaubarerer Größe[131] sollte nach seiner Einschätzung nach vertraglichen Grundsätzen beurteilt werden.[132] *Humboldt* erkannte zwar grundsätzlich die „Unbequemlichkeiten", die Minderheiten aus Überstimmung durch die Mehrheit entstehen können, brachte jedoch zugleich zum Ausdruck, dass „Gesellschaften und Vereinigungen, weit entfernt an sich schädliche Folgen hervorzubringen, gerade eins der sichersten und zweckmäßigsten Mittel [sind], die Ausbildung des Menschen zu befördern und zu beschleunigen".[133] Mitglieder schützende Vorgaben an die innere Vereinsverfassung waren dann konsequenterweise überflüssig. Die Erwähnung dieses Ansatzes soll den Kontrast der liberalen Gedanken zu früheren Denkweisen über den Umgang mit Vereinsgebilden im Staat verdeutlichen.

2. Carl Theodor Welcker

Carl Theodor Welcker, der zum politischen Liberalismus des Vormärz zu rechnen ist,[134] sah die Forderung nach Freiheit der Verbände vom Staat vor allem darin begründet, dass freie Verbände als „Quell für patriotischen Gemeingeist"[135] dem Staate förderlich, zugleich Stütze „für die Erhaltung der Freiheit und der bürgerlichen Ordnung"[136] und ein Indikator für die „wahren zeitlichen und lokalen

---

130 *Humboldt,* Ideen zu einem Versuch, die Gränzen der Wirksamkeit des Staates zu bestimmen, S. 130.

131 Zu diesem Verbandsmodell *Humboldts* siehe *Teubner*, Organisationsdemokratie und Verbandsverfassung, S. 15; zu *Humboldts* Lehre von den Vereinigungen allgemein siehe *Müller F.*, Korporation und Assoziation, S. 174 ff.

132 *Humboldt,* Ideen zu einem Versuch, die Gränzen der Wirksamkeit des Staates zu bestimmen, S. 132.

133 *Humboldt,* Ideen zu einem Versuch, die Gränzen der Wirksamkeit des Staates zu bestimmen, S. 129 f.

134 Zur Entwicklung der Vorstellungen von der Verinigunsfreiheit im vormärzlichen Liberalismus vgl. *Müller F.*, Korporation und Assoziation, S. 256 ff.; zum Aufschwung des Vereinslebens in der zweiten Hälfte des 19. Jahrhunderts aufgrund politischer und gesellschaftlicher Motive siehe auch *Simon,* Die Rechtsprechung des 19. und beginnenden 20. Jahrhunderts zur Möglichkeit gerichtlicher Nachprüfung von Vereinsentscheidungen, S. 16 f.

135 *Welcker*, „Association" in: *Rotteck/Welcker* (Hrsg.), Staatslexikon, Erster Band, S. 737.

136 *Welcker*, „Association" in: *Rotteck/Welcker* (Hrsg.), Staatslexikon, Erster Band, S. 738.

Ansichten, Gefühle, Bedürfnisse, Bestrebungen des Volks“[137] sind. *Welcker* erkannte zwar auch die grundsätzliche Gefahr des Missbrauchs der Vereinsfreiheit, jedoch nur in dem Maße, wie aus jeder Freiheit Missbrauch entstehen kann, gegen welchen der Staat freilich Mittel ergreifen soll.[138] Für den Verein, in denen sich Menschen auf dauernde Weise zu einem unsterblichen höheren Menschheitszweck zusammenschließen, führte *Welcker* die „Corporation“ an, die nach dem Mehrheitsprinzip einen Gesamtwillen bildet, dem alle Mitglieder unterworfen sind.[139] Diese „moralische Person“ sah er jedoch nicht als bloße „Abstraction oder Fiction“, sondern als großen, unsterblichen Menschen, der die ihm innewohnenden Zwecke und Ideen fördert.[140] Als wahre Seele nannte er den Gesamtwillen, der sich in der gemäß der Satzung der Corporation zustande gekommenen Stimmenmehrheit äußert.[141]

In der Abgrenzung zur Gesellschaft, in der jedes Mitglied *pro rata* am Ganzen beteiligt ist, entwickelte *Welcker* grundsätzliche Anforderungen an die innere Verfassung der Corporation: Die Mitglieder sollten als „Diener des Ganzen“ lediglich auf Pflichten begründete Rechte und keinerlei Vermögensbeteiligung haben und stets an die Satzung und den Zweck der Corporation gebunden sein. Die Minderheit hatte sich dem ordnungsgemäß zustande gekommenen Mehrheitswillen zu fügen und durch Unterzeichnung des Mehrheitsbeschlusses zum Ausdruck zu bringen, dass die Corporation einen einheitlichen Willen hat.[142]

In der Konzeption von *Welcker* finden sich keinerlei Gedanken zum Schutz der Mitgliederminderheit vor der Macht der Organe der Corporation, im Gegenteil: Die einzelnen Mitglieder treten hinter der Corporation komplett zurück. Mitglieder schützende Institutionen sind in *Welckers* Konzeption nicht vorgesehen, vielmehr bietet er eine Rechtfertigung für Machtentwicklung durch eine Vorstandsminderheit im scheinbaren Interesse der Corporation.[143] Die enge Bindung

---

137 *Welcker*, „Association“ in: *Rotteck/Welcker* (Hrsg.), Staatslexikon, Erster Band, S. 738.

138 *Welcker*, „Association“ in: *Rotteck/Welcker* (Hrsg.), Staatslexikon, Erster Band, S. 739.

139 *Welcker*, „Corporation“ in: *Rotteck/Welcker* (Hrsg.), Staatslexikon, Dritter Band, S. 560.

140 *Welcker*, „Corporation“ in: *Rotteck/Welcker* (Hrsg.), Staatslexikon, Dritter Band, S. 560.

141 *Welcker*, „Corporation“ in: *Rotteck/Welcker* (Hrsg.), Staatslexikon, Dritter Band, S. 561.

142 *Welcker*, „Corporation“ in: *Rotteck/Welcker* (Hrsg.), Staatslexikon, Dritter Band, S. 561 f.

143 Anhaltspunkte für eine zwingende demokratische innere Verfassung wie sie *Teubner*, Organisationsdemokratie und Verbandsverfassung, S. 16 f. bei *Welcker* erkennen will, lassen sich hieraus jedoch nicht ableiten.

an gewollten Zweck und Verfassung scheint *Welcker* auszureichen, da die Mitglieder austreten können, wenn die „Theilnahme an diesen Vereinen ihrer Überzeugung von ihren Pflichten widerspricht".[144]

Damit betont *Welcker* die Bedeutung des Austrittsrechts, also des heutigen § 39 BGB.

3. Die Regelung der äußeren Vereinsautonomie in der Verfassung von 1849

Durch die Gedanken des Liberalismus[145] wurde jedenfalls die für die Vereinsfreiheit essentielle Brücke von der Freiheit des Individuums im Staat zur Freiheit des Verbandswesens im Staat als Vorstufe zu Art. 19 Abs. 3 GG gebaut.[146] Zwar wollte auch *Welcker* die Gründung einer solchen rechtsfähigen Person nicht allein an Wille und Zwecksetzung der Gründer, sondern auch an die Anerkennung durch die Regierung knüpfen.[147] Da diese Anerkennung jedoch nur verweigert werden darf, wenn das öffentliche Wohl gefährdet ist,[148] und *Welcker* die Vorzüge der menschlichen Verbindungen für das Gemeinwohl bereits deutlich gemacht hatte,[149] stellte er an die Verweigerung der Gründungserlaubnis strenge Anforderungen und schuf somit Raum für die Vereinsfreiheit über die geselligen Zwecke hinaus. Diese Gedanken waren die geistige Grundlage für die Befreiung der bürgerlichen Personenzusammenschlüsse vor staatlicher Einflussnahme. Eindringliche gedankliche Beschäftigungen mit möglichen Problemstellungen im Verhältnis Verein und Vereinsmitglied blieben zwangsläufig beim Kampf um die Freiheit der Vereine gegenüber dem Staat unberücksichtigt.[150]

Tatsächlich führte der dem Liberalismus innewohnende Gedanke der Assoziationsfreiheit in der ersten Hälfte des 19. Jahrhunderts zu einer Lockerung des

---

144 *Welcker*, „Corporation" in: *Rotteck/Welcker* (Hrsg.), Staatslexikon, Dritter Band, S. 563.

145 Deutlich wird dies insbesondere bei *Carl Welcker*, „Association" in: *Rotteck/Welcker* (Hrsg.), Staatslexikon, Band 1, S. 732 f.

146 *Simon*, Die Rechtsprechung des 19. und beginnenden 20. Jahrhunderts zur Möglichkeit gerichtlicher Nachprüfung von Vereinsentscheidungen, S. 27.

147 *Carl Welcker*, „Corporation" in: *Rotteck/Welcker* (Hrsg.), Staatslexikon, Dritter Band, S. 562.

148 *Carl Welcker*, „Corporation" in: *Rotteck/Welcker* (Hrsg.), Staatslexikon, Dritter Band, S. 562.

149 *Carl Welcker*, „Association" in: *Rotteck/Welcker* (Hrsg.), Staatslexikon, Erster Band, S. 737 f.

150 So auch *Teubner*, Organisationsdemokratie und Verbandsverfassung, S. 17.

öffentlichen Vereinsrechts. Die Reaktion der Obrigkeit darauf war zwar einerseits noch stärkere hoheitliche Kontrolle, anderseits veranlasste diese Bewegung die Rechtswissenschaft, allmählich nach von staatlichen Einflüssen losgelösten Voraussetzungen für die Entstehung von rechtsfähigen Personenzusammenschlüssen zu fragen.[151] Die Einheits- und Freiheitsbestrebungen des Vormärz bündelten sich durch Organisation in national und demokratisch eingestellten bürgerlichen Zusammenschlüssen und forderten öffentlich einen freien und volkssouveränen Nationalstaat.[152] Nachdem verschiedene Strömungen innerhalb des bürgerlichen Lagers eine einheitliche Linie fanden, nahm am 27. März 1849 die Nationalversammlung in der Frankfurter Paulskirche einen Reichsverfassungsentwurf an und verkündete diesen am 28. April 1849 im Reichsgesetzblatt.[153] Im Rahmen der Grundrechte des deutschen Volkes (Abschnitt VI) wurde in Artikel VIII § 162 des Entwurfs die Freiheit der Vereine geregelt: „Die Deutschen haben das Recht, Vereine zu bilden. Dieses Recht soll durch keine vorbeugende Maaßregel [sic] beschränkt werden."[154]

Diese uneingeschränkte Autonomie der Vereine nach außen hin hätte in der Folge vermutlich Fragen nach der Ausgestaltung der inneren Ordnung der Vereine aufgeworfen. Allerdings scheiterte die Reichsverfassung und wurde nicht zur verfassungsrechtlichen Grundlage eines Deutschen Reichs. Vielmehr lag die Reaktion der Obrigkeit gerade darin, Maßregeln zu treffen, die der Dynamik der Vereine, die die öffentliche Sicherheit und Ordnung gefährden könnten,[155] Einhalt gebieten sollten.[156] Die repressiven Maßnahmen in der zweiten Hälfte des 19. Jahrhunderts konnten die fortschreitende Entwicklung der Vereinsbewegung nicht aufhalten. Vereine waren ein fester Bestandteil des bürgerlichen Lebens.[157]

III. Kein juristisches Fundament für das Vereinsinnenrecht

Die Konzentration auf die Beziehung Staat-Verein führte dazu, dass ein juristisches Problembewusstsein gegenüber vereinsinnenrechtlichen Herausforderun-

---

151 *Mummenhoff*, Gründungssysteme und Rechtsfähigkeit, S. 34 f.

152 Vgl. dazu und zu den Reichsverfassungsbestrebungen allgemein die Einführung von Michael Kotulla in: *Kotulla* (Hrsg.), Deutsches Verfassungsrecht 1806–1918, S. 151 ff.

153 RGBl. 1849 (Nr. 16), S. 101 ff.

154 RGBl. 1849 (Nr. 16), S. 130.

155 Freilich stand es im Ermessen des Beamtenapparates des jeweiligen Staates, welche Vereine zur „Aufrechterhaltung der gemeinen Sicherheit" verboten werden konnten.

156 Vgl. *Bär*, Die Schranken der inneren Vereinsautonomie, S. 65 ff.

157 Vgl. *Nipperdey*, Deutsche Geschichte 1866–1918, S. 168 f.

gen, insbesondere in Großvereinen und Vereinsverbänden, im 19. Jahrhundert kaum erkennbar war.[158] Das zeigt der Blick auf wesentliche rechtswissenschaftliche und gesetzliche Materialien dieser Zeit.

1. Rechtswissenschaftliche Behandlung im 19. Jahrhundert

Das Vereinsrecht wurde in der Privatrechtswissenschaft im 19. Jahrhundert kontrovers diskutiert.[159] Das begann mit dem Kodifikationsstreit[160] zwischen *Friedrich Karl von Savigny* (1779–1861)[161] und *Anton Friedrich Justus Thibaut* (1772–1840)[162] und setzte sich bis zur Vollendung der Kodifikation im Bürgerlichen Gesetzbuch fort.[163] *Thibaut* und *Savigny* nahmen im Rahmen ihrer Untersuchungen zum „System des Pandekten-Rechts" und „System des heutigen Römischen Rechts" – ausgehend von den römisch-rechtlichen Grundlagen – auch die *universitas* mit ihren Unterformen der *collegia* und *corpora*

---

158 *Franz Wieacker* geht davon aus, dass Gesetzgebung, Rechtsprechung und Rechtswissenschaft den sozialen und wirtschaftlichen Wandel als Vorgang des 19. Jahrhunderts noch gar nicht in „ihr gesellschaftliches Bewusstsein" aufgenommen hatten, *Wieacker*, Privatrechtsgeschichte der Neuzeit, S. 479.

159 Zu den unterschiedlichen Ansichten in Bezug auf die Auslegung des Vereinsrechts des gemeinen Rechts siehe auch *Mummenhoff*, Gründungssysteme und Rechtsfähigkeit, S. 36.

160 Vgl. zum Kodifikationsstreit zwischen *Thibaut* und *Savigny* im 19. Jahrhundert, deren grundsätzlicher Widerspruch darin bestand, ob ein allgemeines Privatrechtsgesetzbuch für Deutschland bereits im frühen 19. Jahrhundert geschaffen werden soll (*Thibaut*) oder die Zeit dafür noch nicht reif sei und ein solches Vorhaben dem „Volksgeist" entspringen muss (*Savigny*) den Abdruck dieser programmatischen Schriften in: *Hattenhauer* (Hrsg.), Thibaut und Savigny, S. 37 ff. (*Thibaut*), S. 61 ff. (*Savigny*); zum Kodifikationsstreit allgemein: *Hattenhauer* (Hrsg.), Thibaut und Savigny, S. 25 ff.; eine differenzierte Sicht auf diesen „Streit" zwischen Thibaut und Savigny bietet nun mit kritischem Blick auf heutige Kodifikationsvorhaben *Becker*, Kodifikation des Bürgerlichen Rechts – Lehren aus dem Streit zwischen Savigny und Thibaut, S. 11 ff.; für einen kurzen Überblick siehe *Schlosser, H.*, Grundzüge der neueren Privatrechtsgeschichte, S. 143 f.

161 Zu Leben und Werk von *Savigny* siehe *Joachim Rückert* in: *Stolleis* (Hrsg.), Juristen, S. 555 ff. und *Wolf*, Große Rechtsdenker der deutschen Geistesgeschichte, S. 467 ff.

162 Zu Leben und Werk von *Thibaut* siehe *Joachim Rückert* in: *Stolleis* (Hrsg.), Juristen, S. 624 ff.

163 *Schlosser, H.* hebt in seinem Überblick über die Kodifikation des Privatrechts in Deutschland gar das Vereinsrecht als besonderes politisches Problemfeld hervor, siehe *Schlosser, H.*, Grundzüge der Neueren Privatrechtsgeschichte, S. 170 ff., S. 186. Vgl. ausführlich dazu die Darstellung unter B. I. 3. b) und c).

in den Blick, die den heutigen Idealvereinen am ehesten entsprechen.[164] Auch *Windscheid* und *Gierke* veröffentlichten ausführliche vereinsrechtliche Untersuchungen. Vereinsinnenrechtliche Fragestellungen spielten dabei aber eine untergeordnete Rolle.

a) Anton Friedrich Justus Thibaut

Thibaut thematisiert die innere Verfassung der *universitas* zwar, die dort getroffenen Regelungen zur Fassung von Beschlüssen und zum Umgang mit Vermögen der „Gemeinheit" legen aber den Schluss nahe, dass sein Untersuchungsgegenstand hauptsächlich öffentlich-rechtliche Gemeinden sind.[165] Dafür spricht vor allem die Tatsache, dass Gemeinde und private Personenzusammenschlüsse noch nicht klar unterschieden wurden.[166] Eine Unterscheidung war aus *Thibauts* Sicht wohl nicht notwendig, da die von ihm lediglich mit einem Satz bedachten *collegia*[167] in der Praxis kaum konzessioniert wurden – sei es, weil die Konzession verweigert, oder sei es, weil sie erst gar nicht erfragt wurde – und ohne Legitimation existierten.[168] Deshalb finden sich in *Thibauts*' Studien zum Privatrecht auch keine weitergehenden Ausführungen zum Vereinsinnenrecht, geschweige denn Überlegungen zur möglichen Macht von Idealverbänden.

b) Friedrich Karl von Savigny

Savigny differenzierte im Rahmen der Ausführungen zu den Juristischen Personen zwischen „willkührlichen Corporationen" (*corpora* und *collegia*) und „städtischen Gemeinden" (*universitas*).[169] Die gewollten privaten Personenzusammenschlüsse, die er als Nachahmung der städtischen Gemeinden deklarierte, können dabei auf Dauer angelegt oder für vorübergehende Bedürfnisse eingerichtet worden sein.[170]

Zur Regelung der inneren Verfassung der privatrechtlichen Idealvereine (*collegia*) führt *Savigny* keine speziellen Gedanken aus.

---

164 Siehe *Savigny*, System des heutigen römischen Rechts, Zweyter Band, S. 260 f., der diese von den städtischen Gemeinden abgrenzt und *Thibaut*, System des Pandekten-Rechts, S. 166, § 219 bei dem die Abgrenzung der privaten Vereinigungen zu den städtischen Gemeinden nicht deutlich wird.

165 Vgl. *Thibaut*, System des Pandekten-Rechts, S. 167 f., §§ 220, 221.

166 *Bär*, Die Schranken der inneren Vereinsautonomie, S. 87.

167 Vgl. *Thibaut*, System des Pandekten-Rechts, S. 167, § 220 a.E.

168 *Bär*, Die Schranken der inneren Vereinsautonomie, S. 88 f.

169 *Savigny*, System des heutigen römischen Rechts, Zweyter Band, S. 235 ff., 261.

170 *Savigny*, System des heutigen römischen Rechts, Zweyter Band, S. 259 f.

In seinen generellen Überlegungen zur Verfassung von Korporationen finden wir allerdings Überlegungen zum Ablauf der Willensbildung. *Savigny* war der Ansicht, dass es im Gegensatz zur Meinung „neuerer Schriftsteller“[171] nicht sein kann, dass die Mehrheit der Mitglieder allein befugt sei, über die Korporation zu verfügen.[172] Denn dadurch würden die Rolle der anderen Vereinsorgane, die möglichen Standesunterschiede innerhalb der Korporation sowie der mögliche Wechsel der Mitglieder vernachlässigt.[173] In der Willensbildung der Korporation durch eine Mehrheit sah er eine willkürliche und ungerechte Behandlung der Minderheit.[174] Aber *Savigny* folgerte daraus nicht, dass bestimmte Minderheitenrechte vereinsrechtlich vorzusehen seien, sondern plädierte für eine größtmögliche Kontrolle auch der laufenden Geschäfte der Korporationen durch den Staat. Auch wenn er die Gefahren einer „Übertreibung vormundschaftlicher Einwirkung des Staats“[175] erkannte, so hielt er dieses Prinzip für unzweifelhaft richtig.[176] Nach *Savigny* sollten der Mitgliederversammlung keine Selbstverwaltungsrechte zugestanden werden und alle wesentlichen Fragen der

171 *Savigny*, System des heutigen römischen Rechts, Zweyter Band, S. 329, der damit wohl unter anderen *Thibaut* meint.

172 *Savigny*, System des heutigen römischen Rechts, Zweyter Band, S. 332.

173 *Savigny*, System des heutigen römischen Rechts, Zweyter Band, S. 334 f.

174 *Savigny*, System des heutigen römischen Rechts, Zweyter Band, S. 347.

175 *Savigny*, System des heutigen römischen Rechts, Zweyter Band, S. 354.

176 Siehe *Savigny*, System des heutigen römischen Rechts, Zweyter Band, S. 338 ff. Dabei ist zu berücksichtigen, dass *Savigny* entsprechend seiner Herkunft und politischen Überzeugung eine konservative Haltung einnahm. Als Hochschullehrer verlieh er dem Monarchen freundlichen Allgemeinen Preußischen Landrecht von 1794 erst wieder Bedeutung für die Wissenschaft (seine erstmalig im Wintersemester 1819/1820 gehaltene Vorlesung an der Berliner Universität über das ALR führte dazu, dass die Behandlung des ALR ab 1826 an allen preußischen Universitäten zum Prüfungsfach wurde, vgl. *Schlosser, H.*, Grundzüge der neueren Privatrechtsgeschichte, S. 125). *Savigny* war zwar kein „Reaktionär“, jedoch pflegte er einen nationalen und sozialen Konservatismus (so *Wolf*, Große Rechtsdenker der deutschen Geistesgeschichte, S. 508; *Bär*, Die Schranken der inneren Vereinsautonomie, S. 96 f.; zur Verachtung *Savignys* gegenüber liberalen Theorien seiner Zeit siehe *Hattenhauer* (Hrsg.), Thibaut und Savigny, S. 32). Nicht untreffend scheint daher die Aussage *Franz Wieackers* zu sein, der *Savigny* als „altständischen Restaurationsdenker“ bezeichnet, der der „vernunftrechtlichen Souveränität des demokratischen Gemeinwillens“ misstraut und deshalb die „absolute Vereinsdemokratie auch in den privatrechtlichen Gestalten perhorresziert“ (*Wieacker*, Zur Theorie der Juristischen Person des Privatrechts, S. 363; *Teubner*, Organisationsdemokratie und Verbandsverfassung, S. 13).

Korporation (Entstehung, Auflösung, Vermögensangelegenheiten) durch den Staat beaufsichtigt werden.[177]

Es bleibt jedoch festzuhalten, dass *Savigny* das Problem der Macht der Korporation über die Mitglieder zumindest erkannt und als Folge Schutz der Mitglieder durch den Staat empfohlen hatte.

Dass er dieser Problematik nicht tiefer nachging, lag wohl auch daran, dass Hauptmerkmal *Savignys* rechtswissenschaftlicher Methode, der sogenannten „Pandektenwissenschaft"[178], die Exegese des römischen Rechts in seiner ursprünglichen Fassung war, weshalb aktuelle Entwicklungen sowie Vergleiche mit bestehenden Partikularrechten außen vor blieben. Mit den ursprünglichen römischen Quellen allein ließen sich aber die Rechtsprobleme, die eine aufstrebende Industriegesellschaft sowie die Wertvorstellungen einer bürgerlichen Gesellschaft hervorriefen, nicht immer sachgerecht lösen. Es mussten Antworten auf die rechtlichen Fragestellungen gefunden werden, die durch den Wandel der Ständegesellschaft zur Industrie- und Wirtschaftsgesellschaft aufgeworfen wurden.[179] Dazu gehörten freilich auch die rechtliche Handhabung der privaten Personenzusammenschlüsse und der Umgang mit der bürgerlichen Forderung nach Freiheit der Vereine vor staatlicher Einflussnahme.

In diesem Zusammenhang werden nun die in der zweiten Hälfte des 19. Jahrhunderts bestimmenden rechtswissenschaftlichen Positionen zu den Vereinen dargestellt, welche sich grob in zwei Lager gliedern lassen, der Romanistik und der Germanistik.[180]

c) Bernhard Windscheid

Mit *Windscheid*[181] fand die Pandektenwissenschaft Anschluss an die Redaktionsarbeiten des Bürgerlichen Gesetzbuches, auf welche *Windscheid* als Mitglied der Ersten Kommission zur Ausarbeitung des Entwurfs (1880–1883) erheblichen Ein-

---

177 *Bär*, Die Schranken der inneren Vereinsautonomie, S. 97.

178 Vgl. dazu *Schlosser, H.*, Grundzüge der neueren Privatrechtsgeschichte, S. 151 ff.

179 Dazu und allgemein zur Kritik am Wissenschaftsstil *Savignys* siehe *Schlosser, H.*, Grundzüge der neueren Privatrechtsgeschichte, S. 147 ff.

180 *Schlosser, H.*, Grundzüge der neueren Privatrechtsgeschichte, S. 156 f.

181 *Bernhard Windscheid* (zu Leben und Werk von Windscheid siehe *Ulrich Falk* in: *Stolleis* (Hrsg.), Juristen, S. 672 f.) war wohl der bedeutendste Romanist der zweiten Hälfte des 19. Jahrhunderts, der auf Grundlage des Systems *Savignys* das theoretische Fundament für die Einarbeitung liberaler Ideen in das deutsche Zivilrecht legte (vgl. *Bär*, Die Schranken der inneren Vereinsautonomie, S. 103.).

fluss hatte.[182] Auch *Windscheid* widmete sich hauptsächlich Fragen der Entstehung von rechtsfähigen Personenvereinigung und die Rolle des Staates hierbei.[183]

Zur internen Willensbildung der Korporationen vertrat *Windscheid* die Ansicht, dass diese dem Verantwortungsbereich der Mitglieder unterliegen solle. Somit bestand ein gewisser Spielraum bei der konkreten Regelung der Vereinsangelegenheiten. Ein staatliches Einschreiten hielt er nur dort für notwendig, wo öffentliche Interessen berührt waren.[184] Die restriktive Handhabung, die *Savigny*, der Begründer der Romanistik, gegenüber privaten Vereinen empfahl, war durch den liberalen Einfluss gemildert worden. Dies war ein Schritt in Richtung der weitgehenden Organisationsautonomie, allerdings ohne eine inhaltliche Diskussion über konkrete Rahmenregeln.[185]

d) Otto von Gierke

Otto von Gierke (1841–1921)[186], der die „Summe" aus den germanistischen Forschungen zu einem gemeinen deutschen Privatrecht zog,[187] setzte sich intensiv mit Vereinen auseinander.[188] *Gierke* unternahm dabei den Versuch, alle Arten von Gemeinschaften im Spannungsfeld von Privatrecht und öffentlichem Recht in einer politisch-juristischen Darstellung zu erfassen.[189]

Gierke übte heftige Kritik am Ersten Entwurf des Bürgerlichen Gesetzbuchs, da die darin vorgesehene Konzessionsregelung seiner Auffassung von der freien Körperschaftsbildung ohne staatliche Einflussnahme widersprach.[190] Für *Gierke* war die „äußere" Vereinsautonomie eine Art privater Hoheitsgewalt, welche die

182 *Schlosser, H.*, Grundzüge der neueren Privatrechtsgeschichte, S. 155 f.; *Wolf*, Große Rechtsdenker der deutschen Geistesgeschichte, S. 591 ff.

183 *Windscheid*, Lehrbuch des Pandektenrechts, S. 131 ff. Er war der Ansicht, dass „von der Verleihung der Rechtsfähigkeit die polizeiliche Genehmigung [zu unterscheiden ist], welche zur Bildung eines Vereins [...] erforderlich sein kann.", *Windscheid*, Lehrbuch des Pandektenrechts, S. 135.

184 *Windscheid*, Lehrbuch des Pandektenrechts, S. 131 ff., § 59.

185 So auch *Bär*, Die Schranken der inneren Vereinsautonomie, S. 104.

186 Zu Leben und Werk von Gierke siehe *Gerhard Dilcher* in: *Stolleis* (Hrsg.), Juristen, S. 240 ff.; *Wolf*, Große Rechtsdenker der deutschen Geistesgeschichte, S. 669 ff.

187 Vgl. *Schlosser, H.*, Grundzüge der neueren Privatrechtsgeschichte, S. 159.

188 Niedergeschrieben hat Gierke seine Gedanken vor allem in dem vierbändigen Werk „Das deutsche Genossenschaftsrecht" (1868–1913), in der Schrift „Die Genossenschaftstheorie und die deutsche Rechtsprechung" (1887) und zur konkreten rechtlichen Normierung der Körperschaften in „Deutsches Privatrecht" (1895).

189 Vgl. *Schlosser, H.*, Grundzüge der neueren Privatrechtsgeschichte, S. 167 f.

190 *Bär*, Die Schranken der inneren Vereinsautonomie, S. 115.

staatlichen Richter von Amtswegen bei der Beurteilung von Streitfragen beachten müssen.[191] Denn wie *Welcker*[192] sah er Vereine nicht als fiktive juristische Person, sondern als einen lebendigen Organismus höherer Art. Da *Gierke* die selbstbestimmte Gemeinschaft jedoch dem Staat vorordnete, ist dieser Gedanke nicht mehr liberal, sondern sozialromantisch zu bezeichnen. Den Vereinigungsakt eines solchen beurteilte er als einen „sozialrechtlichen Konstitutivakt, der […] nicht unter den Begriff irgendeines Rechtsgeschäfts gebracht werden darf."[193] Deshalb ordnete er Vereine auch nicht dem Privatrecht, sondern dem von ihm entwickelten Begriff des Sozialrechts zu.[194]

Die Vereinsorganisation sollte nach *Gierke* der freien Willkür der Mitglieder überlassen werden. Ob nun die Vereinsgesamtheit, Repräsentanten der Gesamtheit oder nur der Vorstand die Vereinsangelegenheiten regeln, soll nur das konkrete Erscheinungsbild des Personenkonstrukts zeigen und keiner normativen Grundlage bedürfen.[195] Dass eine solche Verfassungsbildung der privaten Personenzusammenschlüsse zu einem massiven Ungleichgewicht der Macht der Vereinsführung und der der anderen Mitglieder führen kann, wurde von *Gierke* nicht speziell thematisiert. Dies liegt wohl vor allem daran, dass *Gierkes* gesamtes Konzept auf einem großen Vertrauen in eine angemessene Selbstkontrolle autonomer Vereine beruht.[196] Im Zuge der Stilisierung der deutschen Geschichte hat sich *Gierke* bei der Verfassung seines Verbandskonzeptes an der vorindustriellen Gesellschaft orientiert und nicht an der Wirtschaftsgesellschaft des späten 19. Jahrhunderts. Folglich war sein Konzept nicht auf die Realitäten der aktuellen Vereinslandschaft ausgerichtet.[197]

Ob man deshalb seine Ausführungen zur Rechtfertigung eines vereinsinternen Machtungleichgewichts hernehmen könnte,[198] ist zumindest vor dem Hintergrund kritisch zu sehen, dass *Gierke* von ausreichender Selbstkontrolle ausging und die Problematik sozialmächtiger Personenzusammenschlüsse nicht vor Augen hatte.

---

191 *Gierke*, Deutsches Privatrecht, S. 159, § 19.

192 Siehe oben § 4 II. 2.

193 *Gierke*, Deutsches Privatrecht, S. 486, § 63.

194 *Gierke*, Deutsches Privatrecht, S. 534, § 68.

195 Vgl. *Gierke*, Das deutsche Genossenschaftsrecht. Erster Band, S. 905.

196 *Teubner*, Organisationsdemokratie und Verbandsverfassung, S. 20 f.

197 *Wieacker*, Zur Theorie der Juristischen Person des Privatrechts, S. 366; *Wieacker*, Privatrechtsgeschichte der Neuzeit, S. 455 f.; *Teubner*, Organisationsdemokratie und Verbandsverfassung, S. 21.

198 So *Bär*, Die Schranken der inneren Vereinsautonomie, S. 120 f.

2. Gesetzliche Erfassung bis zum Inkrafttreten des Bürgerlichen Gesetzbuches

Bis zum Inkrafttreten des Bürgerlichen Gesetzbuchs war das Privatrecht in Deutschland zersplittert, gemeines Recht galt subsidiär.[199] Die Rechtszersplitterung spiegelte die territorialen Verhältnisse in den deutschen Gebieten des 19. Jahrhunderts wider. Eine Untersuchung jedes einzelnen Stadt- und Landrechts im Hinblick auf die Regelungen zum Umgang mit Vereinen ist im Rahmen dieser Untersuchung nicht zu leisten und wohl auch nicht zielführend. Vielmehr genügt hier der Blick auf die vereinsrechtlichen Regelungen in bedeutenden und bereits kodifizierten[200] Rechtsquellen der deutschen Privatrechtsgeschichte, um zu zeigen, dass das Vereinsinnenrecht gesetzlich nicht ausdifferenziert erfasst war: Betrachtet werden das Gemeine Recht (*Ius Commune*), das kurbayerische Recht, das preußische Allgemeine Landrecht, das französische Recht sowie das sächsische Recht.[201]

a) *Ius Commune*

Grundsätzlich galt im gemeinen Recht analog zum Recht der römischen Kaiserzeit der besondere Erlaubnisvorbehalt gegenüber den *collegia*, womit die privaten Vereine bezeichnet wurden.[202] Die Regelungen des *Ius Commune* zu Organisation, Repräsentation, Geschäfts- und Vermögensfähigkeit des genehmigten Vereins entsprechen dem Grundmodell des Vereins im Bürgerlichen Gesetzbuch. Das *collegium* muss bei Gründung mindestens drei Mitglieder haben, ist unabhängig vom Wechsel einzelner Mitglieder, hat ein eigenes Vermögen, handelt durch Organe und kann sich eigene Statuten geben.[203] Es gab allerdings nur wenige genehmigte private Vereinigungen im religiösen und universitären Bereich. Es handelte sich im Wesentlichen um ähnliche Zusammenschlüsse, wie sie im römischen Recht erlaubt wurden.[204] Sonstige private Vereine spielten keine Rolle, da es keine Ver-

---

199 Sehr gut veranschaulichen lässt sich diese Rechtszersplitterung bei einem Blick auf die „Deutsche Rechts- und Gerichtskarte" mit den dazugehörigen Erläuterungen von Diethelm Klippel in: *Klippel*, Deutsche Rechts- und Gerichtskarte, S. V ff.

200 Zum Begriff der „Kodifikation" mit einem Umriss des Kodifikationszeitalters siehe *Becker*, Systembildung in Europas Kodifikationen, S. 37 ff.

201 Vgl. zur Bedeutung und zum Geltungsbereich dieser Rechtsquellen und Rechtsordnungen *Klippel*, Deutsche Rechts- und Gerichtskarte, S. VII ff.

202 *Coing*, Europäisches Privatrecht. Band I, S. 262 f.

203 *Coing*, Europäisches Privatrecht. Band I, S. 262.

204 *Coing*, Europäisches Privatrecht. Band I, S. 265.

einsfreiheit gab und die nicht genehmigten Vereine der Rechtsqualität entbehrten und ihre Bildung strafbar war.[205]

b) Codex Maximilianeus Bavaricus Civilis

Der Codex Maximilianeus Bavaricus Civilis von 1756[206] galt als „Bayerisches Landrecht" bis zum Inkrafttreten des Bürgerlichen Gesetzbuchs am 1. Januar 1900 in weiten Teilen des rechtsrheinischen Bayern.[207] Aufgrund seiner Zusammenstellung des geltenden *Ius Commune* kann er als „Leitfaden durch das römische Recht"[208] dienen. Deshalb verwundert es auch nicht, dass man in diesem überhaupt keine Regelung zum Vereinsinnenrecht findet. Der Entwurf einer revidierten Fassung von 1811 erwähnt zumindest in § 2 des zweiten Kapitels des ersten Teils die „Moralische Person", also die rechtsfähige Personengemeinschaft, worunter auch erlaubte Gesellschaften fallen.[209] Ausführungen zum Vereinsinnenrecht finden sich aber auch darin nicht.

c) Das Allgemeine Preußische Landrecht

Das Allgemeine Preußische Landrecht von 1794[210] handelt im sechsten Titel des zweiten Teils in den §§ 1 ff. (= II 6 §§ 1 ff. ALR) von „Gesellschaften überhaupt, und von Corporationen und Gemeinen insonderheit". Dabei sind die „Corporationen" als die Personenzusammenschlüsse zu sehen, die dem heutigen Idealverein entsprechen, da sie zu einem fortdauernden gemeinnützigen Zweck verbunden sein müssen (II 6 § 25 ALR).

Die Paragraphen II 6 §§ 27 ff. ALR befassen sich mit der Grundverfassung und die II 6 §§ 42 ff. ALR mit den inneren Rechten der Corporationen. Aus II 6

---

205 *Coing*, Europäisches Privatrecht. Band I, S. 265.

206 Zur benutzten Ausgabe des Codex Maximilianeus Bavaricus Civilis von 1756 siehe das Quellenverzeichnis. Ausführlich zum Zivilkodex des Codex Maximilianeus: *Schlosser, H.*, Neuere Europäische Rechtsgeschichte, S. 206 ff.

207 *Schlosser, H.*, Neuere Europäische Rechtsgeschichte, S. 214.

208 So *Becker*, Systembildung in Europas Kodifikationen, S. 67.

209 *Demel/Schubert* (Hrsg.), Der Entwurf eines Bürgerlichen Gesetzbuches für das Königreich Bayern von 1811, S. 7.

210 Zur Geschichte und Bedeutung des Allgemeinen Preußischen Landrechts von 1794 siehe die Einführung von *Hans Hattenhauer* in: *Hattenhauer* (Hrsg.), Allgemeines Landrecht für die preußischen Staaten von 1794, S. 11 ff. (aus dieser Textausgabe sind auch die folgenden vereinsrechtlichen Paragraphen des ALR zitiert). Zur positiven Rechtslage unter dem ALR allgemein siehe *Müller F.*, Korporation und Assoziation, S. 239 ff.

§ 26 ALR folgt, dass die Grundverfassung nur unter Genehmigung des Staates Wirkung entfaltet. In II 6 § 45 ALR wird klargestellt, dass der Corporation ein „eigentliches Strafrecht [...] nur insofern zukommen [kann], als ihr der Staat dergleichen Recht ausdrücklich verliehen hat" und in II 6 § 47 ALR, dass ein Vereinsmitglied sich im Falle einer „Vereinsstrafe" auf die ordentlichen Gerichte berufen kann. Die hoheitliche Einflussnahme auf die inneren Corporationsangelegenheiten macht besonders II 6 § 63 ALR deutlich: Wird bei einer inneren Angelegenheit keine Stimmenmehrheit erzielt, so soll diejenige Behörde entscheiden, die sonst für die Bestätigung der Beschlüsse zuständig ist.

Das Allgemeine Preußische Landrecht war für eine Monarchie verfasst worden.[211] Bevormundung durch den Staat statt Eigenverantwortlichkeit der Bürger ist zwischen den Zeilen erkennbar,[212] sodass die normierte absolute Kontrolle der Corporationen durch den Staat nicht verwunderlich ist. Jedoch zeigt bereits die bloße Beschäftigung des Gesetzes mit Personenzusammenschlüssen in einem gesonderten Titel mit 202 Paragraphen, dass die Vereine ein Faktor in der Rechtswirklichkeit waren und den von den autoritären Machthabern befürchteten Gefahren, die von solchen intermediären Gruppen ausgingen, hier nicht mit einem generellen Verbot begegnet wurde, sondern mit einzelnen Vorschriften, die die Kontrolle des Staates sicherstellen sollten.[213]

Mangels einer echten Organisationsautonomie innerhalb der Corporation war deshalb eine auszudifferenzierende Gestaltung der Rechtsbeziehungen gesetzlich nicht vorgesehen.

d) Code Civil

Im französischen Code Civil von 1804 sucht man vergebens nach irgendeiner Regelung über die privatrechtlichen Vereine.[214] Diese waren nämlich nach der Französischen Revolution allesamt aufgelöst und verboten worden. Der Grund dafür beruht – anders als im preußischen ALR von 1794, das auf absolute Machterhaltung abzielte – auf der von *Jean-Jacques Rousseau* geäußerten Sorge, dass

---

211 *Hattenhauer* (Hrsg.), Allgemeines Landrecht für die preußischen Staaten von 1794, S. 32.

212 Siehe *Schlosser, H.*, Grundzüge der neueren Privatrechtsgeschichte, S. 122.

213 Allerdings erging bereits vier Jahre später durch das sogenannte Vereinsedikt ein Verbot politischer Geheimbünde, die die „allgemeine Sicherheit" gefährdeten, vgl. *Bär*, Die Schranken der inneren Vereinsautonomie, S. 62.

214 Für die deutschen Gebiete, deren Privatrecht durch den Code Civil geregelt wurde, siehe *Klippel*, Deutsche Rechts- und Gerichtskarte, S. VII ff.

solche intermediären Gruppen ein Hindernis für die auf dem einzelnen Individuum basierende Demokratie sein können.[215]

e) Bürgerliches Gesetzbuch für das Königreich Sachsen

Im Bürgerlichen Gesetzbuch für das Königreich Sachsen, das am 1. März 1865 in Kraft trat,[216] wurde das im Königreich Sachsen geltende Landesrecht auf Grundlage des *Ius Commune* kodifiziert.[217] Im Hinblick auf Struktur, Systematik und Gesetzestechnik nahm dieses eine Vorbild- und Vorreiterrolle für die spätere Kodifikation des Bürgerlichen Gesetzbuchs ein und war somit ein großer Schritt in Richtung Privatrechtseinheit.[218] Die §§ 52–57 des Bürgerlichen Gesetzbuchs für das Königreich Sachsen[219] behandeln dabei die juristischen Personen. Darin wird klargestellt, dass eine Rechtspersönlichkeit nur den vom Staat anerkannten Personenvereinen zusteht (§ 52) und diese Anerkennung vom Staat jederzeit wieder entzogen werden kann (§ 56). Das Konzessionsprinzip findet sich also wie selbstverständlich in der sächsischen Kodifikation von 1865 wieder, was wohl auf den Einfluss des *Ius Commune* zurückzuführen ist. Der Verein kann seine Rechte entweder durch Vertreter oder durch Beschlussfassung der Mitglieder ausüben (§ 53). Die Regelung der Machtverhältnisse wurde also dem erlaubten Verein überlassen. Lediglich für die Beschlussfassung der Mitglieder wurde das Mehrheitsprinzip festgelegt (§ 55). Die Regelung der inneren Angelegenheiten war den Personenvereinen damit weitestgehend freigestellt.

3. Die äußere Vereinsautonomie als gesetzgeberische Herausforderung

Aus den vorstehenden Ausführungen wird deutlich: In der zweiten Hälfte des 19. Jahrhunderts befanden sich die Vereine im Spannungsverhältnis zwischen staat-

---

215 Zu diesem Zusammenhang siehe *Bär*, Die Schranken der inneren Vereinsautonomie, S. 76 f.

216 Vgl. Verordnung, die Ein- und Ausführung des bürgerlichen Gesetzbuchs für das Königreich Sachsen betreffend, vom 9. Januar 1865, Gesetz- und Verordnungsblatt für das Königreich Sachsen, 1. Stück vom Jahre 1865.

217 Sachsen gelang damit, was in den anderen deutschen Reichsgebieten nicht erreicht wurde, nämlich die gesetzliche Niederschrift des reformierten Landesrechts und damit die letzte geschlossene territoriale Privatrechtsordnung vor dem reichseinheitlichen BGB, vgl. *Schlosser, H.*, Neuere Europäische Rechtsgeschichte, S. 291.

218 *Schlosser, H.*, Neuere Europäische Rechtsgeschichte, S. 291 f.

219 Zur benutzten Ausgabe des Bürgerlichen Gesetzbuchs für das Königreich Sachsen siehe Quellenverzeichnis.

licher Kontrolle und Freiheit. Das galt auch für die bereits zahlreich vorhandenen Vereine und Verbände, die sich die körperliche Betätigung in Form des „Sports" als besonderen Zweck gesetzt hatten und deren Zahl in dieser Zeit erheblich wuchs. Bereits 1869 waren 1546 Turnvereine in der „Deutschen Turnerschaft"[220] organisiert mit insgesamt 128000 Mitgliedern. Dies steigerte sich bis 1904 auf 7500 Vereine und 750000 Mitglieder. Ebenfalls seit 1869 gab es Vereine, die sich als gemeinsamen Zweck das Radfahren gesetzt hatten und Wettkampfrennen durchführten, was 1884 dazu führte, dass diese sich im „Deutschen Radfahrerbund" organisierten. Im „Deutschen Ruderverband", der 1883 gegründet wurde, waren 1894 bereits 143 Mitgliedsvereine mit ihrerseits 17000 Mitgliedern vereint.[221] Auch die ersten bis heute existierenden Vereins- und Verbandsgründungen in der Sportart Fußball fanden in der zweiten Hälfte des 19. Jahrhunderts statt.[222]

Noch zu Beginn des 19. Jahrhunderts war eine staatlich anerkannte Vereinsfreiheit, wie sie heute durch Art. 9 GG garantiert wird, nicht abzusehen. Die Vereine wurden als abstrakte Gefahr für ein funktionierendes Gemeinwohl gesehen, sei es aufgrund der Forderung nach absoluter staatlicher Gewalt, sei es, dass sie als Hindernis für eine funktionierende Demokratie gesehen wurden.

Erst die mit Beginn des 19. Jahrhunderts aufkeimenden Gedanken des Liberalismus sowie die gesellschaftlichen Veränderungen durch die Industrialisierung ermöglichten es, dass sich Vereinigungen bilden konnten, die über ein rein privat orientiertes, loses Gebilde hinausgingen. Vereine waren ein Faktor in der gesellschaftlichen Realität des 19. Jahrhunderts.

In der rechtswissenschaftlichen Auseinandersetzung stand die Rolle des Staates bei der Gründung von Vereinen und der Überwachung bestehender Vereine im Vordergrund. Plädierten die einen für größtmögliche Kontrolle der Vereine, forderten die anderen eine größtmögliche Freiheit vor staatlicher Einflussnahme. Es war also die äußere Vereinsautonomie, um deren Ausgestaltung gerungen wurde.

---

220 Zu den politischen Interessen der Turnvereine, die zunächst dem demokratisch-nationalen und später dem national-liberalen Lager zuzuordnen waren, vgl. *Bär*, Die Schranken der inneren Vereinsautonomie, S. 43. Grundsätzlich steht hinter der Turnbewegung, die in der Zeit der Nationalbewegung gegen napoleonische Besetzung entstand, der Gedanke der leistungsfähigen und kampfbereiten Nation wie es auch aus der national-verherrlichenden Schrift des Vaters der Turnbewegung *Jahn*, Deutsches Volksthum, insbesondere auf S. 241 ff. hervorgeht.

221 Diese Informationen über die Vereinsgründungen in der zweiten Hälfte des 19. Jahrhunderts wurden von *Nipperdey*, Deutsche Geschichte 1866–1918, S. 172 ff. übernommen.

222 Siehe dazu ausführlich unten § 6 II.2.

Es kann deshalb auch nicht verwundern, dass wir in den bestehenden Kodifikationen des 19. Jahrhunderts nur wenige Regelungen zur vereinsinternen Willensbildung finden.

Selbst wenn die Verfasser des Vereinsrechts Bürgerlichen Gesetzbuchs vereinsinnenrechtliche Fragen wie beispielsweise zu Mitbestimmungs- und Minderheitenrechte, zur Kontrolle des Vorstandes oder zu zwingenden Satzungsinhalten in den Mittelpunkt der Diskussionen um die Fassung der §§ 21 ff. BGB gestellt hätten, so hätte deren Ausgestaltung mangels Orientierungsmöglichkeit an anderen Kodifikationen, gefestigter Rechtsprechung oder rechtswissenschaftlichen Auseinandersetzungen eine große Herausforderung bedeutet.[223]

Wie wir im Folgenden sehen werden, wurde die Diskussion um die Ausgestaltung der §§ 21 ff. BGB aber von den widerstreitenden Positionen zur äußeren Vereinsautonomie bestimmt.

IV. Das Vereinsrecht des Bürgerlichen Gesetzbuchs

Die Konzeption der §§ 21 ff. BGB ist das Ergebnis eines Kompromisses kontroverser Diskussionen.[224] Die bis heute im Wesentlichen[225] unveränderten Regelungen

---

223 Stellt man hierbei die Aspekte der dynamischen Entwicklung im Vereinswesen sowie das Nichtvorhandensein von Vorerfahrungen bezüglich der vielgestaltigen Problemstellungen in den Vordergrund, so könnte man strukturell die damalige mit der spätestens seit der Jahrtausendwende bestehenden Herausforderung an den Gesetzgeber vergleichen, aktuelle Fragestellungen, die durch die Erfindung und Verbreitung des Internets ausgelöst wurden, auf lange Sicht zufriedenstellend innerhalb des BGB zu kodifizieren.

224 Zu den Kontroversen im Rahmen der Kodifikation siehe auch *Popp*, Öffentliche Aufgaben der Gewerkschaften und innerverbandliche Willensbildung, S. 136 ff.; zur Charakteristik des Bürgerlichen Gesetzbuches von 1896 insgesamt als „Ausgleichsversuch zwischen mehreren Wertesystemen, die sich in der deutschen Sozialgeschichte des 19. Jhs. nicht hatten verschmelzen können" siehe *Wieacker*, Privatrechtsgeschichte der Neuzeit, S. 479. Zur daraus resultierenden außergewöhnlichen Schwierigkeit der Kodifizierung des Vereinsrechts im Bürgerlichen Recht siehe *Mummenhoff*, Gründungssysteme und Rechtsfähigkeit, S. 39.

225 Neu eingefügt wurden § 31a BGB durch Art. 1 des Gesetzes zur Begrenzung der Haftung von ehrenamtlich tätigen Vereinsvorständen vom 28. September 2009, BGBl. I 2009/64 vom 2. Oktober 2009, S. 3161, sowie § 31b BGB und § 27 Abs. 3 BGB durch das Gesetz zur Stärkung des Ehrenamtes (Ehrenamtsstärkungsgesetz) vom 21. März 2013, vgl. BGBl. I 2013/15 vom 28. März 2013, S. 559. Als Änderungen des BGB-Vereinsrechts insgesamt sei verwiesen auf die Entnahme der Vorschriften über verbotene Vereine aus dem privaten Vereinsrecht durch § 24

zum inneren Vereinsrecht normierten für die aus Sicht des Staates „ungefährlichen“ Vereine eine weitestgehend freie Ausgestaltung ihrer organisatorischen Verfassung auf rechtsgeschäftlicher Grundlage.

1. Das Gesetzgebungsverfahren

a) *Vorentwurf*

Im Vorentwurf des Redaktors *Albert Gebhard*, der die Arbeitsgrundlage für die erste Kommission zur Ausarbeitung des Entwurfs eines Bürgerlichen Gesetzbuches darstellen sollte,[226] wird für Personenvereine, die nicht auf Erwerb, Gewinn oder einen eigentlichen Geschäftsbetrieb abzielen, vorgesehen, dass diese grundsätzlich nur durch besondere, im einzelnen Fall zu erwerbende Verleihung seitens der Landesverwaltung die juristische Persönlichkeit erhalten sollen.[227]

Hinsichtlich der inneren Verfassung wird zwingend lediglich die Vertretung durch einen oder mehrere Vorstände sowie die jederzeitige Widerruflichkeit der Bestellung des Vorstandes vorausgesetzt. Die folgenden Regelungen über die Einberufung und Beschlussfassung der Mitgliederversammlung sollen nur gelten, soweit die „Verfassung“ nicht etwas anderes bestimmt.[228]

Gebhard wägte die Argumente für und wider des Systems der Normativbestimmungen, also der Möglichkeit der Erlangung der Rechtsfähigkeit ohne staatliche Konzession, in seiner Begründung für den Vorschlag zur Erlangung

---

des Gesetzes zur Regelung des öffentlichen Vereinsrechts (Vereinsgesetz) vom 5. August 1964, BGBl. I 1964/42 vom 12. August 1964, S. 593 ff., 599, sowie auf die Änderungen durch das Gesetz zur Erleichterung elektronischer Anmeldungen zum Vereinsregister und anderer vereinsrechtlicher Änderungen vom 24. September 2009, BGBl. I 2009/63 vom 29. September 2009, S. 3145 ff., die vorrangig die Rücksicht auf technische Neuerung im Zusammenhang mit dem Registrierungsverfahren und die Modifikation der Vorschrift zur Entziehung der Rechtsfähigkeit zum Hintergrund hatte.

226 Siehe dazu *Schubert* (Hrsg.), Die Vorlagen der Redaktoren für die erste Kommission zur Ausarbeitung des Entwurfs eines Bürgerlichen Gesetzbuches. Allgemeiner Teil. Teil 1, S. IX ff.

227 Siehe *Schubert* (Hrsg.), Die Vorlagen der Redaktoren für die erste Kommission zur Ausarbeitung des Entwurfs eines Bürgerlichen Gesetzbuches. Allgemeiner Teil. Teil 1, S. 510.

228 *Schubert* (Hrsg.), Die Vorlagen der Redaktoren für die erste Kommission zur Ausarbeitung des Entwurfs eines Bürgerlichen Gesetzbuches. Allgemeiner Teil. Teil 1, S. 511.

der Rechtsfähigkeit der Personenvereine mit idealen Tendenzen ab,[229] kam aber zu dem Schluss, dass die mit einer Rechtspersönlichkeit ausgestatteten Idealvereine einer „Machtentfaltung fähig [sind], die sich im Voraus nicht ermessen lässt".[230] Weiter führte er aus, dass die Erfahrung lehre, dass auch harmlose Vereine unter dem Einfluss politischer Einflüsse in falsche Bahnen geraten. Insofern werde die notwendige staatliche Konzession aller Vereine mit idealen Tendenzen als präventive Schutzmaßnahme gesehen, die eine nachträgliche Auflösung alleine nicht bieten könne.[231] Ein jederzeitiges Austrittsrecht für die Mitglieder sah er nicht ausdrücklich vor.

b) Erster Entwurf

Der Erste Entwurf, der 1888 gemeinsam mit den Begründungen, den sogenannten Motiven, veröffentlicht wurde, behandelte in seinen Paragraphen 42–57 die Körperschaften als Unterfall der juristischen Personen (§§ 41 ff. des Ersten Entwurfs)[232]; dies sei jedenfalls notwendig in einem fortschrittlichen Gesetzbuch, zumal „dem Staate an einem gesunden, blühenden Vereinsleben gelegen sein muß"[233].[234]

Ferner wurde zu den Rechtsnormen im Allgemeinen festgestellt, dass das bisherige private Recht bereits Autonomie kenne, die ihren Ursprung in der gewillkürten Rechtssetzung hoher Adelshäuser oder bestimmter Körperschaften haben könne und die grundverschieden zur Privatautonomie sei, welche lediglich dazu bemächtige, innerhalb bestimmter Grenzen des dispositiven Rechts die privaten Angelegenheiten durch Rechtsgeschäft zu regeln.[235] Eine solche Autonomie sollte den Körperschaften nur in einem begrenzten Rahmen zustehen. Die landesgesetzlichen

229 *Schubert* (Hrsg.), Die Vorlagen der Redaktoren für die erste Kommission zur Ausarbeitung des Entwurfs eines Bürgerlichen Gesetzbuches. Allgemeiner Teil. Teil 1, S. 586 ff.

230 *Schubert* (Hrsg.), Die Vorlagen der Redaktoren für die erste Kommission zur Ausarbeitung des Entwurfs eines Bürgerlichen Gesetzbuches. Allgemeiner Teil. Teil 1, S. 597.

231 *Schubert* (Hrsg.), Die Vorlagen der Redaktoren für die erste Kommission zur Ausarbeitung des Entwurfs eines Bürgerlichen Gesetzbuches. Allgemeiner Teil. Teil 1, S. 597.

232 Der zweite Unterfall waren die Stiftungen (§§ 58–62 des Ersten Entwurfs).

233 Motive, Band I, S. 88.

234 Zu den Überlegungen der Ersten Kommission zu den Vereinen, vgl. Motive, Band I, S. 78 ff.

235 Motive, Band I, S. 10 ff.

Vorschriften zur Beaufsichtigung der juristischen Personen sollten zunächst unberührt bleiben. Die in den Paragraphen 42–57 des Ersten Entwurfs getroffenen Regelungen sollten sich zugleich auf öffentliche wie private Körperschaften beziehen.[236]

Aus den Motiven wird ferner ersichtlich, dass zwar Einigkeit darüber bestand, dass der Zusammenschluss mehrerer Personen eine Körperschaft bilden könne, aber die Frage, ob und wieweit eine staatliche Mitwirkung erforderlich ist, nicht klar beantwortet werden könne.[237] Bezüglich der Idealvereine wird nach Betrachtung des rechtlichen Fundaments unter Einbeziehung der neueren gesetzgeberischen Entwicklungen das Pro und Contra des Systems der Normativbestimmungen dargestellt.[238] Dabei kommt die Kommission zu dem Schluss, dass die Gründe gegen das System der Normativbestimmungen überwiegen. Die nicht vorhersehbare Gefahr, die ein einmal entstandener rechtsfähiger Verein dem Gemeinwohl bringen kann, ist das Hauptmotiv für diese Entscheidung.[239] Denn der in der Satzung angegebene und mit den normativ aufgestellten Bestimmungen im Einklang stehende Zweck gebe keine Garantie für das tatsächliche Vorhaben des Vereins. Die staatliche Kontrolle könne sich auf die Einhaltung bestimmter Vorschriften nicht beschränken. Jeder einzelne die Rechtsfähigkeit erstrebende Verein müsse in seiner Verträglichkeit mit dem Gemeinwohl zu prüfen sein, denn „die gefährlichsten Vereine erscheinen oft in dem unschuldigsten Gewande".[240]

Konsequenterweise hätte der Entwurf sich also zum Konzessionensystem bekennen müssen, hätte er eine reichseinheitliche Regelung treffen wollen. Jedoch entschied sich die Kommission dafür, den Erwerb und auch den Verlust der juristischen Persönlichkeit für Idealvereine der Regelung des Gesetzes des Landes zu unterstellen, wo die Körperschaft im Falle der Erlangung ihren Sitz haben sollte.[241]

c) Überarbeitung des Ersten Entwurfs

Die Zweite Kommission, die 1890 eingesetzt wurde, sollte den ersten Entwurf mit einer stärkeren Orientierung an der sozialen Realität und den aktuellen Problemstellungen überarbeiten.[242] Konsequenterweise forderte die 2. Kommission die

236 Motive, Band I, S. 82.

237 Motive, Band I, S. 83.

238 Motive, Band I, S. 83 ff.

239 Zu dieser „Hauptsorge" der Mehrheit der Reichstagsabgeordneten siehe auch *Schwierkus*, Der rechtsfähige ideelle und wirtschaftliche Verein (§§ 21, 22 BGB), S. 42.

240 Motive, Band I, S. 90 f.

241 Motive, Band I, S. 93.

242 *Schubert*, Materialien zur Entstehungsgeschichte des BGB, S. 57 f.

Kodifikation des Normativsystems für Idealvereine im überarbeiteten Entwurf, mit welchem sich zunächst der Bundesratsausschuss zu beschäftigen hatte. Dies stieß bei einem Teil der Bundesstaaten auf erheblichen Widerstand, da diese den Standpunkt des ersten Entwurfs vertraten, der die Regelung der Rechtsfähigkeit der Vereine im Bürgerlichen Gesetzbuch nicht vorsah.

Letztendlich gab der Bundesratsausschuss den Standpunkt der 2. Kommission mit zwei wesentlichen Änderungen an die Reichstagskommission weiter: Zum einen sollte sich das Einspruchsrecht der Verwaltungsbehörde neben Vereinen, die politische, sozialpolitische und religiöse Zwecke verfolgen, auch auf Vereine erstrecken, die der Erziehung und dem Unterricht dienen. Zum anderen wurde die Regelung, dass die behördliche Auflösung eines Vereins in einem verwaltungsgerichtlichen Verfahren geprüft werden kann, gestrichen und dem Landesrecht überlassen.[243] Dadurch wäre auf reichgesetzlicher Ebene die hoheitliche Kontrolle von Vereinen stärker ausgebildet gewesen.

d) Die Beratung über das Vereinsrecht in der XII. Reichstagskommission

In der Ersten Lesung im Reichstag[244] führte die Beratung über die Vorlage des Bundesrats zum Bürgerlichen Gesetzbuch bereits im Plenum zu einer kontroversen Grundsatzdiskussion über das Vereinsrecht, besonders über die öffentlich-rechtlichen Gesichtspunkte.[245] Danach wurde die Vorlage an einen Ausschuss überwiesen, die XII. Reichstagskommission.[246] Dabei nahm die Beratung des späteren § 21 BGB in der Sitzung am 26. Februar 1896 den gesamten Sitzungstag (sechs Stunden) in Anspruch, da sie zu einer grundlegenden Debatte über das gesamte Vereinsrecht wurde.[247] In der Kommission wurden im Wesentlichen drei Abänderungsvorschläge zur Reichstagsvorlage des Bundesrats bezüglich der vereinsrechtlichen Regelungen beraten:

Heftige Kritik erfuhr die Vorlage vor allem von sozialdemokratischer Seite, die in ihrem Antrag A[248] das System der freien Körperschaftsbildung forderte.

---

243 *Schubert*, Materialien zur Entstehungsgeschichte des BGB, S. 63.

244 Siehe zur personellen Zusammensetzung und Organisation der Reichstagskommission *Schubert*, Materialien zur Entstehungsgeschichte des BGB, S. 64 ff.

245 Vgl. *Mummenhoff*, Gründungssysteme und Rechtsfähigkeit, S. 52.

246 Über den genauen Ablauf der Sitzungen der XII. Reichstagskommission berichtet der Ministerialrat und Berichterstatter des Bundesrates Willhelm von Heller abgedruckt in: *Schubert*, Materialien zur Entstehungsgeschichte des BGB, S. 379 ff.

247 *Schubert*, Materialien zur Entstehungsgeschichte des BGB, S. 379.

248 Zu dem Inhalt und der Bezeichnung der Anträge siehe auch: *Enneccerus*, Bericht über den Entwurf eines Bürgerlichen Gesetzbuchs, Band I, S. 5 ff.

Die Kritik bezog sich vor allem auf die Einbeziehung polizeirechtlicher Elemente durch das behördliche Auflösungsrecht eines gegen die Gesetze und die guten Sitten verstoßenden Vereins. Die Sozialdemokraten sahen darin den Versuch, eine reichsrechtliche Regelung des öffentlichen Vereinsrechts durch eine Regelung im bürgerlichen Vereinsrecht zu umgehen.[249] Antrag A wurde gegen zwei Stimmen abgelehnt.[250]

Der Antrag von Vertretern des Zentrums (Antrag B) lehnte das Einspruchsrecht der Verwaltungsbehörde ab. Das Amtsgericht sollte dagegen die Eintragung und somit den Erhalt der Rechtsfähigkeit verhindern können, wenn der Zweck des Vereins gegen ein gesetzliches Verbot oder die guten Sitten verstoße. Begründet wurde dieser Vorstoß damit, dass in einem Gesetzbuch, das die Verhältnisse von Privatrechtssubjekten zueinander ordnen soll, polizeirechtliche Regelungen keinen Platz haben sollten. Die Frage nach der grundsätzlichen Existenzerlaubnis eines Personenzusammenschlusses müsse in öffentlich-rechtlichen Gesetzen geklärt werden, die Frage, ob ein Personenzusammenschluss als rechtsfähige Person anerkannt werden solle, wird durch das bürgerliche Recht erfasst.[251] Kritisch wurde vor allem die vorgesehene Verbotsregelung für Vereine bei Verstoß gegen Gesetz oder die guten Sitten gesehen, da hier die Gerichte in Auslegungsfragen wohl den Ansichten der Regierenden folgen würden.[252] Diese Kritik stieß jedoch bei den übrigen Mitgliedern des Ausschusses nicht auf Widerhall, da dieses Verfahren grundsätzlich nicht als verschleiertes Konzessionssystem, sondern als modifiziertes System der Normativbestimmungen euphemisiert wurde.[253]

Antrag C, der von dem nationalliberalen Abgeordneten *Ludwig Enneccerus* gestellt worden war, sah behördliches Einschreiten vor, allerdings nur bei politischen und religiösen Vereinen, nicht bei Vereinen mit sozialpolitischem, erzieherischem oder unterrichtendem Zweck. Zudem sollte die Anfechtung der behördlichen Entscheidung vor den Verwaltungsgerichten möglich sein.[254] Diese Regelungen seien trotz der anzustrebenden Trennung von privatem und öffentlichem Vereinsrecht aufgrund des unzureichend ausgebildeten öffentlichen Vereinsrechts nötig, um das Vorhaben der Kodifikation des bürgerlichen Rechts insgesamt nicht zu gefährden.[255]

---

249 *Schubert*, Materialien zur Entstehungsgeschichte des BGB, S. 379.
250 *Enneccerus,* Bericht über den Entwurf eines Bürgerlichen Gesetzbuchs, Band I, S. 5 ff.
251 *Enneccerus,* Bericht über den Entwurf eines Bürgerlichen Gesetzbuchs, Band I, S. 7 f.
252 *Schubert*, Materialien zur Entstehungsgeschichte des BGB, S. 380.
253 *Schubert*, Materialien zur Entstehungsgeschichte des BGB, S. 380 f.
254 *Schubert*, Materialien zur Entstehungsgeschichte des BGB, S. 381.
255 *Enneccerus,* Bericht über den Entwurf eines Bürgerlichen Gesetzbuchs, Band I, S. 8 ff.

Die Reichstagskommission entschied sich mit dreizehn gegen acht Stimmen dafür, den Antrag B ihren Detailberatungen zum Vereinsrecht zugrunde zu legen, allerdings unter der Maxime, das Bürgerliche Gesetzbuch nicht am Vereinsrecht scheitern zu lassen.[256] Das große Gesamtprojekt stand im Vordergrund. In den einzelnen Beschlüssen der ersten Lesung wurde die Charakterisierung des idealen Vereins auf die negative Zweckabgrenzung des nichtwirtschaftlichen Vereins modifiziert[257] und die Auflösung des Vereins durch die Entziehung der Rechtsfähigkeit ersetzt, da die Auflösung durch das öffentliche Recht geregelt werden sollte.[258] Ferner wurde ein letzter Vorstoß einer Minderheit, den Verwaltungsbehörden die eintragungshindernde Kompetenz zu übertragen sowie das Einspruchsverfahren auf dem Verwaltungsrechtsweg zu klären, erneut verworfen.[259]

Am Ende der ersten Lesung wurde deutlich, dass die Kodifikation des Vereinsrechts größte Schwierigkeiten bereitete und vertiefte Auseinandersetzungen erzeugte und dabei die Loslösung des privaten Vereinsrechts von öffentlich-rechtlichen Einflussfaktoren im Mittelpunkt der Diskussionen stand.

e) Politischer Kompromiss

Bereits wenige Tage nach Beendigung der ersten Lesung (20. Mai 1896) begann die XII. Reichstagskommission mit der zweiten Lesung am 2. Juni 1896. Aus dem Sitzungsbericht vom 20. Mai 1896 erfahren wir, dass dieser rasche Fortgang vor allem deshalb von den Abgeordneten erwünscht war, um nicht die öffentliche Kritik zu groß werden zu lassen und damit das Gesetzesprojekt baldmöglichst abgeschlossen werden konnte.[260] In der zweiten Lesung wurde das Vereinsrecht erneut zum Streitgegenstand.[261] In neu gestellten Anträgen wurden wiederum –

256 *Enneccerus,* Bericht über den Entwurf eines Bürgerlichen Gesetzbuchs, Band I, S. 13.

257 *Enneccerus,* Bericht über den Entwurf eines Bürgerlichen Gesetzbuchs, Band I, S. 5 13; bis dahin wurde der Idealverein noch neben dem negativen Abgrenzungskriterium der Wirtschaftlichkeit mit einem Positivkatalog umschrieben, der auf einen wohltätigen, geselligen, wissenschaftlichen, künstlerischen oder gemeinnützigen Zweck abstellte, *Achilles/Spahn/Gebhard* (Bearb.), Protokolle der Kommission für die zweite Lesung des Entwurfs des Bürgerlichen Gesetzbuchs, Band I, S. 482 und S. 498.

258 *Enneccerus,* Bericht über den Entwurf eines Bürgerlichen Gesetzbuchs, Band I, S. 14 f.

259 *Enneccerus,* Bericht über den Entwurf eines Bürgerlichen Gesetzbuchs, Band I, S. 17.

260 *Schubert,* Materialien zur Entstehungsgeschichte des BGB, S. 387.

261 Für einen Überblick über die Anträge zur zweiten Lesung zum Vereinsrecht siehe *Enneccerus,* Bericht über den Entwurf eines Bürgerlichen Gesetzbuchs, Band I, S. 15 ff.

allerdings in modifizierter Form – das Einspruchsrecht der Verwaltungsbehörde vor Erlangung der Rechtsfähigkeit des Vereins sowie der Verwaltungsrechtsweg als der maßgebliche Verfahrensgang für Vereine gegen behördliche Entscheidungen gefordert. Die Modifikation bestand darin, dass diese Regelungen nur bei Vereinen greifen sollten, die nach dem öffentlichen Vereinsrecht unerlaubt sind oder verboten werden können oder wenn sie einen politischen, sozialpolitischen oder religiösen Zweck verfolgen.[262]

Dieser Kompromiss wurde dann letztendlich der Abstimmung der Kommission zugrunde gelegt und mit sechzehn zu fünf Stimmen angenommen;[263] jedoch nicht, weil damit eine für alle Beteiligten zufriedenstellende Lösung bezüglich des privaten Vereinsrechts gefunden wurde, sondern vielmehr aufgrund eines mit diesem Kompromiss verknüpften Kompromisses in Fragen des Eherechts[264] sowie um zu verhindern, dass das Vereinsrecht insgesamt von der reichseinheitlichen Kodifikation ausgeschlossen würde, was aufgrund des Fortschritts gegenüber der bisherigen partikularen Rechtslage als bedauernswert erachtet worden wäre.[265]

So durchlief das Bürgerliche Gesetzbuch in der geschilderten Form, begleitet von einer erneut hitzigen Debatte im Plenum, die zweite und dritte Lesung im Reichstag,[266] bekam Zustimmung des Bundesrats, wurde so am 18. August 1896 von Kaiser *Wilhelm II.* ausgefertigt, am 24. August 1896 im Reichsgesetzblatt[267] veröffentlicht und trat am 1. Januar 1900 in Kraft. Das Recht der Vereine bestimmte sich fortan nach den §§ 21–79 des Bürgerlichen Gesetzbuchs für das Deutsche Reich.

---

262 *Enneccerus,* Bericht über den Entwurf eines Bürgerlichen Gesetzbuchs, Band I, S. 18 ff.

263 *Enneccerus,* Bericht über den Entwurf eines Bürgerlichen Gesetzbuchs, Band I, S. 23.

264 Vgl. zu diesem synallagmatischen Geschäft, das *Arnold Nieberding*, Staatssekretär des Reichsjustizamtes, den widerstreitenden Parteien antrug: *Schubert*, Materialien zur Entstehungsgeschichte des BGB, S. 412.

265 *Schubert*, Materialien zur Entstehungsgeschichte des BGB, S. 66 f., S. 389 ff.; *Mummenhoff*, Gründungssysteme und Rechtsfähigkeit, S. 56 f.

266 Noch in der dritten Lesung am 30. Juni und 1. Juli 1896 drohte bei „afrikanischer Hitze“ das Bürgerlichen Gesetzbuch an Fragen des Eherechts zu scheitern, vgl. *Schubert*, Materialien zur Entstehungsgeschichte des BGB, S. 68.

267 RGBl. 1896 (Nr. 21), S. 195 ff.; *Schubert*, Materialien zur Entstehungsgeschichte des BGB, S. 68.

2. Die Freiheit des „ungefährlichen" Vereins

§ 21 BGB lautet damals[268] wie heute: Ein Verein, dessen Zweck nicht auf einen wirtschaftlichen Geschäftsbetrieb gerichtet ist, erlangt Rechtsfähigkeit durch Eintragung in das Vereinsregister des zuständigen Amtsgerichts.[269] Bis heute ebenfalls inhaltlich unverändert regelt § 25 BGB, dass die Verfassung des rechtsfähigen Vereins durch die Vereinssatzung bestimmt wird, soweit sie nicht auf den durch den Gesetzgeber kodifizierten Vorschriften beruht.

Diese Rechtsform erlangten Personenzusammenschlüsse, die dem Staat gefährlich erschienen, nicht oder sie wurde ihnen wieder entzogen (§§ 43, 61 bis 63 BGB). Für Verbände mit öffentlicher Bedeutung wie Parteien, Gewerkschaften oder auch Interessenverbände wird die hoheitliche Kontrolle im Sinne des Absolutismus vorgesehen.[270] Solche Verbände waren bei der Verfassung des privaten Vereinsrechts im Blickpunkt, die Furcht vor ihnen führte Feder bei der Abfassung der Normen, die ihnen die Erlangung der Rechtsfähigkeit verwehren sollte. Umso deutlicher spürt man deshalb zwischen den Paragraphen, die das Vereinsleben der „ungefährlichen" Idealvereine regeln sollen, die Erleichterung darüber, die möglichen Gefahren für das Gemeinwohl durch die restriktiven Regelungen eingedämmt zu haben.

So verwundert es auch nicht, dass es im Rahmen des Gesetzgebungsverfahrens offenbar nicht als problematisch gesehen wurde, die Beziehungen der Vereinsmitglieder untereinander im Sinne des frühliberalen Verbandsmodells zu gestalten.[271] Zumindest sind keinerlei Bedenken hinsichtlich etwaiger Machtungleicheiten von Verein und Mitglied überliefert. Die innere Struktur der Vereine war größtenteils der Freiheit der zusammengeschlossenen Personen überlassen. Für die Interessendurchsetzung des freien Bürgers erschienen staat-

---

268 Vgl. für den Wortlaut der Regelungen der §§ 21 ff. BGB von 1896: RGBl. 1896 (Nr. 21), S. 195 ff.

269 Der Idealverein wurde also nicht positiv definiert wie etwa elf Jahre später im Schweizer Zivilgesetzbuch vom 10. Dezember 1907 in Art. 60 S. 1 ZGB (vgl. Schweizerisches Bundesblatt vom 21. Dezember 1907 (Nr. 54), S. 589 ff. (604)), in dem die positive Anführung idealer Zwecke neben die negative Abgrenzung tritt und der damals wie heute lautet: „Vereine, die sich einer politischen, religiösen, wissenschaftlichen, künstlerischen, wohltätigen, geselligen oder andern nicht wirtschaftlichen Aufgabe widmen […]".

270 Vgl. *Schwierkus*, Der rechtsfähige ideelle und wirtschaftliche Verein (§§ 21, 22 BGB), S. 44, der das Vereinsrecht des Bürgerlichen Gesetzbuchs als „Disziplinierungsversuch" für religiöse, politische und sozialpolitische Verbände bezeichnet.

271 Siehe oben § 4 II.1.und 2.

liche Fürsorgemaßnahmen obsolet, vielmehr wären solche als Freiheitsverlust zu verstehen gewesen.[272]

Mit Verweis auf ein Zitat des sozialdemokratischen Abgeordneten *Stadthagen*[273] wird gerne die These untermauert, dass die §§ 25 ff. BGB im Grunde nur auf die mitgliederschwachen kleinen Vereine ohne wirtschaftliche und soziale Bedeutung zugeschnitten waren.[274] Für ein solches lokal geprägtes Vereinsbild spreche beispielsweise auch die Regelung des § 57 Abs. 2 BGB, die eine Unterscheidbarkeit des Vereinsnamens von anderen Vereinen desselben Ortes oder derselben Gemeinde fordert.[275]

Es ist nicht auszuschließen, dass einzelne Verfasser des Vereinsrechts des Bürgerlichen Gesetzbuchs ein solches Vereinsbild für den typischen Idealverein vor Augen hatten, aber die These ist zumindest zu relativieren. Denn ein bestimmtes Vereinsbild geht aus den Materialien zum Gesetzgebungsverfahren nicht hervor. Das Zitat von *Stadthagen* ist in dem Zusammenhang zu sehen, dass es seinen Unmut über die Diskriminierung der politischen Vereine zum Ausdruck bringt. Seine Bemerkung wurde nicht aus einer vertieften Argumentation heraus entwickelt, sondern fiel nebenbei. Er sah durch den öffentlich-rechtlichen Einschlag des Vereinsrechts den politisch mündigen Bürger der Willkür des Staatsanwaltes ausgesetzt. Die Regelung des § 57 Abs. 2 BGB kann auch nicht als Beleg für ein ausschließlich lokal geprägtes Vereinsbild dienen, drückt sie doch einen allgemeinen Rechtsgedanken aus, wenn sie die Unterscheidbarkeit von Rechtssubjekten für die Klarheit im Rechtsverkehr durch Vermeidung der Verwechslungsgefahr fordert.[276] Zudem existierten schon damals Großvereine und Vereinsverbände mit idealen Zwecken,[277] insbesondere auch Sportfachverbände,[278] die hinsichtlich Organisationsstruktur und gesellschaftlicher Bedeutung eine deutliche Diskrepanz

---

272 So auch deutlich *Popp*, Öffentliche Aufgaben der Gewerkschaften und innerverbandliche Willensbildung, S. 166 f.

273 *Stadthagen* bezeichnete das Vereinsrecht als geschaffen für „Kneip-, Sauf- und Rauchvereine“, vgl. Stenographische Berichte über die Verhandlungen des Reichstags. IX. Legislaturperiode. IV. Session. 1895/97. Vierter Band, S. 2743; siehe auch: *Mugdan*, Die gesammelten Materialien zum Bürgerlichen Gesetzbuch für das Deutsche Reich, Band I, S. 993.

274 Zur allgemeinen Verbreitung dieser These vgl. *Westermann*, BGB-Vereinsrecht vor 100 Jahren und heute, S. 619.

275 Siehe *Popp*, Öffentliche Aufgaben der Gewerkschaften und innerverbandliche Willensbildung, S. 166.

276 Vgl. dazu nur § 30 HGB für die Unterscheidbarkeit der Firma.

277 Vgl. dazu *Gierke*, Das deutsche Genossenschaftsrecht. Erster Band, S. 893 ff.

278 Siehe dazu unter § 4 III.3.

zu einem solchen Vereinsbild aufwiesen,[279] sodass *Stadthagens* Bemerkung wohl eher als eine abschätzige Bemerkung denn als eine stichhaltige These eingeordnet werden muss.

Für die vorliegende Untersuchung ist weniger ein bestimmtes Vereinsbild als vielmehr die liberale, auf vertraglichen Gedanken basierende Konzeption entscheidend, die die Verfasser des Vereinsrechts des Bürgerlichen Gesetzbuchs für die Regelung der inneren Angelegenheiten von Idealvereinen gewählt haben. Denn die vertragliche Konzeption erfordert bei Monopolvereinen die besondere Konzentration auf den Vereinszweck, um das Rechtsverhältnis zwischen Monopolverband und Mitglied gerecht zu erfassen. Das Rechtsverhältnis wird primär durch die Vereinssatzung bestimmt.

---

279 Zur grundsätzlichen Diskrepanz des Vereinsmodells des BGB zur damals bereits bestehenden Vereinsrealität siehe *Teubner*, Organisationsdemokratie und Verbandsverfassung, S. 6 ff.; *Schwierkus*, Der rechtsfähige ideelle und wirtschaftliche Verein (§§ 21, 22 BGB), S. 44 f.

§ 5: Die Vereinssatzung

Mit der Bestimmung der Konzeption der Vereinssatzung geht eine Klarheit der Begrifflichkeiten einher, die für die Auslegung der Satzung und das Rechtsverhältnis zwischen Verband und Mitglied gebraucht werden (dazu unter I.). Im Anschluss daran soll der Leser durch einen knappen Überblick zu den Mindestgehalten der Satzung (unter II.) sowie den grundsätzlich gegebenen Möglichkeiten zur Machtverschiebung per Satzungsgestaltung (unter III.) für den weiteren Verlauf der Untersuchung sensibilisiert werden.

I. Vertragliche Konzeption der Vereinssatzung

Die Satzung gemäß § 25 BGB ist Ausdruck der freien Gestaltung der Rechtsverhältnisse innerhalb des Vereins.[280] Dass eine Stellungnahme zur Konzeption der Vereinssatzung im Rahmen der vorliegenden Untersuchung erforderlich ist, liegt an den immer noch bestehenden unterschiedlichen Auffassungen über die Rechtsnatur der Satzung, weshalb diese, je nach Auffassung, als „Vertrag", „Rechtsnorm" oder „normartige Regelung" bezeichnet wird.[281] Aus letzteren beiden begrifflichen Festlegungen folgt unter anderem die Vorstellung, dass die Mitglieder der Satzung „unterworfen" sind sowie die besondere Betonung von Art. 9 Abs. 1 GG im Verhältnis Verband zu Mitglied.[282]

Die Problematik der begrifflichen Unterschiede relativiert sich zwar dadurch, dass die verschiedenen Auffassungen meist zu ganz ähnlichen Resultaten bei der Beurteilung von vereinsinnenrechtlichen Streitigkeiten gelangen.[283] Das liegt daran, dass es beispielsweise im Ergebnis keinen Unterschied macht, ob man eine Inhaltskontrolle von Satzungsregeln und darauf beruhenden Vereinsmaß-

---

280 Siehe *Flume*, Allgemeiner Teil des Bürgerlichen Rechts, Zweiter Band, S. 5 ff.; ebenso: *Staudinger/Weick*, § 25 Rn. 1.

281 Vgl. zu den verschiedenen Begrifflichkeiten nur *Palandt/Ellenberger*, § 25, Rn. 3.

282 Siehe dazu die Ausführungen von *Vieweg*, Normsetzung und -anwendung deutscher und internationaler Verbände, S. 144 ff.; für eine normsetzende Vereinsgewalt: *Meyer-Cording*, Die Vereinsstrafe, S. 31 ff.; *Nicklisch*, Der verbandsrechtliche Aufnahmezwang und die Inhaltskontrolle satzungsmäßiger Aufnahmevoraussetzungen, JZ 1976, S. 113, geht gar von einer strukturellen Gleichheit der privatrechtlichen Korporationen zu den öffentlich-rechtlichen Korporationen aus.

283 So auch *Scheck*, Die Tätigkeit von Idealvereinen im Spannungsverhältnis zwischen Vereinsautonomie und kartellrechtlichen Verhaltensanforderungen, S. 78.

nahmen anhand des Verhältnismäßigkeitsgrundsatzes oder anhand § 242 BGB durchführt, da beide Maßstäbe eine umfassende Interessenabwägung mit Bezug zu grundrechtlichen Wertungen vorsehen.

Dennoch werden von Terminologiefragen häufig auch Sachfragen beeinflusst.[284] Im Interesse der gedanklichen und sprachlichen Klarheit wird hier für die vertragliche Konzeption der Vereinssatzung Stellung bezogen.[285] Dafür liefern die bereits gemachten Ausführungen zum historischen Hintergrund sowie Überlegungen zu privaten Personenzusammenschlüssen des Zivilrechts plausible Pro-Argumente, während die Gegenargumente nicht überzeugen.

1. Der Einfluss der Gierke'schen Konzeption

Es drängt sich der Eindruck auf, dass die Auffassungen, die ein Über-Unterordnungsverhältnis Verband zu Mitglied annehmen, von der sozialromantischen Konzeption *Gierkes* beeinflusst sind, nach der die Vereinsgründung ein Akt privater Hoheitsgewalt war, der nicht als Vertrag zu sehen ist.[286]

Der Eindruck erhärtet sich, wenn man bedenkt, dass der Wortlaut des Ersten Entwurfs des Vereinsrechts insbesondere von *Gierke* während des Gesetzgebungsverfahrens stark kritisiert wurde.[287] Der Erste Entwurf dokumentierte den vertraglichen Charakter der Satzung durch ihre Bezeichnung als „Gründungsvertrag" (§ 43)[288]. Die Endfassung des Vereinsrechts enthält solche wortlautgemäße Festlegungen auf vertragliche Kategorien ohne nähere Begründung[289] nicht mehr. Auch erscheint allein auf der Grundlage der Thesen *Gierkes* vermittelbar, der

---

284 Zum Beispiel bei der Anwendung öffentlich-rechtlicher Maßstäbe auf Idealvereine, siehe *Hadding*, Korporationsrechtliche oder rechtsgeschäftliche Grundlage des Vereinsrechts?, S. 176 f.

285 Die Satzung als grundsätzlich rechtsgeschäftliche Regelung einordnend: *Flume*, Allgemeiner Teil des Bürgerlichen Rechts, Erster Band. Zweiter Teil, S. 315 ff.; so auch *Soergel/Hadding*, BGB, § 25, Rn. 17; *Hadding*, Korporationsrechtliche oder rechtsgeschäftliche Grundlage des Vereinsrechts?, S. 165 ff.; *Lutter*, Theorie der Mitgliedschaft, AcP 180 (1980), S. 95; *Look*, Vereinsstrafen als Vertragsstrafen, S. 72 ff.

286 Siehe zur *Gierk'schen* Konzeption oben § 4 III. 1.d). Zu *Gierke* als „eigentlichen Urheber" der korporationsrechtlichen Auffassung des Vereinsrechts siehe *Hadding*, Korporationsrechtliche oder rechtsgeschäftliche Grundlage des Vereinsrechts?, S. 184 ff.

287 *Gierke*, Der Entwurf eines bürgerlichen Gesetzbuches und das deutsche Recht, S. 148 ff.

288 Motive, Band I, S. 93.

289 *Mugdan*, Die gesammelten Materialien zum Bürgerlichen Gesetzbuch für das Deutsche Reich, Band I, S. 607.

Satzung den vertraglichen Charakter abzusprechen, „sobald der Verein ins Leben tritt".[290] Diese leicht mystisch anmutende Begründung[291] macht nämlich nur dann Sinn, wenn man wie *Gierke* die Entstehung eines privaten Zusammenschlusses als Rechtsakt eigener Art beurteilt.

Eine solche Beurteilung geht aber an der tatsächlichen Konzeption des Vereinsrechts Bürgerlichen Gesetzbuchs vorbei: Die Idee einer ursprünglichen Verbandsgewalt im *Gierk'schen* Sinne findet keinerlei Anhaltspunkte im Wortlaut der §§ 21 ff. BGB. Gegen die von ihm vorgenommene Zuordnung der Vereine zu einem selbständigen Sozialrecht statt zum Privatrecht[292] spricht überdies die systematische Einordnung des Vereinsrechts in den allgemeinen Teil des Bürgerlichen Gesetzbuchs als Regelung des Privatrechts. Zudem haben wir oben[293] gesehen, dass für die privaten Personenzusammenschlüsse keine einheitliche Lösung gefunden wurde, sondern die Regelung zu den Idealvereinen einen politischen Kompromiss zwischen „gefährlichen" und „ungefährlichen" Vereinen darstellte. Für *Gierkes* sozialrechtliches Konzept war aber ein solcher privatrechtlicher Kompromiss überhaupt nicht nötig.[294]

Neben dem Einfluss *Gierkes* ist hier ein weiteres anhand des historischen Hintergrunds herausgearbeitetes Ergebnis zu berücksichtigen: Das Fehlen eines juristischen Fundaments hinsichtlich der Erfassung der vereinsinnenrechtlichen Beziehung der Personenvereine. Es erscheint reizvoll, diese Problematik dadurch zu umgehen, dass man – wie *Savigny* es aufgrund seines auf staatliche Kontrolle angelegten korporationsrechtlichen Ansatzes vorbereitete[295] – eine gedankliche Brücke zu öffentlich-rechtlichen Korporationen baut, in denen ein Über-Unterordnungsverhältnis unumstritten besteht und für deren Behandlung man ein bestehendes rechtliches Fundament zur Hand hätte. Eine solche Herangehensweise wird aber dem Vereinsmodell, das die §§ 21 ff. BGB regeln sollen, überhaupt nicht gerecht.[296]

---

290 So BGH, Urteil vom 4. Oktober 1956, Az. II/ZR 121/55, BGHZ 21, 370, 373. Diese Entscheidung gilt als Leitentscheidung des BGH zur „Vereinsstrafe", siehe *Hadding*, Korporationsrechtliche oder rechtsgeschäftliche Grundlage des Vereinsrechts?, S. 166.

291 Siehe auch MünchKommBGB/*Reuter* § 25 Rn. 21, der diese „Zäsur im Geltungsgrund" als „rätselhaft" bezeichnet.

292 Siehe oben § 4 III.1.d).

293 Siehe § 4 IV. 1. e) und 2.

294 Zum Einfluss *Gierkes* trotz Nicht-Übernahme seiner Theorie durch die Gesetzesverfasser siehe auch *Coing*, Das Privatrecht und die Probleme der Ordnung des Verbandswesens, S. 429 f.

295 Siehe oben § 4 III.1.b).

296 Siehe dazu insbesondere die obigen Ausführungen unter § 4 II. und IV.1. und 2.

2. Keine Überdehnung vertraglicher Kategorien

Die Einordnung der Satzung als Vertrag führt auch nicht zu einer Überdehnung vertraglicher Kategorien, wenn man sich von dem verengenden Gedanken an Austauschverträge löst.[297] Denn neben solchen Verträgen, die dem Austausch von Leistungen verschiedener Art dienen, gibt es auch privatrechtliche Verträge, die der Organisation von zivilrechtlichen Gemeinschaften unterschiedlicher Art dienen. Solche Organisationsverträge sind beispielsweise bei den auf dem Modell des Vereins aufbauenden Kapitalgesellschaften der GmbH und der AG ganz selbstverständlich als Verträge geregelt[298], ohne jede Veränderung der Rechtsnatur. In § 2 AktG werden Gesellschaftsvertrag und Satzung gar als Synonym festgehalten. Auch bei der Gesellschaft bürgerlichen Rechts und der auf ihr aufbauenden Handelsgesellschaften, der offenen Handelsgesellschaft und der Kommanditgesellschaft, ordnen selbstverständlich Verträge die Rechtsverhältnisse der Gesellschafter, sodass eine Herausnahme der Vereinssatzung aus der vertraglichen Konzeption als ein Bruch des insgesamt als nur typologisch, aber nicht rechtsprinzipiell unterschiedlichen Rechts der zivilrechtlichen Personenzusammenschlüsse erschiene.[299]

Im Verein nach § 21 BGB wird die Satzung als Organisationsvertrag zunächst von den Gründern geschlossen und dann sukzessive zwischen Verein und Beitretenden durch Aufnahmevertrag. Die Änderung des Organisationsvertrags durch Beschluss der Mitgliederversammlung, § 33 Abs. 1 BGB, ist ein mehrseitiges Rechtsgeschäft, das nach den im Organisationsvertrag festgelegten Regeln abläuft.[300]

Vor diesem Hintergrund wird der Vorwurf von *Reuter*, der als Vertreter der „Normentheorie" der „Vertragstheorie" die Überdehnung vertraglicher Kategorien vorhält, bereits erheblich abgeschwächt. Schon die Bezeichnung „Vertragstheorie" verengt die insgesamt rechtsgeschäftliche Erfassung des Vereinsinnenrechts auf

297 *Hadding*, Korporationsrechtliche oder rechtsgeschäftliche Grundlage des Vereinsrechts?, S. 189.

298 Vgl. §§ 3, 4 GmbHG und § 2 AktG.

299 Zum Recht der privaten Verbände als Einheit mit modellhaften Einzelausprägungen siehe *Lutter*, Theorie der Mitgliedschaft, AcP 180 (1980), S. 107. Auch der BGH geht, ohne dogmatische Erläuterung, offensichtlich von einer solchen Einheit aus, wenn er grundsätzlich eine Übertragung aktienrechtlicher Regelungen zur Erfassung von Sachverhalten einer Publikums-KG für möglich erachtet, vgl. BGH, Urteil vom 4. Juli 1977, Az. II ZR 150/75, NJW 1977, 2311, 2313.

300 *Hadding*, Korporationsrechtliche oder rechtsgeschäftliche Grundlage des Vereinsrechts?, S. 193.

die Einordnung der Rechtsnatur der Satzung. Im Ausgangspunkt sind „Vertragstheorie“ und „Normentheorie“ deshalb einig, wenn *Reuter* schreibt, dass „die Vereinsgesetzgebung [...] grundsätzlich – nicht anders als die Bindung an einen Vertrag – der Legitimation durch die rechtsgeschäftliche Privatautonomie der Betroffenen [bedarf].“[301] Auf dieser Grundlage könnte man also die beiden Theorien als Begriffsstreitigkeit *ad acta* legen, insbesondere mit dem Hinweis, dass jeder Vertrag, auch der Austauschvertrag, Normen für die an ihm beteiligten Rechtssubjekte erzeugt.[302]

Jedoch wird der Unterschied der Theorien deutlich, wenn *Reuter* feststellt, dass die „Vertragstheorie“ bei sozialmächtigen Verbänden scheitert, da nur der, der „die Gleichheit von Ziel und Wirkungsweise der Satzung und des staatlichen Gesetzes zugrunde legt, [...] den Ausfall der privatautonomen Legitimation adäquat, nämlich durch die (grundsätzliche) Forderung nach demokratischer Struktur und Beachtung von Gleichbehandlungsgebot und Übermaßverbot kompensieren [kann].“[303]

Zwar benennt *Reuter* damit ein Problem des Vereinsinnenrechts deutlich, dass die Verfasser des Vereinsrechts des Bürgerlichen Gesetzbuchs nicht vor Augen hatten: die ungleiche Machtverteilung zwischen Rechtssubjekt Verein und Mitglied bei Monopolstellung des Vereins aufgrund fehlender Wahlfreiheit bei Eintritt und den weitreichenden Folgen des Ausschlusses. Jedoch ist seine Konsequenz abzulehnen, da sie zu systemfremden Ergebnissen führt, wenn die Satzung zur Norm in weitgehender Gleichsetzung mit einem staatlichen Gesetz uminterpretiert wird. Seinen rechtsprinzipiellen Ansatz belegt *Reuter* in keiner Weise mit Anhaltspunkten im Gesetz, sodass seine Ausführungen den Eindruck erwecken, nicht *de lege lata*, sondern *de lege ferenda* Lösungen für vereinsinnenrechtliche Fragestellungen anzubieten. Denn *de lege lata* müsste *Reuter* zunächst darstellen, weshalb Lösungen über die §§ 21 ff., 138, 242 BGB sowie über Rückgriffe auf Regelungen anderer privater Personenzusammenschlüssen „bei sozialmächtigen Verbänden scheiter[n]“ müssen. Wäre dies der Fall, wäre konsequenterweise der Gesetzgeber gefordert und nicht eine öffentlich-rechtliche Auslegung privatrechtlicher Sachverhalte vorzunehmen.

Die vertragliche Einordnung der Rechtsnatur der Satzung sowie die rechtsgeschäftliche Erfassung der Beziehung Verband-Mitgliedsverein liegen der weiteren Untersuchung zugrunde.

---

301 MünchKommBGB/*Reuter* § 25 Rn. 19.

302 Solche Normen in Form von Verhaltensnormen kommen beispielsweise in § 241 Abs. 2 BGB zum Ausdruck, die sich nach den Besonderheiten des jeweiligen Vertrages konkretisieren lassen.

303 MünchKommBGB/*Reuter* § 25 Rn. 22.

Im Folgenden werden wir sehen, welche Mindestgehalte die Normen des Vereinsrechts des Bürgerlichen Gesetzbuchs für die innere Organisation des Idealvereins vorsehen und welche Gestaltungsmöglichkeiten bleiben.

II. Mindestgehalte der Satzung

Die Satzung muss als Verfassung des Vereins die „das Vereinsleben bestimmende Grundlagenentscheidungen“[304] enthalten. Darunter sind jedenfalls Bestimmungen zur Mitgliedschaft und zur Organisation der Organe, Grundlagen der Disziplinargewalt sowie Sitz und Name des Vereins zu fassen.[305]

Übertragen auf den Sportfachverband bedeutet das, dass die Satzung insbesondere die besonderen sportorganisatorischen Strukturen enthalten, die Einrichtung einer Verbands-Schiedsgerichtsbarkeit und das entsprechende Verfahren festlegen sowie die Disziplinarmaßnahmen möglichst konkret darstellen muss.[306] In der Satzung zu normieren sind hinsichtlich der genannten organisatorischen Aspekte die Grundsatzfragen, während Einzelheiten dazu in sonstigen Verbandsordnungen, die nicht Satzung im Sinne des § 25 BGB sind, niedergelegt sein können.[307] So muss die Satzung beispielsweise bestimmen, ob und zu welchem Zweck eine Beitragspflicht der Mitglieder besteht; die konkrete Höhe der Beiträge kann jedoch von dem laut Satzung berufenen Organ in dem durch den Vereinszweck gezogenen Rahmen in einer Nebenordnung festgelegt werden.[308]

Zwingend muss die Satzung den Zweck des Verbandes festlegen, § 57 Abs. 1 BGB. Gemäß § 33 Abs. 1 Satz 2 BGB kann dieser grundsätzlich nur mit der Zustimmung sämtlicher Mitglieder geändert werden. Das Austrittsrecht, § 39 BGB, ist nicht dispositiv.

Die in der Satzung niedergelegte Grundordnung des Verbandes ist den weiteren Verbandsordnungen übergeordnet. Diese Ordnungen werden deshalb auch „nachrangige Körperschaftsnormen“[309] genannt. Zu unterscheiden sind diese sat-

---

304 So BGH, Entscheidung vom 6. März 1967, II ZR 231/64 , BGHZ 47, 172, 177 und BGH, Urteil vom 24. Oktober 1988, II ZR 311/87, BGHZ 105, 306, 314; MünchKommBGB/*Reuter* § 25 Rn. 1; *Staudinger/Weick*, § 25 Rn. 3.

305 *Staudinger/Weick*, § 25 Rn. 3; *Reichert*, Handbuch zum Vereinsrecht, S. 84 ff.

306 Zu dem hier zugrundegelegten und für Sportfachverbände maßgeblichen weiten Vereinsverfassungsbegriffs vgl. *Summerer*, Sport, Vereine, Verbände, Kapitalgesellschaften in: *Fritzweiler/Pfister/Summerer*, Praxishandbuch Sportrecht, S. 131 f., sich auf BGH, Urteil vom 6. März 1967, II ZR 231/64, NJW 1967, 1268 beziehend.

307 MünchKommBGB/*Reuter* § 25 Rn. 16.

308 MünchKommBGB/*Reuter* § 25 Rn. 10.

309 *Lohbeck*, Die Vereinsordnungen, MDR 1972, S. 382; *Staudinger/Weick*, § 25 Rn. 4.

zungsnachrangigen Ordnungen von Verbandsordnungen mit Satzungsqualität, welche der Entlastung der Satzungsurkunde dienen und deshalb in der Satzung als Satzungsbestandteile deklariert und ebenfalls zur Vorlage beim Registergericht eingereicht werden müssen.[310]

Die Verbandsordnungen, die kein Satzungsbestandteil sind, sind zur Satzung subsidiär. Sie dürfen keine Regelungen enthalten, die die Grundprinzipien des Verbandes statuieren.[311] Ihre bindende Wirkung gegenüber den Mitgliedern erhalten sie aufgrund ihrer Nennung in der Satzung.[312] Zweck und Reichweite der jeweiligen Ordnung müssen dabei klar bestimmt sein.[313] Keiner ausdrücklichen Ermächtigung bedürfen dagegen die Geschäftsordnungen der einzelnen Verbandsorgane, also die Regelung deren Geschäftsgangs, sofern nicht die Wirkungsweise der Verbandsorgane betroffen ist. Diese verbandsinterne Freiheit leitet sich aus dem satzungsgemäßen Organauftrag ab, der konkludent das Recht der Organe zur eigenen Willensbildung beinhaltet.[314] Freilich dürfen auch diese Bestimmungen nicht Satzungsbestimmungen widersprechen.[315]

III. Gestaltungsmöglichkeiten zur Machtverschiebung

Die §§ 25 bis 40 BGB erlauben es, dass sich die Macht über die Mitglieder eines Vereins im Sinne des § 21 BGB – unabhängig davon ob er sieben oder 7000 Mitglieder hat, ob er aus natürlichen oder juristischen Personen besteht – auf einige wenige konzentriert und dass das der Konzeption[316] nach höchste Organ des Vereins, die Mitgliederversammlung, an Einfluss verliert.

Die Stellung der Mitgliederversammlung wird durch § 32 BGB festgehalten. Jedoch ist ihre tatsächliche Macht von der Ausgestaltung der Satzung, § 25 BGB, abhängig, da § 32 BGB gemäß § 40 BGB keine zwingende Regelung enthält. Die

---

310 Vgl. *Reichert,* Handbuch zum Vereinsrecht, S. 90 f.; *Soergel/Hadding*, BGB, § 25, Rn. 8b.

311 Vgl. *Reichert,* Handbuch zum Vereinsrecht, S. 97 f.

312 Hierher gehören etwa Verfahrensordnungen für Vereinsgerichte, Benutzungsordnungen für Vereinsanlagen oder auch Wettkampfregeln, vgl. ausführlich dazu *Kohler*, Mitgliedschaftliche Regelungen in Vereinsordnungen, S. 23 ff.; *Staudinger/Weick*, § 25 Rn. 4, 5; MünchKommBGB/*Reuter* § 25 Rn. 10.

313 Zu den Anforderungen an die Bestimmtheit ausführlich *Kohler*, Mitgliedschaftliche Regelungen in Vereinsordnungen, S. 144 f.; MünchKommBGB/*Reuter* § 25 Rn. 10.

314 MünchKommBGB/*Reuter* § 25 Rn. 11; BGH, Urteil vom 6. März 1967, II ZR 231/64, NJW 1967, 1268.

315 *Staudinger/Weick*, § 25 Rn. 5.

316 Motive, Band I, S. 106.

Satzung kann von nur sieben Personen (§ 56 BGB) bei Gründung des rechtsfähigen Vereins ausgestaltet werden und bestimmt die Vereinsrealität für Beitretende, jedenfalls bis zu einer etwaigen Änderung.

§ 40 BGB erklärt wesentliche, in den §§ 25 ff. BGB normierte Einflussmöglichkeiten der Mitgliederversammlung zu dispositivem, also durch die Satzung veränderbarem Vereinsrecht. Der Mitgliederversammlung kann so die Kompetenz zur Bestellung des Vorstandes (§ 27 Abs. 1 BGB) und auch die Regelung der Angelegenheiten des Vereins (§ 32 BGB) entzogen werden. Die originären Kompetenzen der Mitgliederversammlung können auf einige wenige übertragen werden. Die Machtstellung des Vorstandes lässt sich aufgrund des disponiblen § 33 BGB dahin gehend ausbauen, dass diesem die Änderung der Satzung möglich ist.[317]

Dass letzteres nicht nur eine theoretische Möglichkeit ist, sondern die Sportfachverbände davon auch Gebrauch machen, zeigt § 24 BFV-Satzung 2018, der die Aufgaben des BFV Verbands-Vorstandes regelt. Bei „zwingender Notwendigkeit" ist danach der Verbands-Vorstand ermächtigt, zwischen zwei Verbandstagen Satzungsänderungen und Änderungen von Ordnungen vorzunehmen, die er der folgenden Mitgliederversammlung zur Bestätigung vorzulegen hat. Mit der Vorlagepflicht wird diese Ermächtigung allerdings nur scheinbar eingeschränkt: Tatsächlich folgt aus der Änderung durch den Vorstand schon die unmittelbare Bindung der Verbandsmitglieder an das geänderte Verbandsregelwerk. Damit sind bis zur nächsten Mitgliederversammlung, die beim BFV nur alle vier Jahre stattfindet, vollendete Tatsachen geschaffen und eine Genehmigung wird meist mit Verweis auf die Nichtrückgängigmachung der „bewährten" Verbandspraxis zu erzielen sein.

Aufgrund der Disponibilität des § 32 BGB ist es auch grundsätzlich möglich, die Mitgliederversammlung durch eine Art Delegiertenversammlung zu ersetzen und somit einen Großteil der Mitglieder aus der aktiven Mitgestaltung der Vereinsangelegenheiten zu drängen. Dadurch können wichtige Vereinsangelegenheiten wie Disziplinargewalt, Vereinsausschluss, Aufnahme neuer Mitglieder oder Höhe der Vereinsbeiträge in die Hände einiger weniger gelegt werden. Auch ist eine ¾-Mehrheit der erschienenen Mitglieder (§ 33 BGB) für Satzungsänderungen keine zwingende Notwendigkeit. Grundsätzlich können Satzungsänderungen

---

317 Vgl. dazu *Palandt/Ellenberger*, § 33, Rn. 2; *Soergel/Hadding*, BGB, § 33, Rn. 6; ebenso: *Teubner*, Organisationsdemokratie und Verbandsverfassung, S. 27 f., der zusätzlich die Möglichkeit der Zweckänderung durch den Vorstand bei entsprechender Satzungsregelung anführt. Dass dies vereinsrechtlich nicht ausgeschlossen ist, deutet auch *Reichert*, Handbuch des Vereins- und Verbandsrechts, S. 126, an.

auch von der Zustimmung eines einzelnen Mitglieds oder gar der Genehmigung eines Dritten abhängig gemacht werden.[318] Ferner können die Regelungen §§ 36 und 37 Abs. 1 BGB, die der zentralen Stellung der Mitgliederversammlung im Verein Geltung verschaffen sollen, durch die Satzung auf ein Minimum reduziert werden.

In Anbetracht dieser Gestaltungsmöglichkeiten ist das von *Werner Flume* formulierte Postulat, dass, wo immer Statusverhältnisse statt durch den Staat durch Private erzeugt und ausgestaltet werden können, die Grundlagen dieser Legitimation entscheidend zu berücksichtigen sind, umso mehr zu betonen.[319]

---

318 Siehe *Palandt/Ellenberger*, § 33, Rn. 2; *Soergel/Hadding*, BGB, § 33, Rn. 6.

319 *Flume*, Allgemeiner Teil des Bürgerlichen Rechts, Zweiter Band, S. 5 f.; ebenso: *Teubner*, Organisationsdemokratie und Verbandsverfassung, S. 29. Ähnlich *Coing*, Das Privatrecht und die Probleme der Ordnung des Verbandswesens, S. 434; in diese Richtung auch *Rödl*, Privatrecht und Gesellschaftsverfassung, S. 393, der allerdings zu pauschal eine Wirkung der demokratischen Grundrechte im Privatrecht fordert, da er diese als elementare Legitimationsbedingung des Privatrechts einordnet.

§ 6: Bedeutung des Verbandszwecks der Sportfachverbände für den Inhalt ihrer Organisationsautonomie

Eine Grundlage dieser Legitimation ist der Verbandszweck, der bei den Sportfachverbänden die entscheidende Grundlage der Legitimation ist (dazu unter I.). Der primäre Zweck der Sportfachverbände ist die Organisation des Wettkampfs unter seinen Mitgliedern (dazu unter II.). Die für die Organisation des Wettkampfs notwendigen Regelungen bilden den Kerninhalt der Organisationsautonomie des Sportfachverbandes (dazu unter III.). Ihre Justiziabilität unterscheidet sich von der der übrigen organisationsautonomen Regelungen (dazu unter IV.).

I. Besondere Bedeutung des Verbandszwecks im Sportfachverband

Der Zweck gibt grundsätzlich den Inhalt und die Grenzen der Organisationsautonomie eines Vereins vor (dazu unter I.1.). Die zwingende und besonders restriktiv zu handhabende Berücksichtigung des Verbandszwecks des Sportfachverbands bei der Bestimmung der Organisationsautonomie folgt aus dessen Struktur, der monopolistischen Verbandspyramide. Denn damit ist der Bedeutungsverlust zweier im Vereinsrecht angelegter Kontrollelemente verbunden: das Austrittsrecht, § 39 BGB (dazu unter I.2.) und der Einfluss der Mitgliederversammlung auf die Organisationsregelungen (dazu unter I.3.).

1. Grundsätzliche Bedeutung des Zwecks im Idealverein

Die grundsätzliche Bedeutung des Zwecks des Idealvereins geht aus den Motiven zum Bürgerlichen Gesetzbuch von 1896 hervor. Darin wird betont, dass die Befugnis zur Regelung des eigenen Rechtskreises „in der Beschaffenheit des Körperschaftszwecks ihre innere Begrenzung findet."[320]

Damit ist ein entscheidender Aspekt angesprochen, der dem gerne gebrauchten Schlagwort der „Autonomie des Sports" – gestützt auf die aus § 25 BGB folgenden Gestaltungsmöglichkeiten der Verbände und geschützt durch Art. 9 Abs. 1 GG –

320 Motive, Band I, S. 94.

Inhalt verleiht und Grenzen zieht.[321] Das oben erwähnte Motiv ist nicht ausdrücklich in den §§ 21 ff. BGB geregelt, spiegelt sich aber im Wortlaut des § 57 Abs. 1 in Verbindung mit § 33 Abs. 1 Satz 2 BGB wider. Danach ist die Vereinbarung eines bestimmten Zwecks in der Satzung durch die Gründer des Vereins zwingend und kann grundsätzlich nur durch einstimmigen Beschluss der Mitgliederversammlung geändert werden. Die Zustimmung zum Zweck drückt das Mitglied entweder bei Vereinsgründung oder später durch den Beitritt zum Verein aus.

Der Zweck drückt damit den Willen eines jeden Mitglieds aus und bestimmt das Wesen des Vereins.[322] Ihm kommt besondere Bedeutung bei der Schaffung von Satzungsregelungen zu, insbesondere wenn die Kompetenzen dazu auf andere Vereinsorgane als die Mitgliederversammlung übertragen sind.[323] Aber auch bei Beschlüssen der Mitgliederversammlung bezieht der Mehrheitsbeschluss, durch den Rechtsfolgen auch für die mit „Nein" stimmenden Mitglieder geschaffen werden, seine grundsätzliche Legitimation aus der freiwilligen Bindung der Mitglieder an den Zweck.

Ebenso bedeutet eine zweckgebundene Auslegung der Satzungsregelungen, dass die Selbstverwaltung des Vereins im Interesse der Mitglieder erfolgt. Je

---

321 Zur grundsätzlich notwendigen Verbindung von Verbandstätigkeit und -zweck siehe *Schmidt*, Verbandszweck und Rechtsfähigkeit im Vereinsrecht, S. 33.

322 So auch *Flume*, Allgemeiner Teil des Bürgerlichen Rechts, Erster Band. Zweiter Teil, S. 323; *Petri*, Die Unschuldsvermutung im Verbandsstrafverfahren, S. 260; *Rittner*, Die werdende juristische Person, S. 211 bezeichnet den Zweck als die „Substanz" der juristischen Person, die in ihrem Kern dem Wandel nicht unterworfen sein soll. Für den Verein sei diese „Substanz" in § 57 Abs. 1 BGB angesprochen. Vgl. *Schmidt*, Gesellschaftsrecht, S. 60 ff., der betont, dass nicht die Gemeinschaftlichkeit von Individualinteressen, sondern das Vorhandensein eines Verbandszwecks erforderlich und ausreichend für die Schaffung eines Verbandes ist (S. 61). Zur hervorragenden Bedeutung des Zwecks für sämtliche Formen privater Zusammenschlüsse insgesamt siehe *Westermann Harry*, Zweck der Gesellschaft und Gegenstand des Unternehmens im Aktien- und Genossenschaftsrecht, S. 519 ff. (für das Vereinsrecht des Bürgerlichen Gesetzbuchs). Grundlegende Gedanken zu Inhalt und Grenzen der Autonomie durch Zweckbindung in Societäten bereits bei *Jhering*, Der Zweck im Recht, Erster Band, S. 295 ff. Zur Bedingtheit des Rechtsinhalts durch Interessenbindung siehe allgemein *Zippelius*, Gesellschaft und Recht, S. 108 ff. Zum „Interesse der Allgemeinheit" innerhalb eines Personenzusammenschlusses als Begrenzung der Autonomie siehe bereits BVerfG, Beschluss vom 9. Mai 1972, 1 BvR 518/62, 1 BvR 308/64, BVerfGE 33, 125, 158 ff.

323 Insofern kann der Zweck des Verbandes durchaus als „verbandsrechtliche Geschäftsgrundlage" bezeichnet werden, siehe *Schmidt*, Verbandszweck und Rechtsfähigkeit im Vereinsrecht, S. 31 f.; *Soergel/Hadding*, BGB, §§ 21, 22, Rn. 10.

bestimmter der Inhalt des Zwecks eines Vereins also definiert wird, desto klarer ist eine Aussage darüber möglich, inwieweit eine bestimmte Satzungsregelung oder die auf ihrer Grundlage ausgeführte Maßnahme im Mitgliederinteresse liegt.[324] Der Zweck des Vereins wird dadurch zur objektiven Legitimationsgrundlage.[325]

2. Besondere Bedeutung des Zwecks aufgrund der Monopolstruktur

Ausgangspunkt der bisherigen Überlegungen war vor allem die Rechtsnatur des BFV als Idealverband im Sinne des § 21 BGB. Nun rückt in den Blickpunkt, dass der BFV auf dem Gebiet des Bundeslandes Bayern Monopolist hinsichtlich des in eine globale Struktur eingebundenen Wettkampfsports Fußball ist. Denn aufgrund der tatsächlichen Alternativlosigkeit zur Mitgliedschaft in der Verbandspyramide verliert ein wichtiges verbandsinternes Kontrollelement als Legitimationsgrundlage der Organisationsautonomie erheblich an Gewicht: das Austrittsrecht nach § 39 BGB.

a) *Funktion des § 39 BGB*

Die zwingende Vorschrift des § 39 BGB sichert grundsätzlich die Legitimation der Mehrheitsentscheidungen im Verein. Denn aufgrund des Austrittsrechts kann sich das Mitglied der Einwirkung der Vereinsmehrheit sowie anderen Vereinsorganen entziehen.[326] Die Möglichkeit des Austritts für das einzelne Mitglied bietet die Gewähr, dass die nach Vereinsbeitritt geänderte Satzung tendenziell die Interessen aller Beteiligten ebenso berücksichtigt wie ein von der Zustimmung

---

324 Vgl. *Staudinger/Weick*, § 25, Rn. 16.

325 So auch: Staudinger/Weick § 25, Rn. 15 f.; *Steiner*, Die Autonomie des Sports, S. 244; *Pfister*, Autonomie des Sports, sport-typisches Verhalten und staatliches Recht, S. 181; ebenso: *Kirchhof*, Private Rechtsetzung, S. 287 f.; *Bachmann*, Private Ordnung, S. 214 („Die Einhaltung des Gruppenwohls ist der maßgebende Faktor bei der Frage, ob private Regeln ohne aktuelle Zustimmung aller Betroffenen als legitim angesehen werden können."); zur Notwendigkeit der Objektivierung des Vereinsinteresses anhand des in der Satzung festgelegten Zwecks siehe *Steinbeck*, Vereinsautonomie und Dritteinfluß, S. 50 f. Zur objektiven Auslegung der Satzung „aus sich heraus" vgl. BGH, Urteil vom 13.Oktober 2015, II ZR 23/14, NZG 2015, 1282, 1284, wobei der Begründungsansatz des BGH vorliegend nicht geteilt wird, da er die Satzung als „losgelöst" von den Mitgliedern sieht, wodurch die „Normentheorie" zum Ausdruck kommt.

326 *Palandt/Ellenberger*, § 39, Rn. 1.

aller abhängige Vertrag.[327] Diese „Mobilität der Mitgliedschaft“[328] steuert und kontrolliert die Vereinsführung zum einen aufgrund der Angewiesenheit des Zusammenschlusses auf den individuellen Beitrag und die aktive Mitwirkung der Mitglieder, wodurch die Ausrichtung der Tätigkeit auf die Erhaltung des Mitgliederbestandes, also das Handeln im Interesse der Mitglieder der entscheidende strategische Gesichtspunkt bleibt.[329] Zum anderen ermöglicht diese Mobilität einen Wechsel in Konkurrenzvereinigungen oder die Bildung derselben und somit eine natürliche Marktkontrolle.[330]

b) Bedeutungsverlust des § 39 BGB im Sportfachverband

Das Korrektiv der jederzeitigen Austrittsmöglichkeit, das § 39 BGB vorsieht, versagt im Sportfachverbandswesen.[331] Aufgrund der Monopolstellung des Verbandes ist der Mitgliedsverein auf die Mitgliedschaft angewiesen, da es für die Zweckverfolgung in vergleichbarer Art und Weise keine Alternativen gibt. Mit dieser Angewiesenheit[332] einher geht der Verlust der Entscheidungsfreiheit des

---

327 MünchKommBGB/*Arnold*, § 39, Rn. 1.

328 *Teubner*, Organisationsdemokratie und Verbandsverfassung, S. 26.

329 Vgl. *Luhmann*, Zweckbegriff und Systemrationalität, S. 140; *Teubner*, Organisationsdemokratie und Verbandsverfassung, S. 38.

330 Vgl. *Teubner*, Organisationsdemokratie und Verbandsverfassung, S. 26 f., 36 ff. Für *Kirchhof*, Private Rechtsetzung, S. 528 ist eine solche Selbstregulierung zwingend, da andernfalls die Rechtfertigung für weitgehende organisatorische Autonomie entfallen muss. 39 BGB als das „unentbehrliche Korrelat zu der grundsätzlichen Unterwerfung des Mitglieds unter die Satzungsgewalt des Vereins“ sieht *Larenz/Wolf*, Allgemeiner Teil des Bürgerlichen Rechts, S. 201. So bereits im Jahr 1899 *Leist*, Vereinsherrschaft und Vereinsfreiheit im künftigen Reichsrecht, S. 11. § 39 BGB als „Richtigkeitsgewähr“ der privaten Rechtsetzung sieht *Reuter*, Privatrechtliche Schranken der Perpetuierung von Unternehmen, S. 68 ff.; auch: *Baecker*, Grenzen der Vereinsautonomie im deutschen Sportverbandswesen, S. 134, der allerdings den spezifischen Zweck des Sozialkreises dabei nicht ausreichend berücksichtigt; *Heermann*, Bindung an die Satzung übergeordneter Verbände durch dynamische Verweisungsklauseln, S. 273.

331 Vgl. dazu oben die Ausführungen hinsichtlich der Alternativlosigkeit der Mitgliedschaft im Sportfachverbandswesen unter § 1. Zu diesem Aspekt auch ausdrücklich: BGH, Urteil vom 10. Oktober 1988, II ZR 51/88, NJW-RR 1989, 376 ff.

332 Zum Kriterium der „Angewiesenheit“ eines Privatrechtssubjekts auf ein anderes als Auslöser des grundrechtlichen Schutzgebots siehe *Canaris*, Grundrechte und Privatrecht, S. 78; auf das Kriterium der Angewiesenheit als Auslöser richterlicher Inhaltskontrolle von Vereinssatzungen siehe MünchKommBGB/*Reuter*, Vorbemerkung zu § 21, Rn. 119.

Mitgliedsvereins, ob es sich bestimmten Verbandsregelungen – unabhängig von der Frage des Zustandekommens oder des Regelungsziels – fügen will oder nicht.

Den Bedeutungsverlust des Austrittsrechts des § 39 BGB kann die richterliche Nachkontrolle von Verbandsregeln und -maßnahmen am Maßstab der §§ 138, 242 BGB nicht ausgleichen.[333] Denn dadurch werden das von Beitritt an bestehende Machtungleichgewicht nicht behoben und Fälle nicht erfasst, in denen der Mitgliedsverein aufgrund der Alternativlosigkeit Mehrheits- oder Vorstandsbeschlüsse stillschweigend hinnimmt, sei es aufgrund des Scheuens eines mit Zeit und Kosten verbundenen Rechtstreits, sei es aufgrund „weicher“[334], rechtlich schwer greifbarer Faktoren wie sozialer Druck,[335] psychologischer Zwang oder gezielter Beeinflussung zur Selbstpreisgabe von Rechten.

Letztlich kann der Mitgliedsverein durch die Ausübung seines Austrittsrechts nur noch darüber disponieren, „ob“ er den Zweck weiter verfolgen will, und nicht mehr zum Ausdruck bringen, ob das „Wie“ der Zweckverfolgung seinen Interessen entspricht. Unter Berücksichtigung der besonderen Situation des Sportfachverbandswesens ist eine Vergleichbarkeit mit vertraglichen Ungleichgewichtslagen gegeben.[336] Das bedeutet, dass der Inhalt der Organisationsautonomie der Sport-

---

333 In ständiger Rechtsprechung weisen die Gerichte daraufhin, dass sie bei sozialmächtigen Verbänden eine umfassende Inhaltskontrolle von Verbandsvorgaben durchführen können, vgl. BGH, Urteil vom 27. September 1999, II ZR 377/98, NJW 2000, 1028; BGH, Urteil vom 28. November 1994, II ZR 11/94, NJW 1995, 583, 585, grundlegend: BGH, Urteil vom 24. Oktober 1988, II ZR 311/87, NJW 1989, 1724, 1726. In diesem Zusammenhang sei auf die richterliche Praxis verwiesen, auch Vereinsausschlüsse sowie die Verweigerung der Aufnahme von Vereinen mit sozialer Machtstellung streng am Maßstab der §§ 138, 826 BGB zu prüfen (zur Überprüfung der Verweigerung der Aufnahme: BGH, Urteil vom 2. Dezember 1974, II ZR 78/72, NJW 1975, 771; BGH, Urteil vom 14. November 1968, KZR 3/67, NJW 1969, 316 ff.; *Palandt/Ellenberger*, § 25, Rn. 11. Zur umfassenden gerichtlichen Nachprüfbarkeit von Vereinsausschlüssen siehe *Palandt/Ellenberger*, § 25, Rn. 27. Siehe allgemein zur richterlichen Nachkontrolle von Verbandsvorgaben- und maßnahmen bereits oben unter § 12 II. 2. a). Dass die nachträgliche richterliche Kontrolle für die Lösung der Probleme innerverbandlicher Organisation nicht ausreicht, wird festgestellt in MünchKommBGB/*Reuter*, Vorbemerkung zu §§ 21 ff., Rn. 73; Ausdrücklich auch *Teubner*, Organisationsdemokratie und Verbandsverfassung, S. 186 ff., der darin vorrangig allein einen Individualschutz verwirklicht sieht (S. 187).

334 Vgl. dazu *Burmeister*, Sportverbandswesen und Verfassungsrecht, DÖV 1978, S. 5.

335 Siehe dazu auch die grundlegenden Gedanken von *Zippelius*, Gesellschaft und Recht, S. 83 f.

336 So auch BGH, Urteil vom 10. Oktober 1988, II ZR 51/88, NJW-RR 1989, 376 ff., der eine innerverbandliche Ungleichgewichtslage erkennt, wie sie sonst typischerweise

fachverbände enger definiert werden muss als bei Vereinen und Verbänden, in denen § 39 BGB seine Funktion als Kontrollelement erfüllen kann.[337] Dadurch gewinnt die oben festgestellte grundsätzliche Bedeutung des Zwecks für den Inhalt und die Grenzen der Organisationsautonomie des Sportfachverbandes an Gewicht.

3. Einflussverlust der Mitgliederversammlung im Sportfachverband

Oben haben wir bereits gesehen, welche Gestaltungsmöglichkeiten zur Machtverschiebung im Idealverein aufgrund des weiten gesetzlichen Rahmens der §§ 25 bis 40 BGB möglich ist.[338]

Tritt zu diesem weiten Spielraum möglicher Machtverschiebungen nun die pyramidal-hierarchische Organisationsstruktur des Sportverbandswesens, nimmt allein aufgrund der mehrstufigen Organisation und dem Abstand der Spitze zu den untergeordneten Ebenen die Bedeutung des einzelnen Mitglieds für die Verbandswillensbildung ab und Kontrollmöglichkeiten schwinden.[339] Die Machtverschiebung in Richtung Verbandsspitze ist im Sportfachverbandswesen tendenziell angelegt, da die Übernahme der Wettkampforganisation durch die Sportfachverbände mit der Aufgabe der Überwachung der Einhaltung des Regelwerks Autorität verlangt.

Abstimmungen über einzelne Regelungen, bei denen die Mitwirkung der Mitglieder vereinsrechtlich vorgesehen ist, werden zum bloßen Formalakt, wenn diese von den Verbands- und Vereinsvorständen mit dem Vortrag eingeleitet werden, dass diese die Umsetzung höherrangigen Verbandsrechts seien und sich somit eine Diskussion erübrigt.[340]

---

bei nicht ausgehandelten Vertragsbedingungen anzutreffen ist; ebenso: *Steinbeck*, Vereinsautonomie und Dritteinfluß, S. 220 f.; *Butte*, Das selbstgeschaffene Recht des Sports im Konflikt mit dem Geltungsanspruch des nationalen Rechts, S. 237.

337 Zur Einschränkung der „Satzungsautonomie“ bei Verbänden mit marktbeherrschender Stellung: MünchKommBGB/*Arnold*, § 39, Rn. 1.

338 Siehe § 5 III.

339 So *Baecker*, Grenzen der Vereinsautonomie im deutschen Sportverbandswesen, S. 16.

340 Deshalb verwundert der Ansatz von *Orth*, Vereins- und Verbandsstrafen am Beispiel des Fußballsports, S. 175, wenn er den „hinreichenden Einfluss“ der Vereine gegenüber den Landesverbänden sowie der Landesverbänden gegenüber den Nationalverbänden im Rahmen der alle vier Jahre stattfindenden „Verbands- und Bundestage“ pauschal als Pro-Argument für die grundsätzliche Wirksamkeit von Verbandsvorgaben betont und deshalb auf eine tiefergehende Prüfung der tatsächlich vorgesehenen Einflussnahmemöglichkeit verzichtet.

Spiegelbildlich dazu werden Initiativen aus Mitgliederkreisen wohl häufig mit der Begründung abgelehnt, dass diese mit höherrangigem Verbandsrecht nicht vereinbar seien. Je untergeordneter die Stellung eines Verbands oder eines Vereins in der Verbandspyramide ist, desto mehr Regelungen übergeordneter Verbände können bei wirksamer Inkorporation einwirken. Solchen wirksam einbezogenen Regelwerken kommt dieselbe statuarische Geltung zu wie den eigenen Satzungsregelungen.[341]

Bestärkt wird der Einflussverlust durch das von *Michels* erforschte soziologische „Gesetz der Oligarchie". *Michels* hat im Wesentlichen festgestellt, dass größere Personenzusammenschlüsse aus Effizienzgründen eine bürokratische Organisation bilden werden und die so gebildeten Bürokratien zur Formung einer Machtelite tendieren.[342] Die Zentralisation der Organisationsgewalt ist danach im Sportfachverband als Großverein angelegt.[343] Dazu kommt, dass der Verband im Gegensatz zum klassischen Verein kein Zusammenschluss natürlicher, sondern juristischer Personen ist. Als ein Zusammenschluss rechtstechnischer Personen ist seine Funktion versachlichter als im geselligen Verein von natürlichen Personen. Im Sportfachverband sind die Mitgliedsvereine die Funktionsträger der darin organisierten natürlichen Personen, in denen sich das eigentliche gesellige Sportvereinsleben abbildet.[344] Durch die Reduzierung des Verbandes auf die Dienstleistung, zu deren Zweck der Verband gegründet wurde, ist eine Entwicklung erkennbar, in der sich die Mitgliedsvereine immer mehr von den ursprünglichen Erzeugern zu reinen Konsumenten der Dienstleistung entwickeln, da sie eine einmal eingerichtete Struktur als vorhanden voraussetzen, deren Funktionieren einfordern und kein Interesse daran zeigen, an deren Organisation mitzuwirken.[345]

---

341 Siehe dazu näher § 8 II. So auch *Steinbeck*, Vereinsautonomie und Dritteinfluß, S. 147.

342 *Michels*, Zur Soziologie des Parteiwesens in der modernen Demokratie, S. 350 ff. der dort zusammenfassend die oligarchischen Tendenzen der Organisation feststellt; als heutige Forschungsgrundlage mit ausführlichen Nachweisen zur soziologischen Diskussion sowie empirischen Studien, *Teubner*, Organisationsdemokratie und Verbandsverfassung, S. 85; auch *Bachmann*, Private Ordnung, S. 224 sieht die Beobachtung *Michels* bis heute bestätigt. Als Beleg der soziologischen Aktualität im 21. Jahrhundert: *Leach*, The Iron Law of What Again?, S. 313.

343 Zur Zentralisation von Vermögen und Organisationsgewalt im Verband vgl. *Wiedemann,* Verbandssouveränität und Außeneinfluss, S. 113 f.

344 Siehe zu dieser Versachlichung auch *Kirchhof*, Private Rechtsetzung, S. 295.

345 Zu einer solchen sich entwickelnden „Konsumentenmentalität" der Verbandsmitglieder vgl. *Säcker*, Probleme der Repräsentation von Großvereinen, S. 7 mit weiteren Nachweisen.

Eine solche soziologisch erklärbare Passivität der Mitglieder begünstigt die Zentralisation der Macht in Verbänden mit hohen Mitgliederzahlen.[346]

Auch in Anbetracht organisationstheoretischer Erkenntnisse ist die Konzentration auf den Zweck des Monopolverbandes sinnvoll. Denn Handlungskontrolle in Organisationen kann grundsätzlich auf zweierlei Weise erreicht werden: durch Marktmechanismen (Mobilität der Mitgliedschaft) oder durch politische Mechanismen (Mitbestimmungsrechte).[347] Schwierigkeiten treten grundlegend dann auf, wenn eine Organisation nach einem dieser Mechanismen konzipiert ist, aber auf diesen nicht (mehr) sensibel reagiert; im auf die Mitgliedermobilität bauenden Verein im Sinne des § 21 BGB können die in den §§ 25 ff. BGB normierten, wenigen zwingenden Minimalgarantien der Mitbestimmung die Abwertung des Austrittsrechts nicht kompensieren.[348]

Da die Macht im Idealverein nach der Konzeption des Vereinsrechts des Bürgerlichen Gesetzbuchs durch die Bindung der Vereinsführung an den Zweck inhaltlich begrenzt wird, müssen wir nun einen möglichst klaren Blick darauf richten, worin genau der Zweck der Sportfachverbände besteht. Das soll am Beispiel des durch den BFV organisierten Fußballsports erfolgen.

II. Der primäre Zweck der Sportfachverbände: Wettkampfsportorganisation

Die ideelle Zweckverfolgung ist im Verein per Definition auf Dauer angelegt[349] und unabhängig vom Wechsel der Mitglieder.[350] Nach § 1 Abs. 4 der BFV-Satzung

---

346 Zur Passivität der Mitglieder wegen mangelnder Identifikation mit der Tätigkeit der Verbandsspitze siehe MünchKommBGB/*Reuter*, Vorbemerkung zu §§ 21 ff., Rn. 74; zu dahingehenden empirischen Forschungen der Verbandssoziologie bereits *Schmölders*, Das Selbstbild der Verbände, S. 101 ff.

347 So *Hirschmann*, Exit, Voice and Loyalty, S. 120 ff., der den Zusammenhang von „Exit" und „Voice" für die Organisationstheorie klar herausgearbeitet hat und dessen Modell auch in der rechtswissenschaftlichen Diskussion aufgegriffen wird, vgl. nur *Kübler*, Privatrecht und Demokratie, S. 722 f. und *Bachmann*, Private Ordnung, S. 188 f.

348 Vgl. dazu *Teubner*, Organisationsdemokratie und Verbandsverfassung, S. 264.

349 Siehe oben § 2 I.1. Die Zweckverfolgung als Hauptpflicht kommt für die Personengesellschaft gesetzlich zum Ausdruck, § 705 BGB. Auch im Idealverein als Spielart der Gesellschaft ist dies eine Selbstverständlichkeit, wie der Wortlaut des § 21 BGB zeigt. Die ausdrückliche Regelung in § 1 Abs. 4 BFV-Satzung 2018 ist deshalb deklaratorisch.

350 Solange die Mindestmitgliederzahl von drei Personen besteht.

2018 ist der Zweck des Verbandes die Förderung und Verbreitung des Fußballsports (...).[351] Bereits nach dem Willen der Gründer des BFV war sein Zweck die Pflege, Förderung und Verbreitung des Fußballsports (...)[352], § 5 BFV-Satzung 1949.

Beide Formulierungen weisen auf die Rechtsform des Idealvereins, § 21 BGB, und auf die Pflicht zur Zweckförderung hin. Sie lassen aber durch die offene Formulierung Raum für die Art und Weise, wie der Zweck erreicht werden soll. Eine derart offene Formulierung steht der vertraglichen Konzeption des Vereinsrechts des Bürgerlichen Gesetzbuchs entgegen. Sie erschwert es, die inhaltsbestimmende und begrenzende Funktion des Zwecks allein aus der Satzung eines Verbandes zu erkennen (dazu unter 1.).

Deshalb müssen wir im Interesse der Klarheit über die Organisationsautonomie der Sportfachverbände deren „primären", also den von den Mitgliedern vorrangig gewollten Zweck, herausarbeiten. Hier werden wir erkennen, dass die Gründer eines Sportfachverbandes sowie die beitretenden Sportvereine primär die Teilnahme am organisierten Wettkampf einer bestimmten Sportart wollen. Das zeigt der Blick auf die Entstehungsgeschichte des verbandsmäßig organisierten Fußballsports (dazu unter 2.).

1. Erforderlichkeit der Bestimmung des primären Zwecks

Die Aufgaben des BFV erstrecken sich laut § 4 BFV-Satzung 2018 von der Spielbetriebsorganisation und -überwachung über die Pflege und Erhaltung des Ehrenamtes sowie der Aus-, Fort- und Weiterbildung von Vereins- und Verbandsmitarbeitern,[353] der Förderung des Freizeit- und Breitensports aus gesundheits-, familien- und gesellschaftspolitischer Sicht, der Regelung der Beziehung zu anderen Verbänden bis hin zur Schaffung von Einrichtungen. Auch die Förderung

---

351 Der Zusatz „auf ausschließlich gemeinnütziger Grundlage, mit dem Ziele der körperlichen und sittlichen Ertüchtigung der Angehörigen seiner Mitgliedsvereine, insbesondere der Jugend" hat sowohl steuerrechtliche, vgl. § 52 Abs. 1 S. 1 AO, als auch, durch die Betonung der ideellen Ausrichtung, rechtsformwahrende Gründe, § 21 BGB.

352 Die weitere Formulierung („(...) mit allen ihr zur Gebote stehenden Mitteln unter Eingliederung in den allgemeinen Aufgabenkreis des BLSV.") definiert den Zweck nicht näher.

353 Die Regelung und Förderung der Aus-, Fort- und Weiterbildung von Vereins- und Verbandsmitgliedern als zweckgemäße Aufgabe des Verbandes ist beispielsweise eine durch die BFV-Vorstandschaft initiierte Erweiterung der Verbandsaufgaben, die auf dem Verbandstag 2010 beschlossen wurde.

„weiterer Spielformen des Fußballs, wie z. B. Futsal, Street- oder Beach-Soccer, etc." rechnet der BFV zu seinen Aufgaben. Letztere, unter § 4 Abs. 4 BFV-Satzung 2018 geregelte Aufgabe, beruht auf einer Satzungsänderung, die auf Vorschlag des Verbandsvorstandes durch die Delegierten im Jahr 2006 angenommen wurde.[354] Mit der lapidaren Begründung, dass „in der bisherigen Aufgabenbeschreibung des BFV eine weitere Bezugnahme auf moderne Spielarten des Fußballs [fehle]" hat der BFV seinen Aufgabenbereich eigenmächtig erheblich ausgeweitet.

Es fällt insgesamt auf, dass der BFV seine Aufgaben nicht auf die unmittelbare Befriedigung von Mitgliederbedürfnissen beschränkt, sondern auch auf gesamtgesellschaftliche Entwicklungen Einfluss nehmen will.[355] Nach der Satzung des BFV sind alle in § 4 BFV-Satzung 2018 genannten Aufgaben seine „Zwecke", wie ausdrücklich aus § 6 Abs. 1 BFV-Satzung 2018 hervorgeht.

Tatsächlich ist der Zweck des BFV aber allein in § 1 Abs. 4 BFV-2017 Satzung geregelt. Die aus § 6 Abs. 1 BFV-Satzung 2018 hervorgehende Bezeichnung der „Aufgaben" als „Zwecke" ist bei wohlwollender Auslegung als redaktionelles Versehen zu werten oder aber als Versuch, sich eine kompetenzerweiternde Zweckbestimmung zu geben, ohne auf den nach § 33 Abs. 1 S. 2 BGB für Zweckänderungen nötigen einstimmigen Willen der Mitglieder angewiesen zu sein.[356] Für ein redaktionelles Versehen spricht die Tatsache, dass in früheren BFV-Satzungen[357] in § 4 BFV-Satzung der Verbandszweck geregelt war und damit der Verweis von § 6 Abs. 1 BFV-Satzung auf den Zweck des § 4 BFV-Satzung korrekt war. Es ist also möglich, dass bei der Änderung der Paragraphenbezeichnung hinsichtlich der Zweckbestimmung von § 4 in § 1 Abs. 4 BFV-Satzung 2018 der Verweis des § 6 Abs. 1 BFV-Satzung 2018 nicht berichtigt wurde. Jedenfalls ist die Verweisung in § 6 Abs. 1 BFV-Satzung 2018 nicht korrekt und vor dem Hintergrund der Bedeutung des Zwecks für die Organisationsautonomie des BFV irreführend und sollte korrigiert werden.

Doch auch wenn in § 4 BFV-Satzung 2018 nicht die Zwecke, sondern lediglich die Mittel zur Erreichung des Verbandszwecks geregelt sind, so offenbaren die daraus ersichtlichen Tätigkeitsfelder dennoch, dass der BFV seine aus dem Zweck folgenden Kompetenzen weit auffasst. Ein solches Zweckverständnis steht in Diskrepanz zur rechtsgeschäftlichen Konzeption des Vereinsrechts des Bürgerlichen

354 Tagesordnungspunkt 19.1 des 22. ordentlichen Verbandstages 2006.

355 Zur grundsätzlichen Problematik der „Diffussion der Verbandsziele" siehe ausführlich *Teubner*, Organisationsdemokratie und Verbandsverfassung, S. 35 ff.

356 § 33 Abs. 1 S. 2 BGB ist für den BFV mangels anderweitiger Satzungsregelung (§ 40 BGB) verpflichtend.

357 Vgl. BFV-Satzung von 1976, BFV-Satzung von 1986, BFV-Satzung von 1992.

Gesetzbuchs, in welcher ein bestimmter Zweck vorgesehen war.[358] Denn nur für einen Verein mit hochspezifischem Vereinszweck ist der weite organisatorische Spielraum, den die §§ 25 ff. BGB ermöglichen, und der Verzicht auf besondere politische Kontrollmöglichkeiten plausibel: Je spezifischer der Zweck definiert ist, desto weniger sind Zielkonflikte unter den Vereinsmitgliedern sowie mit der Vereinsleitung zu erwarten, da die Beziehung ein hohes Maß an Versachlichung kennzeichnet.[359]

Insbesondere vor dem Hintergrund des oben ausgeführten Bedeutungsverlustes des Austrittsrechts, § 39 BGB, ist die Erforderlichkeit einer möglichst konkreten Zweckbestimmung für die Sportfachverbände hervorzuheben, um *de lege lata* Inhalt und Grenzen der Organisationsautonomie zu bestimmen.[360]

Mit Blick auf die Entstehung des verbandsmäßig organisierten Fußballsports werden wir verstehen, worin der primäre Zweck der Sportfachverbände besteht.

2. Die Entstehung des verbandsmäßig organisierten Fußballsports

a) Das Bedürfnis nach Regelvereinheitlichung in einer entstehenden Sportart

Der Fußballsport in seiner heute bekannten Spielart hat seine Wurzeln im England des 19. Jahrhunderts.[361] An Schulen und Universitäten erfreute sich ein kampfbetontes Ballspiel, bei dem zwei Mannschaften mit unbegrenzter Spielerzahl den

358 Siehe oben § 5 I. sowie zum Aspekt der spezifischen Vereinszwecke näher *Teubner*, Organisationsdemokratie und Verbandsverfassung, S. 35 mit Nachweisen für detaillierte Darstellungen der Vereinszwecke von überwiegend privatem Charakter. Zum soziologischen Aspekt der „Differentialisierung" vgl. *Fürstenberg*, Ein analytisches Modell zur soziologischen Theorie des 19. Jahrhunderts, S. 24 ff.; zu den verschiedenen speziellen Vereinen, die Gierke zu typologisieren versuchte siehe Gierke, Das deutsche Genossenschaftsrecht. Erster Band, S. 893 ff.

359 Vgl. *Teubner*, Organisationsdemokratie und Verbandsverfassung, S. 35.

360 Ohne tiefergehende dogmatische Begründung betont auch der Bundesgerichtshof die Legitimation durch Zweckbindung im Rahmen der Nachprüfung von Verbandsmaßnahmen, vgl. BGH, Urteil vom 28. November 1969 – I ZR 139/67, NJW 1970, 378, 382.

361 Zu den britischen Wurzeln des heutigen Fußballsports vgl. den Beitrag von *Tony Mason*, Großbritannien in: *Eisenberg* (Hrsg.), Fußball, soccer, calcio, S. 22 ff. Zur Vormachtstellung Englands im modernen Sport allgemein siehe *Behringer*, Kulturgeschichte des Sports, S. 271 ff. Einen allgemeinen Überblick über die Geschichte des Fußballs international: *Huba*, Fußball-Weltgeschichte, S. 1 ff.; *Eisenberg*, Fußball, soccer, calcio, S. 1 ff.; und für Deutschland im Speziellen: *Grüne*, 100 Jahre Deutsche Meisterschaft, S. 95 ff.; *Heimann* (Hrsg.), 100 Jahre deutscher Fußball, S. 1 ff.

Ball mit Händen und Füßen in das gegnerische Tor befördern mussten, größter Beliebtheit. Allgemeingültige Regeln gab es dabei nicht, vielmehr wurden diese durch die an den jeweiligen Schulen oder Universitäten üblichen Gepflogenheiten festgelegt.

Die Unterschiede in den Regeln wurden zum Problem, als sich junge Erwachsene zu diesem von der Grundidee bekannten Ballspiel verabredeten, aber an ihren Schulen oder Universitäten verschiedene Varianten dieses Ballspiels erlernt hatten. Es fehlte die Klarheit darüber, was erlaubt sein sollte und was nicht. Für die Variante, die bevorzugt die Hände zur Führung und Weitergabe des Balles einsetzte, gab es bereits eine schriftliche Fixierung der Grundregeln[362], nicht aber für die Variante, in der die Akteure den Ball mit den Füßen spielten.[363]

In den 1860er Jahren sorgten erste schriftliche Festlegungen dieses Fuß-Ballspiels für mehr Regelklarheit. Da aber auch diese Festlegungen noch Diskrepanzen in den Regeln aufwiesen, trafen sich am 26. Oktober 1863 Vertreter von elf Londoner Schulen und außerschulischen Zusammenschlüssen von Akteuren des Fuß-Ballspiels, um dessen unterschiedlichen Spielweisen zu vereinheitlichen. Zu diesem Zweck schlossen sie sich zusammen als Football Association („FA").[364] Die FA legte sich auf bestimmte Grundregeln fest, bei denen der Ball kugelförmig zu sein hatte und die Zuhilfenahme der Hände und Arme – außer für den Tormann – sowie Treten des Gegners nicht erlaubt waren. Nach dem Vorbild anderer britischer Zusammenschlüsse des Sports beanspruchte die FA fortan die Autorität über das von ihr publizierte Regelwerk und sorgte für dessen Durchsetzung durch Bereitstellung von Regelhütern, um Streitigkeiten unter den Fußball spielenden Sportlern zu verhindern.[365] Des Weiteren nahm sich die FA der Organisation des

---

362 Dies waren die Regeln des sogenannten Rugby-Sports, 1846 erstmals schriftlich niedergelegt.

363 Vgl. *Mason*, Großbritannien in: *Eisenberg* (Hrsg.), Fußball, soccer, calcio, S. 24.

364 Siehe zur FA: *Fischer/Burwell*, Kleines England-Lexikon, S. 100. Bis zum heutigen Tag trägt der nationale Fußball-Spitzenverband Großbritanniens den Namen „FA" und so als einziger aller Nationalverbände der FIFA keine zusätzliche Länderbezeichnung im Namenskürzel, was bereits als Indiz für die historischen Wurzeln des Fußballsports gelten darf.

365 Allerdings verzichtete die FA – anders als vergleichbare britische Organisationen für Leichtathletik und Rudern – auf soziale Teilnahmekriterien wie den Ausschluss von Berufsspielern. Es war wohl nicht vorgesehen, dass das Soccerspiel jemals etwas anderes als ein geselliger Zeitvertreib unter Gleichgesinnten werden könnte. Allerdings führte die FA in den 1880er Jahren den Status des Berufsspielers ein und eröffnete 1888 eine Liga für Berufsspieler, siehe dazu *Eisenberg*, Einführung, in: *Eisenberg* (Hrsg.), Fußball, soccer, calcio, S. 9.

Wettkampfbetriebs an und setzte bereits 1871 durch die Stiftung einer Trophäe, des „FA-Cup", den Anreiz, dass mehrere Mannschaften in den Wettstreit miteinander traten, bei dem am Ende eine Mannschaft an der Spitze stand.

Der Wille der Gründer bestand also darin, in einem Ballspiel, das sich in seinen verschiedenen Varianten bereits großer Beliebtheit erfreute, durch vereinheitlichte Regeln und Organisation den Wettkampf unter mehreren Akteuren zu ermöglichen und über die neu gegründete Instanz FA sowohl im regionalen als auch überregionalen Bereich zu organisieren.[366]

b) Verbandsgründungen zur regionalen, nationalen und weltweiten Wettkampforganisation

Damit war die Grundlage für die weitere Verbreitung des Spiels gelegt. Das Fußballspiel nach den von der FA entwickelten Regeln entwickelte sich auch in Deutschland ursprünglich an den Schulen, wo es ab Mitte der 1870er Jahre als spielerisches Element das bereits im Lehrplan vorgesehene auf Disziplin und Körperbeherrschung ausgerichtete Turnen ergänzen sollte.[367] Die mitunter abfällig als „englische Krankheit"[368] bezeichnete Sportart verbreitete sich rasch, sodass bis zum Ende des 19. Jahrhunderts im ganzen Deutschen Reich Fußballvereine gegründet waren,[369] die den Fußball nach den von der FA festgelegten Regeln spielten.[370]

---

366 In der Folge wurde die von der FA festgelegte Spielart des Fußballs „Soccer" genannt. Der Name rührt aus der Mittelsilbe -soc- von „association football" und sollte der Abgrenzung zu „rugby football" (überwiegend mit den Händen gespielte Variante) dienen, vgl. dazu *Fischer/Burwell*, Kleines England-Lexikon, S. 21.

367 *Behringer*, Kulturgeschichte des Sports, S. 347.

368 So bezeichnete 1898 noch der Stuttgarter Turnlehrer *Karl Planck* im Titel seiner Schrift „Fußlümmelei. Über Stauchballspiel und englische Krankheit" das Soccerspiel, was als Ausdruck konservativer Skepsis und verletzten Ästhetikempfindens gegenüber andersartiger sportlicher Betätigung als der des traditionell deutschen Turnens zu sehen ist.

369 Einen Überblick bieten *Behringer*, Kulturgeschichte des Sports, S. 347 f. und *Grüne*, 100 Jahre Deutsche Meisterschaft, S. 19 ff. Übrigens lässt sich nicht nur der Fußballsport ursprünglich den sportbegeisterten Briten zuschreiben, sondern beispielsweise auch der Bobsport (vgl. „Eis mit Stil", in: Süddeutsche Zeitung vom 17. Januar 2013 (Nr. 14), S. 37).

370 Bis in die heutige Zeit wird das Fußballspiel auf der Grundlage der englischen Regeln gespielt. Dies wird deutlich aus Art. 6 Nr. 1 der FIFA-Statuten 2018, der vorschreibt, dass „jedes Mitglied der FIFA Association Football […] zu spielen [hat]". Die Regelhoheit über den „Association Football" soll allein das „International Football

Im Jahr 1897 gründeten acht Vertreter von süddeutschen Fußballvereinen den Verband Süddeutscher Fußball-Vereine (VDSV), der im Jahr darauf die erste süddeutsche Meisterschaft organisierte.[371] Der VDSV umfasste auch das damalige bayerische Gebiet, dessen Organisation ab dem Jahr 1949 eigenständig der BFV übernahm.[372] In der Gründungssatzung des BFV ist zwar auch bereits eine offene Zweckformulierung gewählt („Pflege, Förderung und Verbreitung des Fußballsports"), jedoch weist § 6 a) BFV-Satzung 1949 auf den primären Zweck des BFV noch deutlich hin, wenn er als Mittel zur Erreichung des Zwecks die Veranstaltung von Verbands-Meisterschafts- und anderen Wettspielen, insbesondere auch von Spielen für Jugendliche und deren Überwachung statuiert. Zudem weist die Gründungssatzung des BFV kein derart weit aufgefasstes Verständnis der ideellen Funktion des BFV auf, wie es in § 4 der aktuellen BFV-Satzung 2018 zum Ausdruck kommt.

Am 28. Januar 1900 trafen sich zur Gründung eines deutschen Fußballverbandes 86 Vereins- und Verbandsvertreter in einer Gaststätte im Leipziger Mariengarten zum „Ersten Allgemeinen Deutschen Fußballtag" und befürworteten mit 64 zu 22 Stimmen den Antrag, einen deutschen Fußballverband zu gründen, der fortan den Namen „Deutscher Fußball-Bund" (DFB) tragen sollte.[373] Die durch den Vorsitzenden des Leipziger Fußballverbandes initiierte Zusammenkunft in Leipzig am Wochenende des 27. und 28. Januar 1900 war vor allem darauf ausgelegt, allgemeine deutsche Fußballregeln aufzustellen. Bis dahin hatten sich überregionale Vergleiche nur mit Schwierigkeiten organisieren lassen, da die bereits gebildeten Regionalverbände je für sich proklamierten, die maßgeblichen

---

Association Board" innehaben, das aus acht Mitgliedern besteht, wobei vier dieser Mitglieder von der FIFA und vier von den britischen Verbänden bezeichnet werden.

371 *Süddeutscher Fußball-Verband* (Hrsg.), 100 Jahre Süddeutscher Fußball-Verband, S. 8 ff.

372 Vgl. Verbandstagprotokoll von 1949, in: „Verbandstagprotokolle von 1947/49/51/53/55".

373 *Fuge,* Die Gründung des Deutschen Fußballbundes, S. 130; *Werner Schilling,* Die großen Epochen: 1900–1945 in: *Heimann* (Hrsg.), 100 Jahre deutscher Fußball, S. 60; *Grüne,* 100 Jahre Deutsche Meisterschaft, S. 44. Verwunderlich ist in diesem Zusammenhang die heutige Präambel der Satzung des DFB, die davon handelt, dass am 28. Januar 1900 der Deutsche Fußball-Bund von 86 Vereinen gegründet wurde, sich jedoch lediglich 64 Vereine für eine solchen Verband ausgesprochen hatten. Die Mitgliederzahl des DFB stieg durch Beitritte von weiteren Vereinen und Verbänden stetig an, vgl. *Grüne,* 100 Jahre Deutsche Meisterschaft, S. 44 ff.; *Fuge,* Die Gründung des Deutschen Fußballbundes, S. 129 ff.

Fußballregeln vorzugeben.[374] Daneben sollten englische Spielausdrücke beseitigt, ein Gericht für Streitfragen eingerichtet sowie die zukünftigen Zusammenkünfte organisiert werden.[375] Eine künftige Sicherstellung dieser Anliegen auf nationaler Ebene war nach Auffassung des Konferenzinitiators nur denkbar, wenn die anwesenden Verbands- und Vereinsvertreter sich in einem Verband zusammenschlössen, der fortan diese Zwecke verfolgen sollte.[376]

Auch für die Gründung des DFB war also der Wille zur Ermöglichung eines Wettkampfbetriebes durch Regelvereinheitlichung leitend für den Zusammenschluss zum Verband. Dieser Wille spiegelt sich auch in der aktuellen Satzung des DFB wider: „Zweck und Aufgabe des DFB ist es insbesondere, den Spielbetrieb nachhaltig zu führen und zu organisieren", § 4 Nr. 1 DFB-Satzung 2018.

Die internationale Beliebtheit des Fußballsports forderte alsbald den Vergleich von Ländern untereinander heraus.[377] So wurde am 21. Mai 1904 durch Vertreter von Nationalverbänden der Schweiz, Frankreichs, Dänemarks, Schwedens, Belgiens und der Niederlande in Paris die FIFA gegründet,[378] um Fußball nach dem Regelwerk des britischen Fußballverbands (FA) international einheitlich zu regeln und die internationalen Wettkämpfe zu verwalten.[379]

Wie die zeitliche Abfolge der Verbandsgründungen erkennen lässt, entwickelte sich die verbandsmäßige Organisation des Fußballsports von der regionalen über die nationale hin zur supranationalen Ebene. Auf jeder dieser Ebenen war primärer Zweck der Verbandsgründung die Festlegung einheitlicher Regeln für den Leistungsvergleich im Wettkampf.[380] Die durch den raschen Mitgliederzuwachs offensichtliche Attraktivität der geschaffenen Verbände bestand von Beginn an darin, dass sie Klarheit hinsichtlich der dem Spiel zugrunde gelegten Regeln bieten und mehrstufige Wettkämpfe veranstalten konnten. Die einheitliche Regelsetzung und Wettkampforganisation war und ist der wesentliche Zweck der international,

---

374 *Grüne,* 100 Jahre Deutsche Meisterschaft, S. 41.

375 *Grüne,* 100 Jahre Deutsche Meisterschaft, S. 42 f.; *Fuge,* Die Gründung des deutschen Fußballbundes, S. 130.

376 Siehe *Fuge,* Die Gründung des Deutschen Fußballbundes, S. 129.

377 *Grüne,* 100 Jahre Deutsche Meisterschaft, S. 32.

378 Siehe *Keys,* Globalizing Sport, S. 50.

379 *Jörg Vollmüller,* Weltverband – FIFA, in: *Stopper/Lentze* (Hrsg.), Handbuch Fußball-Recht, S. 425 f.

380 *Adolphsen* führt an, dass die Festlegung einheitlicher Regeln nur deshalb notwendig war, um Wetten auf die Spiele eindeutig entscheiden zu können, siehe *Adolphsen,* Internationale Dopingstrafen, S. 14. Allerdings muss dazu vorher eine hinreichend definierbare Sportart bereits bestanden haben, sodass allenfalls die Ausdifferenzierung von Detailfragen durch das Wetten auf die Spiele befördert wurde.

national und regional tätigen Sportfachverbände,[381] bezogen auf die jeweilige Verbandspyramide.

III. Kerninhalt der Organisationsautonomie: Zur primären Zweckverwirklichung notwendige Regelungen

Da die Organisation eines bestimmten Wettkampfsports unter den Mitgliedsvereinen der primäre Verbandszweck der Sportfachverbände ist, bilden die Regelungen, die notwendig sind, um diesen Zweck zu erfüllen, den Kernbereich ihrer Organisationsautonomie. Nur aus diesem Kernbereich können unbestimmte Forderungen nach der Berücksichtigung der „Autonomie des Sports" ihre rechtliche Relevanz schöpfen. Die Relevanz besteht darin, dass die notwendigen Regelungen trotz Alternativlosigkeit der Mitgliedschaft durch den Willen eines jeden Mitgliedsvereins legitimiert sind und die Nichtbeachtung der Regelungen gegen die mit Gründung oder Beitritt durch den Mitgliedsverein versprochene Zweckförderung gerichtet ist. In diesem Bereich versagt § 39 BGB nicht. Denn wollte der Mitgliedsverein nicht mehr am durch den Verband organisierten Wettkampfsport teilnehmen, so kann er dies durch den Austritt zeigen. Die notwendigen Regelungen sind solche Regeln, die auch in einem gedachten alternativen Sportfachverband derselben Sportart bestehen würden, weil dieser andernfalls seinen primären Zweck nicht verwirklichen könnte.[382] Das bedeutet, dass der Mitgliedsverein auch eine im Einzelfall für ihn negative Rechtsfolge einer notwendigen Regelung hinnehmen muss, wenn es den Verbandszweck weiter verfolgen will. Bei notwendigen Regelungen fällt auch die geringe Einflussmöglichkeit des Mit-

---

381 So auch *Pfister*, Einführung, in: *Fritzweiler/Pfister/Summerer*, Praxishandbuch Sportrecht, S. 15 f. Der Gedanke der Begrenzung von Verbandsregeln auf das Notwendige findet sich auch bei *Jickeli*, Kartellrechtliche Grenzen des Einplatzprinzips im Verbandsrecht, S. 1036.

382 Der gedankliche Vergleich mit Regelungen, die ein weiterer Verband vorsehen würde, ist, soweit ersichtlich, erstmals im „Pechstein-Urteil" des OLG München angelegt, vgl. OLG München, Urteil vom 15. Januar 2015, U 1110/14, SchiedsVZ 2015, 40, 44: „Zwar ist (…) davon auszugehen, dass Athleten auch dann die Zuständigkeit eines strukturell neutralen Schiedsgerichts vereinbaren würden, wenn auf dem Markt für die Durchführung internationaler Wettkämpfe wirksamer Wettbewerb herrschte." Der Gedanke ist dem Kartellrecht entlehnt. Dort wird als Maßstab für das Vorliegen des Missbrauchstatbestandes ein Vergleich zu dem Verhalten des Marktherrscherschers bei einem hypothetischen Wettbewerb (Als-ob-Wettbewerb) gezogen, vgl. *Duve/Rösch*, Ist das deutsche Kartellrecht mehr wert als alle Olympiasiege, SchiedsVZ 2015, 69, 76.

gliedsvereins nicht ins Gewicht, da sein einmal bei Gründung oder Beitritt geäußerter Wille fortbesteht. Mit dieser Willensentäußerung hat der Mitgliedsverein gegenüber dem Verband seine Pflicht zur Förderung des gemeinsamen Zwecks und die Pflicht zur Loyalität gegenüber der gemeinsam versprochenen Zweckverfolgung begründet, dessen Inhalt durch die notwendigen Regelungen bestimmt wird.[383] Gegenüber staatlichen Eingriffen bedeuten die notwendigen Regelungen den Kerngehalt des Abwehrrechts aus Art. 9 Abs. 1 GG.

Wir wollen die im Interesse der Organisation des Wettkampfsports notwendigen Regelungen im Folgenden näher bestimmen und von weiteren organisationsautonomen Regelungen abgrenzen.

1. Für Wettkampfsport notwendige Organisationsregelungen

a) Ausgangspunkt: Definition des Wettkampfsports

Ausgehend von der Definition des Wettkampfsports[384] sind Regelungen notwendig, die die Durchführbarkeit des Wettkampfs, die Vergleichbarkeit der Leistungen im Wettkampf sowie die Chancengleichheit sicherstellen. Dazu gehören insbesondere

- die Festlegung der Spielregeln des jeweils organisierten Wettkampfsports, die beispielsweise das Ziel des Spiels, die erlaubten Mittel zur Erreichung des Spielziels, die Zahl der Spieler, die Spieldauer, die Beschaffenheit des Spielfeldes und des Spielgerätes betreffen,
- die Festlegung eines Wettkampfsystems, beispielsweise durch Ligeneinteilung, Spielplanerstellung und Qualifikationsvorgaben wie Auf- und Abstiegsregelungen,
- die Festlegung von Bekleidungsvorschriften, Materialbestimmungen, Geschlechts-, Gewichts- und Altersklassen sowie des allgemeinen Verbots der Verfälschung des Wettbewerbs, beispielsweise durch Doping.[385]

---

383 Zur Förderpflicht als Hauptpflicht jeder Mitgliedschaft siehe *Lutter*, Theorie der Mitgliedschaft, AcP 180 (1980), S. 104.

384 Siehe oben unter § 2 I.5.b).

385 Das Verbot des Dopings im organisierten Wettkampfsport ist mittlerweile gesetzlich niedergelegt, sodass die Notwendigkeit des Dopingverbots für die Sportfachverbände mit Sitz in Deutschland keine Frage der Zweckverfolgung ist, sondern unmittelbar aus dem Gesetz folgt, vgl. § 4 des Gesetzes gegen Doping im Sport (AntiDopG), BGBl. I 2015/2210 vom 10. Dezember 2015. Zuvor folgte das Dopingverbot aus dem Selbstverständnis der Sportfachverbände, dass ein Wettkampf, in welchem die Teilnehmer durch die Einnahme leistungssteigernder Mittel die Siegchancen erhöhen

Im Definitionsmerkmal „Leistungsstreben" ist die Tendenz des Wettkampfsports enthalten, die Leistungsspitze in der jeweiligen Sportart zu ermitteln.[386] Das Erreichen der nächsthöheren Wettkampfebene ist auf dem Weg zur Leistungsspitze für einen Mitgliedsverein eines regionalen Sportfachverbandes nur möglich, wenn sein Verband sich seinerseits an eine Organisation bindet oder eine solche gründet, die den Wettkampf über die Grenzen des von ihm organisierten Gebiets hinaus regelt. In den Organisationsstrukturen des Wettkampfsports sind deshalb auch solche Regelungen notwendig, die eine Anbindung an die gebietsmäßig weiter gefasste Organisation vorsehen, was in den gegenwärtigen Verbandsstrukturen durch die Mitgliedschaft im nächsthöheren Verband erreicht wird.[387]

b) Überwachung und Durchsetzung der notwendigen Organisationsregelungen

Ebenso notwendig sind Regelungen, die die Kompetenz zur Überwachung und Durchsetzung der notwendigen Organisationsregelungen festlegen, da andernfalls der ordnungsgemäße Ablauf und somit auch die Anerkennung des Ergebnisses des Wettkampfes infrage gestellt wären. Auch Sanktionsvorschriften, die zur Einhaltung der notwendigen Organisationsregeln anhalten, fallen darunter.[388]

Mehrere frühere Entscheidungen des Bundesgerichtshofs[389] zeigen, dass die Rechtsprechung die hier als notwendig beschriebene Regelungen der Sportfach-

---

dürfen, nicht mit der Werte vermittelnden Funktion (Schutz der Gesundheit der Athleten, insbesondere der Jugend; Vorbildfunktion der Athleten für die Jugend; Doping als „Betrug" gegenüber dem nicht-dopenden Sportler) des Sports vereinbar ist. Eine nicht unwesentliche Motivation des Dopingverbots dürfte aber auch wirtschaftlicher Natur sein, da das Produkt „Wettkampfsport" sich besser vermarkten lässt, wenn die Leistung im Wettkampf (scheinbar) ohne Doping erreicht wurde.

386 Siehe zu diesem Aspekt und seiner Herleitung oben unter § 2 I.5.b).

387 Dahingehend auch *Reuter*, Das selbstgeschaffene Recht des internationalen Sports im Konflikt mit dem Geltungsanspruch des nationalen Rechts, DZWir 1996, S. 8.

388 Ausdrücklich: BGH, Urteil vom 28. November 1969, I ZR 139/67, NJW 1970, 378, 382; auch OLG Karlsruhe, Urteil vom 8. November 2012, 9 U 97/12, SpuRt 2013, S. 33. Ausführlich zu Vereins- und Verbandsstrafen *Orth*, Vereins- und Verbandsstrafen am Beispiel des Fußballsports, passim; *Maier*, Rechtsfragen der Organisation und Autonomie im Verbands- und Berufssport, S. 148 ff.; *Look*, Vereinsstrafen als Vertragsstrafen, passim, *Meyer-Cording*, Die Vereinsstrafe, passim; einen Überblick bietet *Summerer*, Sport, Vereine, Verbände, Kapitalgesellschaften in: *Fritzweiler/Pfister/Summerer*, Praxishandbuch Sportrecht, S. 210 ff.

389 Siehe BGH, Urteil vom 14. Juni 1955, V ZR 120/53, NJW 1955, 1473; BGH, Urteil vom 6. April 1966, Ib ZR 82/64, MDR 1966, 572; BGH, Urteil vom 28. November

verbände sowie ihre Kompetenz zur Anwendung und Durchsetzung als Kerninhalt ihrer Organisationsautonomie erkennt, auch wenn er unterschiedliche Begrifflichkeiten dafür gebraucht und die Grundlage der Legitimation teils aus Art. 9 Abs. 1 GG,[390] teils aus der Aufgabe zur Zweckförderung herleitet.[391]

c) *Bestätigung durch höchstrichterliche Rechtsprechung der jüngeren Vergangenheit*

Auch die Rechtsprechung des Bundesgerichtshofes aus der jüngeren Vergangenheit bestätigt den hier vorgeschlagenen dogmatischen Ansatz:

Zunächst hat der Bundesgerichtshof im Jahr 2016 im sogenannten Pechstein-Verfahren erneut entschieden, dass die einheitliche Regelanwendung und -durchsetzung für die Zweckförderung der Sportfachverbände „elementar" ist. Deshalb sei auch die Regelung einer Schiedsgerichtsbarkeit für eine abschließende Klärung von Streitigkeiten über „sportrechtliche Regeln" als notwendige Regelung an-

---

1969, I ZR 139/67, NJW 1970, 378; BGH, Urteil vom 28. November 1994, II ZR 11/94, NJW 1995, 583.

390 Beispielsweise BGH, Urteil vom 28. November 1969, I ZR 139/67, NJW 1970, 378, 382: „Die Beklagten genießen in gleichem Maße wie der Kläger die verfassungsmäßig gewährleistete Betätigungsfreiheit im Rahmen des von ihnen verfolgten Vereinszweckes. Daraus ist ihre grundsätzliche Befugnis herzuleiten, den Motorsport in Deutschland nach ihren eigenen Vorstellungen zu gestalten und zu organisieren. Wenn sie sich dabei zum Ziel gesetzt haben, den vom Internationalen Motorsportverband (FIA) für den internationalen Sportbetrieb auf diesem Gebiet erlassenen Regeln auch und gerade im Inland Geltung und möglichst weitreichende Anerkennung zu verschaffen, so kann ihnen das nicht verwehrt werden. Die einheitliche Ausrichtung und Durchführung der einschlägigen Veranstaltungen ist, wie bereits angedeutet, allgemein üblich und dem Wesen des Sportes eigentümlich. Sie erfordert überall gleiche Wettkampfbedingungen und deren einwandfreie Einhaltung, andernfalls Meisterschaften jedweder Art sowie die Feststellung und Anerkennung von Rekorden von vornherein in Frage gestellt wären. Die (…) Vereinheitlichung sportlicher Regeln ist ohne ein gewisses Ordnungsgefüge nicht zu erreichen, das zu seiner vollen Wirksamkeit aber auch Sanktionsmöglichkeiten gegen eventuelle Störer des angestrebten Zieles bieten muß.".

391 Beispielsweise: BGH, Urteil vom 28. November 1994, II ZR 11/94, NJW 1995, 583, 584: „Die Schaffung, Fortschreibung, Überwachung und Durchsetzung dieser Regeln ist nach dem Verständnis der geltenden Rechtsordnung ebensowenig eine staatliche Aufgabe wie die Organisation des Spitzen- und Breitensports, als deren Teil sie verstanden werden muss. Sie ist vielmehr eine von den Verbänden […] zu erfüllende Aufgabe.".

zusehen.[392] Durch die Einschränkung auf „sportrechtliche Regeln" macht der Bundesgerichtshof zugleich die Grenzen des Kernbereichs der Organisationsautonomie deutlich. Denn Gegenstand des schiedsrichterlichen Verfahrens, auf dessen einen Seite die Athletin und auf der anderen Seite ein Sportfachverband stand, betraf eine dopingbezogene Streitigkeit, und damit einen Regelungsbereich, der notwendig mit der Wahrung der Chancengleichheit der Wettkampfteilnehmer verbunden ist.[393]

In einem weiteren Urteil aus dem Jahr 2016 hat der für das Vereinsrecht zuständige 2. Zivilsenat des Bundesgerichtshofes ebenfalls die besondere Legitimation „nicht nur [von] Spielregeln der jeweiligen Sportart im engsten Sinne, sondern auch solche[r] Regeln, die (…) der Regelung von Klassifikations- und Qualifikationsfragen, der Herstellung gleicher Start- und Wettkampfbedingungen (…) und der Sicherstellung der organisatorischen Durchführung eines geregelten Sport- und Wettkampfbetriebs dienen und von deren Befolgung durch alle am organisierten Sport Teilnehmenden gleichermaßen jeder aktive Sportler ausgeht"[394] betont.

Damit nennt der Bundesgerichtshof die Regelungsbereiche, die untrennbar mit dem Zweck der Wettkampfsportorganisation verbunden sind und deshalb hier als notwendige Organisationsregelungen bezeichnet werden.

---

392 BGH, Urteil vom 7. Juni 2016, K ZR 6/15, NJW 2016, 2266, 2272: „Sportfachverbände (…) fördern den Sport allgemein und insbesondere ihre Sportart, indem sie die Voraussetzungen für einen organisierten Sportbetrieb schaffen. Hierfür ist es elementar, dass die Regelwerke gegenüber den Sportlern in ihrer Gesamtheit gelten und flächendeckend nach einheitlichen Maßstäben durchgesetzt werden. Es ist daher allgemein anerkannt, dass insbesondere im Bereich des internationalen Sports Schiedsvereinbarungen zu Gunsten eines bestimmten Schiedsgerichts erforderlich sind, um ein einheitliches Vorgehen hinsichtlich der sportrechtlichen Regeln zu gewährleisten."

393 Natürlich darf die endgültige Entscheidung durch eine Streitbeilegungsinstanz in einer dopingbezogenen Streitigkeit unter Ausschluss der ordentlichen Gerichtsbarkeit nur dann Anerkennung finden, wenn es sich bei der Instanz um ein Schiedsgericht im Sinne der §§ 1025 ff. ZPO handelt. Der BGH hat entschieden, dass dies bei dem im Streitfall angerufenen Gericht (gerade noch) der Fall ist, BGH, Urteil vom 7. Juni 2016, K ZR 6/15, NJW 2016, 2266, 2268 ff. Die Entscheidung des BGH hinsichtlich des Vorliegens eines „echten" Schiedsgerichts kritisiert u. a. *Heermann*, Die Sportschiedsgerichtsbarkeit nach dem „Pechstein-Urteil" des BGH, NJW 2016, S. 2227.

394 BGH, Urteil vom 20. September 2016, II ZR 25/15, NJW 2017, 402, 407.

d) *Das Fairness-Gebot als notwendige Organisationsregelung?*

Auf den ersten Blick würde man sicherlich annehmen, dass auch das Fairness-Gebot[395] zu den notwendigen Organisationsregeln gehört. Diese Annahme wird durch die Satzungen der Sportfachverbände befördert, die das Fairness-Gebot als selbstverständlichen Teil ihrer Zweckförderung verstehen. So regelt beispielsweise § 4 Abs. 2 BFV-Satzung 2018 als Aufgabe des BFV die Durchführung und Förderung eines geregelten, fairen Sportbetriebes nach den geltenden Bestimmungen.

Soweit damit die Einhaltung der Wettkampfregeln sowie die grundsätzliche Beachtung der Entscheidungen der Wettkampfrichter von allen Teilnehmern gefordert wird, so ist darin eine Regelung zu sehen, die der Erzielung regelgerechter Wettkampfergebnisse dient. Insoweit steht das Fairness-Gebot im unmittelbaren Zusammenhang mit der notwendigen Festlegung und Überwachung der Spielregeln und ist Ausdruck einer selbstverständlichen Übereinkunft zwischen den Wettkampfteilnehmern, da dessen Missachtung die Zweckförderung mindestens erheblich behindern, wenn nicht gar verhindern würde.

Das Fairness-Gebot beinhaltet darüber hinaus aber auch ein ethisches Gebot, das im Sport mit dem Ausdruck „Fair Play" beschrieben wird.[396] Für eine nähere Definition von „Fair Play" kann man durchaus auf rechtlich vertraute Kategorien wie Anstand, Ehrlichkeit, Respekt vor dem Gegner, Rücksichtnahme, „Gentleman behaviour" sowie Berechenbarkeit zurückgreifen.[397]

Dieser Aspekt des Fairness-Gebots folgt aber nicht unmittelbar aus der Definition des Wettkampfsports. Denn Leistungsstreben beinhaltet das Ziel eines jeden Wettkampfteilnehmers, im jeweiligen Wettkampfsystem der Erfolgreichste zu sein, also beispielsweise am Ende eines Liga-Wettkampfbetriebs, in welchem mehrere Mannschaften über einen längeren Zeitraum mindestens einmal gegeneinander antreten, die meisten Siege erzielt zu haben, was in der Regel gleichbedeutend mit dem ersten Platz und dem Aufstieg in die nächsthöhere Liga verbunden ist. Es ist also Teil des Wettkampfsports, den Gegner zu besiegen, man spricht auch davon ihn zu „schlagen".

Daraus folgt nicht notwendig eine Pflicht zur Rücksichtnahme auf den Gegner oder ein Gebot des Anstands und der Ehrlichkeit, im Gegenteil, es wäre für das

---

395 Zum Fairness-Gebot und den damit verbundenen Wertvorstellungen siehe *Vieweg/Staschick*, Lex sportiva und Fairness-Prinzip, SpuRt 2013, S. 229 ff.

396 *Vieweg/Staschick*, Lex sportiva und Fairness-Prinzip, SpuRt 2013, S. 229.

397 Siehe *Summerer*, Sport, Vereine, Verbände, Kapitalgesellschaften in: *Fritzweiler/Pfister/Summerer*, Praxishandbuch Sportrecht, S. 134; *Vieweg/Staschick*, Lex sportiva und Fairness-Prinzip, SpuRt 2013, S. 230.

Erreichen des Wettkampfziels förderlich, den eigenen Vorteil auch mit anstands- und rücksichtlosen Mitteln zu erstreben.[398] Ohne das Fairness-Gebot hätten alle Wettkampfteilnehmer gleichermaßen die Möglichkeit, sich solchen Mitteln zu bedienen, sodass auch die Chancengleichheit gegeben wäre. Nachdem die sich im verbandsmäßig organisierten Wettkampf gegenüberstehenden Personen auch nicht individualvertraglich miteinander verbunden sind, kommt auch ein Rückgriff auf die allgemeine vertragliche Rücksichtnahmepflicht aus § 241 Abs. 2 BGB nicht in Betracht.

Das „Fairness-Gebot" im Sinne des „Fair Play" ist vielmehr ein Verhaltensmaßstab, der Ausdruck einer Ethik ist, die in den gegenwärtigen verbandsmäßig organisierten Strukturen des Wettkampfsports vorausgesetzt wird. Das zeigt beispielsweise § 4 Abs. 1 BFV-Satzung 2018, der als zweckfördernde Aufgabe des BFV die Erziehung zu sportlicher Disziplin, Kameradschaft und Ritterlichkeit mit dem Ziele der freiwilligen Unterordnung unter die geschriebenen und ungeschriebenen sportlichen Gesetze regelt.[399] Eine Notwendigkeit für die Organisation des Wettkampfsports an sich ist ein solcher Verhaltensmaßstab nicht. Er ist vielmehr Teil der ideellen Funktion der Sportfachverbände als Idealvereine im Sinne des § 21 BGB.

Deutlich wird dies aus dem Wortlaut der Satzung des § 1 Abs. 4 BFV-Satzung 2018, der nicht nur die körperliche, sondern auch die sittliche Ertüchtigung der Angehörigen seiner Mitgliedsvereine, insbesondere der jugendlichen Mitglieder, bezweckt. In der Zweckbestimmung der Gründungssatzung des BFV, § 5 BFV-Satzung 1949, fehlte eine solche ausdrückliche Festlegung auf sittliche Ertüchtigung und auch an anderer Stelle finden sich keine Anhaltspunkte für eine erzieherische Zwecksetzung, insbesondere gegenüber der Jugend, wie sie aus den heutigen, oben erwähnten § 1 Abs. 4 und § 4 Abs. 1 BFV-Satzung 2018 folgt. Die Förderung der Jugend wird in der Gründungssatzung nur im Rahmen der „Spielbetriebsorganisation" erwähnt, § 6 lit. a) BFV-Satzung 1949. Daraus ist ersichtlich,

---

398 Zu denken wäre hier beispielsweise an die Täuschung des Fußball-Schiedsrichters durch eine sogenannte „Schwalbe", bei der ein Spieler vorgibt, durch den Gegenspieler regelwidrig zu Fall gebracht worden zu sein, um für seine Mannschaft einen Elfmeter zugesprochen zu bekommen, wodurch die Chance auf ein Tor und damit auf den Sieg deutlich erhöht werden kann.

399 Vgl. dazu auch die oben unter § 2 I.5.a) erwähnte Definition des Sports durch den DOSB, der seiner Definition des Sports diesen ethischen Grundgedanken aufgeladen hat. Die Olympic Charter 2018 des IOC nennt als Nr. 4 der „fundamentalen Prinzipien der olympischen Bewegung einen „Geist der Freundschaft, der Solidarität und des Fair Play".

dass der BFV seine ideelle Funktion mittlerweile deutlich weiter auffasst, als dies bei seiner Gründung der Fall war, aber dafür eine Notwendigkeit aus Gründen der Wettkampfsportorganisation nicht gegeben ist.

Es bleibt damit festzuhalten, dass das Fairness-Gebot, soweit es die Einhaltung der Regeln und grundsätzliche Anerkennung der Entscheidungen der Wettkampfrichter postuliert, ein für das Funktionieren der Wettkampforganisation notwendiges Verhalten einfordert. Soweit es „Fair Play" fordert und Verstöße gegen „Fair Play" sanktioniert, unterfällt das Fairness-Gebot - im rechtlichen Sinn - nicht der Kategorie der notwendigen Organisationsregel, sondern ist Ausdruck eines ethischen Verhaltensmaßstabes des gegenwärtig verbandsmäßig organisierten Wettkampfes.[400]

e) Abgrenzung zu den „Besonderheiten des Sports"

Mit den „Besonderheiten des Sports" (teilweise auch „Eigengesetzlichkeiten" genannt) ist ein weiteres Schlagwort angesprochen, das häufig bemüht wird, um auf die Autonomie der Sportfachverbände hinzuweisen.[401]

Tatsächlich haben die „Besonderheiten des Sports" Bedeutung bei der Anwendung des staatlichen Rechts auf sportrechtliche Sachverhalte.[402] Die „Beson-

---

400 Sicherlich ist dem Fairness-Gebot auch als nicht-notwendige Organisationsregel ein hoher Wert beizumessen, was bei der Interessenabwägung zu berücksichtigen ist. Denn Wettkampfsport ohne die Idee des Fairnessgebots im Sinne des „Fair Play" minderte den sozialen Wert des Sports erheblich.

401 Die „Besonderheiten des Sports" sind mittlerweile europarechtlich niedergelegt in Art. 165 AEUV, vgl. dazu *Brost*, Die „Besonderheiten des Sports" im neuen Artikel 165 des Lissabonner Vertrages, SpuRt 2010, S. 178 ff.

402 Vgl. dazu *Steiner*, Die Autonomie des Sports, S. 243 f., der in Anlehnung an BVerfG, Beschluss vom 21. September 1976, 2 BvR 350/75, BVerfGE 42, 312, 334, die Modifikation der Anwendung staatlichen Rechts fordert, wenn es den Wettkampfsport in seinem „genuinen, unvergleichlichen und spezifischen Kern trifft und damit intensiver als andere Normadressaten." Ähnlich äußert sich *Reuter*: „Der Lebenssachverhalt Sport hat durchaus eine Eigengesetzlichkeit, die das Recht nicht ignorieren darf, wenn es das Ziel einer in sich widerspruchsfreien sinnvollen rechtlichen Ordnung nicht verfehlen will", *Reuter*, Das selbstgeschaffene Recht des internationalen Sports im Konflikt mit dem Geltungsanspruch des nationalen Rechts, DZWir 1996, S. 3. Auch seitens der Wirtschaftswissenschaften werden die „Besonderheiten des Sports" erkannt und berücksichtigt, vgl. nur *Horch/Schubert/Walzel*, Besonderheiten der Sportbetriebslehre, S. 64 ff. Siehe auch *Bachmann*, Private Ordnung, S. 45, der aus BGH, Urteil vom 28. November 1994, II ZR 11/94, NJW 1995, 583, 584, schließt, dass das Recht darauf bedacht sein sollte, Eigengesetzlichkeiten sozialer Ordnungen

derheiten des Sports“ sind dabei grundsätzlich unabhängig von der Rechtsform der Organisationsträger als Folge der freien Regelsetzung innerhalb eines bestimmten Verkehrskreises zu berücksichtigen.[403] Im Grunde steht dahinter nicht mehr und nicht weniger als Einzelfallgerechtigkeit, die nur erreicht werden kann, wenn bestimmte Besonderheiten bei der Anwendung der allgemeinen Gesetze und Wertungen berücksichtigt werden.[404]

Für die Erzielung von Einzelfallgerechtigkeit ist ein Rückgriff auf die „Besonderheiten des Sports“ aber zu pauschal gefasst. Es ist wiederum zu differenzieren zwischen Wettkampfsport und Gesundheitssport.[405] Ferner folgen zu berücksichtigende Besonderheiten aus der Art (Teamsport/Einzelsport, Kontaktsportart/Parallelsportart) und den Regeln der jeweiligen Sportart.

Die „Besonderheiten des Sports“ folgen also im verbandsmäßig organisierten Wettkampfsport aus dem Wesen des Wettkampfsports und aus den besonderen Regeln der einzelnen Wettkampfsportarten im Speziellen. Die zu berück-

---

nicht voreilig zu zerstören. Ein prominentes Beispiel dafür ist die Berücksichtigung der Besonderheiten des professionellen Fußballsports im Rahmen der Anwendung des Teilzeitbefristungsgesetzes auf Arbeitsverträge zwischen Bundesligavereinen und Fußballspielern, siehe BAG, Urteil vom 16. Januar 2018, Az. 7 AZR 312/16 (mehrmalige Befristung durch Eigenart der Arbeitsleistung gerechtfertigt, § 14 Abs. 1 S. 2 Nr. 4 TzBfG). [Urteil zum Zeitpunkt der Druckfreigabe noch nicht veröffentlicht.].

403 Die Rücksichtnahme auf Besonderheiten eines bestimmten Verkehrskreises stellt eine Selbstverständlichkeit der Rechtsordnung dar. Man denke dabei beispielsweise nur an die gesetzlich verankerte Anerkennung von Besonderheiten des Handelsverkehrs (vgl. § 346 HGB). Teilweise wird aufgrund der „Besonderheiten des Sports“ die Schaffung eines Sonderprivatrechts befürwortet. Zur Konzeption eines „Sonderprivatrechts“ für den Sport siehe *Westermann*, Das Recht des Leistungssports – ein Sonderprivatrecht?, S. 771 ff.; befürwortend: *Heß*, Voraussetzungen und Grenzen eines autonomen Sportrechts unter besonderer Berücksichtigung des internationalen Spitzensports, S. 243 ff., wobei dieser damit inhaltlich die Modifikation zivilrechtlicher und dabei insbesondere wirtschaftsrechtlicher Wertungen erstrebt.

404 Beispielsweise finden die Besonderheiten des Wettkampfsports Berücksichtigung bei der Anwendung des Arbeitsrechts (z. B. als sachlicher Grund für eine zulässige mehrmalige Befristung des Arbeitsvertrags im Sinne des § 14 Abs. 1 TzBfG, vgl. LAG Rheinland-Pfalz, Urteil vom 17. Februar 2016, 4 Sa 202/15, NZA 2016, 699 (nicht rechtskräftig, da Revision eingelegt wurde (Stand: Juli 2017)) oder des Deliktsrechts, vgl. dazu bereits die Regelung im Römischen Recht, dass einem Speerwerfer, der einen das Speerwurffeld überquerenden Sklaven durch den von ihm geworfenen Speer fahrlässig verletzt, keine Haftung droht, *Ulpian* D. 9.2.9.4 und D. 9.2.7.4, in: *Krueger/Mommsen*, Corpus Iuris Civilis. Volumen primum, S. 156 f.).

405 Vgl. § 2 I.5.

sichtigenden „Besonderheiten des Sports“ sind also auch auf den Kerninhalt der Organisationsautonomie zu begrenzen. Es ist deshalb auch im Rahmen der Festlegung der „Besonderheiten des Sports“ zu unterscheiden, was tatsächlich aus der Eigenart[406] des Sports folgt und was lediglich dem Sport als Mittel zum Zweck aufgeladen wurde.

Zuletzt sei klargestellt, dass die „Besonderheiten des Sports“ nur den Ausschluss sachfremder rechtlicher Problemlösungen erlauben und nicht positiv die sachgerechten Rechtsregelungen festlegen.[407]

2. Organisationsregelungen im Interesse des Wettkampfsports

Neben den notwendigen Organisationsregelungen gibt es solche, die im Interesse des durch Sportfachverbände organisierten Wettkampfsports getroffen sind. Die darunter zu fassenden Organisationsregeln beantworten Fragen zur aus Sicht der Sportfachverbände sinnvollen Regelung des sportlichen Wettbewerbs unter Wahrung der selbst gesetzten ideellen Funktionen und sind so mit dem übernommenen Organisationsauftrag verbunden.

Darunter zu verstehen sind Regeln, die das „Fair Play“ betreffen,[408] Medien und Sponsoren orientierte Anpassungen im professionellen Sport, die sich zur Wahrung der Einheitlichkeit innerhalb der gesamten Verbandspyramide auswirken,[409] sowie Regelungen, die aus der ideellen Funktion und dem Selbstverständnis der Sportfachverbände folgen.[410]

---

406 Zur Bedeutung der Eigenart eines Verbandes für die durch den Staat zu beachtende Verbandsautonomie siehe auch BVerfG, Beschluss vom 5. Februar 1991, 2 BvR 263/86, NJW 1991, 2623, 2625.

407 So auch ausdrücklich *Reuter*, Das selbstgeschaffene Recht des internationalen Sports im Konflikt mit dem Geltungsanspruch des nationalen Rechts, DZWir 1996, S. 3.

408 Hier ist beispielsweise an die 1999 eingeführte Verwarnung (gelbe Karte) der „Schwalbe“ zu denken, also die Täuschung oder den Versuch der Täuschung gegenüber dem Schiedsrichter darüber, dass ein Foul stattgefunden hätte, vgl. http://www.spiegel.de/sport/fussball/bundesliga-gelb-pflicht-fuer-schwalben-a-31775.html (zuletzt abgerufen am 9. April 2017).

409 Hierbei ist zu denken an telegene Anpassung des Spielgeräts (zB Farbgestaltung; physikalische Eigenschaften) oder der Trikots (zB Größe der Rückennummern), Maßnahmen zur Erhöhung der Attraktivität für die Zuschauer oder Verlängerung der Pausen, um die Werbemöglichkeiten zu erhöhen, vgl. dazu *Steiner*, Die Autonomie des Sports, S. 251.

410 Neben Regelungen im Interesse des Jugendschutzes ist hierbei auch an das „Nationenprinzip“ (siehe dazu unter § 7 III.2.) oder etwa Regelungen zu denken, die die Kommerzialisierung der Sportart eindämmen sollen wie beispielsweise die innerhalb

Auch sie sind Teil der den Sportfachverbänden übertragenen Organisationsautonomie, aber für die Wettkampfsportorganisation an sich nicht notwendig. Ein gedachter Alternativverband würde diese Regelungen nicht zwingend vorsehen. Deshalb gehören sie nicht zum Kernbereich der Organisationsautonomie der Sportfachverbände.

3. Allgemeine Organisationsregelungen

Eine dritte Kategorie bilden Regelungen, die die allgemeine Organisation des Verbandes betreffen und keinen besonderen Bezug zum speziellen Zweck aufweisen.

Diese Regelungen betreffen organisatorische Fragen, die strukturell vergleichbar bei sämtlichen Großverbänden aufkommen können wie beispielsweise Regelungen zur Organisation der Mitgliederversammlung, zur Einrichtung von Kontrollgremien, zum Bau von Verbandseinrichtungen, zum Umgang mit wirtschaftlicher Tätigkeit oder zur Einrichtung einer Geschäftsstelle und Anstellung hauptamtlicher Mitarbeiter. Inhalt und Grenzen der Organisationsautonomie von Großverbänden mit sozialmächtiger Stellung hinsichtlich der genannten organisatorischen Fragen waren bereits mehrfach Gegenstand wissenschaftlicher Untersuchungen.[411]

---

des Verbandsgebiets des DFB geltende „50 % plus 1“-Regelung, die im Wesentlichen dafür sorgen soll, dass auch der professionelle Fußball unter der Kontrolle von Vereinen und nicht externen Investoren steht. Siehe dazu *Rainer Lorz*, Rechtsformwahl für Clubs, in: *Stopper/Lentze* (Hrsg.), Handbuch Fußball-Recht, S. 802 ff.

411 Siehe dazu insbesondere *Säcker*, Probleme der Repräsentation von Großvereinen; *Teubner*, Organisationsdemokratie und Verbandsverfassung; *Coing*, Das Privatrecht und die Probleme der Ordnung des Verbandswesens. Im Kontext der vorliegenden Untersuchung ist es bemerkenswert, dass die Diskussion um Grundfragen des inneren Vereinsrechts unter anderem durch ein Ereignis aus dem Sportfachverbandswesen, dem sogenannten „Bundesligaskandal“, ausgelöst wurde. Damit werden die Geschehnisse um die Saison 1970/71 bezeichnet, in der durch Geldzahlungen im siebenstelligen D-Mark-Bereich Spiele in der höchsten deutschen Fußballwettkampfliga manipuliert wurden und so der Abstiegskampf beeinflusst wurde, vgl. zur Chronologie des Bundesligaskandals *Rauball* (Hrsg.), Bundesliga-Skandal, S. 9 ff. So hatte die rechtswissenschaftliche Diskussion um Grundfragen des inneren Verbandsrechts ihre Hochphase Mitte der 1970er bis Anfang der 1980er Jahre, vgl. u. a. *Leßmann*, Die Verbände in der Demokratie und ihre Regelungsprobleme, NJW 1978, 1545 ff.; *Föhr*, Anforderungen des Grundgesetzes an den Aufbau von Verbänden, NJW 1975, 617 ff.; *Teubner*, Ziele und Methoden der verbandsrechtlichen Reformdiskussion, ZGR 1975, S. 459 ff. und Zu den Regelungsproblemen der Verbände, JZ 1978, S. 545 ff.; *Göhner*, Verfassungsrechtliche

Da wir den Fokus auf die mit der konkreten Zwecksetzung verbundenen Organisationsautonomie richten wollen, gehen wir auf die Kategorie der allgemeinen Organisationsregelungen im Folgenden nur insoweit ein, als dies für die Betrachtung der speziellen Organisationsautonomie der Sportfachverbände und im Hinblick auf das Ein-Platz-Prinzip erforderlich ist.

IV. Justiziabilität der Organisationsregelungen der Sportfachverbände

Die Bedeutung des Verbandszwecks der Sportfachverbände für den Inhalt ihrer Organisationsautonomie schlägt sich in der Justiziabilität ihrer Organisationsregelungen nieder. Im Folgenden wird klargestellt, dass es einen rechtsfreien Raum für die Regelsetzung nicht gibt (dazu 1.), jedoch eine Unterscheidung zwischen der Justiziabilität der notwendigen und nicht notwendigen Organisationsregelungen geboten ist (dazu 2.).

1. Kein rechtsfreier Raum

Teilweise wird vertreten, dass es Regelungen und darauf beruhende Maßnahmen der Sportfachverbände gibt, die einer rechtlichen Kontrolle durch die staatlichen Gerichte entzogen sind und somit ein rechtsfreier Raum angenommen.[412] Die nicht justiziablen Regelungen seien als „Spielregeln“, die justiziablen als „Rechtsregeln“ zu bezeichnen.[413] Jedenfalls sei die Autonomie hinsichtlich Spielregeln,

Voraussetzungen für die Willensbildung in privatrechtlichen Interessenverbänden, DVBl. 1980, 1033 ff. Speziell zu den bedenklichen Verhältnissen im Sportwesen und der ihnen zuteil gewordenen Aufmerksamkeit durch den Bundesligaskandal siehe *Coing*, Das Privatrecht und die Probleme der Ordnung des Verbandswesens, S. 431; zu der Forderung nach einer „freiheitlich-demokratischen Binnenstruktur“ für die gesamte Verbandspyramide Ende der 1970er Jahre siehe *Steiner*, Amateurfußball und Grundrechte, S. 12.

412 Siehe *Pfister*, Einführung, in: *Fritzweiler/Pfister/Summerer*, Praxishandbuch Sportrecht, S. 22.

413 So *Pfister*, Einführung, in: *Fritzweiler/Pfister/Summerer*, Praxishandbuch Sportrecht, S. 22. Diese Einteilung beruht auf der Untersuchung von *Max Kummer*, Spielregel und Rechtsregel, aus dem Jahr 1973, wonach die Spielregel als Teil eines in sich geschlossenen, ohne jede Außenwirkung bestehenden Spielsystems hermetisch gegen die Einmischung von Recht abgeschlossen sein müsse, vgl. *Kummer*, Spielregel und Rechtsregel, S. 44. Darauf aufbauend wird weiter unterteilt in Spielregeln im engeren und weiteren Sinn, vgl. dazu *Buck-Heeb/Dieckmann*, Selbstregulierung im Privatrecht, S. 69 f.; *Pfister*, Einführung, in: *Fritzweiler/Pfister/Summerer*, Praxishandbuch

die das Geschehen „auf dem Sportplatz" betreffen, am „weitesten, wenngleich nicht völlig unbeschränkt."[414]

Die Annahme eines der Kontrolle entzogenen Raums der autonomen Regelsetzung ist bereits aufgrund der Betroffenheit von Rechtspositionen der Mitgliedsvereine und ihre individuellen Mitglieder über das Spiel hinaus nicht haltbar. Auch Regelungen wie die auf den konkreten Ablauf des Spiels, auf die Mannschaftsstärke, die Beschaffenheit der Spielstätte, die Sportbekleidung oder das Verhalten und die äußere Erscheinung der Sportler im Wettkampf bezogenen können für die Betroffenen spürbare Eingriffe in Rechtspositionen wie das Persönlichkeitsrecht, das Eigentum und das Vermögen darstellen, sodass eine Einordnung der Spielregeln als Nichtrecht verfehlt wäre.[415] Es gilt deshalb heute zu Recht als herrschende Meinung, dass auf sämtliche Regelungen der Sportfachverbände die für sie geltende Rechtsordnung grundsätzlich angewandt wird.[416]

Zum anderen widerspricht diese Unterscheidung der hier herausgearbeiteten Differenzierung, da es auch Spielregeln geben kann, die für den Wettkampfsport grundsätzlich nicht notwendig sind, dagegen bestimmte Rechtsregeln durchaus für den Wettkampfsport notwendig sind. Beispielweise ist die im Fußballsport

---

Sportrecht, S. 27 ff. Eine Übersicht bietet *Kaiser*, Sport- und Spielregeln als materielles Nichtrecht, SpuRt 2009, 6 ff.

414 *Pfister*, Einführung, in: *Fritzweiler/Pfister/Summerer*, Praxishandbuch Sportrecht, S. 24.

415 So auch *Summerer*, Sport, Vereine, Verbände, Kapitalgesellschaften in: *Fritzweiler/Pfister/Summerer*, Praxishandbuch Sportrecht, S. 130, der in Zweifelsfällen stets rechtliche Erheblichkeit der jeweiligen Regeln und damit auch Justiziabilität annimmt; ebenso: *Buck-Heeb/Dieckmann*, Selbstregulierung im Privatrecht, S. 70; *Steiner*, Die Autonomie des Sports, S. 241 f.; *Pfister*, Autonomie des Sports, sporttypisches Verhalten und staatliches Recht, S. 179.

416 Zur Notwendigkeit der Einbettung der privaten Rechtsetzung in den staatlichen Ordnungsrahmen vgl. *Kirchhof*, Private Rechtsetzung, S. 133 f. *Steiner*, Die Autonomie des Sports, S. 224; zur Ablehnung des „rechtsfreien Raums" siehe auch *Summerer*, Sport, Vereine, Verbände, Kapitalgesellschaften in: *Fritzweiler/Pfister/Summerer*, Praxishandbuch Sportrecht, S. 131; *Kaiser*, Sport- und Spielregeln als materielles Nichtrecht, SpuRt 2009, 10; *Horn*, Die Anwendung des europäischen Kartellrechts auf den Sport, S. 64; insofern auch klarstellend *Reuter*, Das selbstgeschaffene Recht des internationalen Sports im Konflikt mit dem Geltungsanspruch des nationalen Rechts, DZWir 1996, S. 2 f., der die durch das Recht nicht zu ignorierende Eigengesetzlichkeit des Sports zugibt, daraus jedoch keine positive Rechtsregelungsbefugnis mit Anspruch auf exklusive Sachgerechtheit ableitet. Allgemein zum Verhältnis Grundrechte und Privatrecht siehe *Canaris*, Grundrechte und Privatrecht, S. 11 ff.; *Ruffert*, Vorrang der Verfassung und Eigenständigkeit des Privatrechts, S. 7 ff.

von der FIFA im Jahr 2004 aufgestellte „Spielregel", die es unter Sanktion verbietet, beim Torjubel das Trikot über den Kopf zu ziehen, keine notwendige Regelung für den Wettkampfsport, sondern vielmehr Ausdruck einer Wertentscheidung des für Regeländerungen zuständigen FIFA-Gremiums.[417] Dagegen ist die Regelung, dass der BFV im Vorfeld eines Spieljahres die Wettkampf-Termine bestimmt (§ 13 der BFV-Spielordnung 2018) und zuständig für die Entscheidung über die Festlegung von Ersatzterminen ist (§ 14 BFV-Spielordnung 2018), eine notwendige „Rechtsregel" zur Wahrung der Chancengleichheit, da es andernfalls die Mitgliedsvereine in der Hand hätten, auf Spielerengpässe oder Ergebnisse von Konkurrenten durch eigene Terminwahl zu reagieren.

Lässt man die Frage der Notwendigkeit einer „Spielregel" außer Acht, wird aber das entscheidende Element der Legitimation jeder organisationsautonomen Regelung, die Rückbindung an den privatautonomen Willen der Mitglieder, übergangen. Das führt zu fehlerhaften Wertungen.

Überdies lässt die Unterscheidung der Regelungsbereiche zwischen „auf dem Platz" und „außerhalb des Platzes" außer Acht, dass die Regelungen, die für Klassifikations- und Qualifikationsfragen, der Herstellung gleicher Start- und Wettkampfbedingungen sowie der Sicherstellung der organisatorischen Durchführung eines geregelten Sport- und Wettkampfbetriebs notwendig sind, genauso durch den Willen eines jeden Mitgliedsvereins legitimiert sind wie die Festlegung und Durchsetzung der Spielregeln „im engeren Sinne".[418]

2. Justiziabilität der Organisationsregelungen von Sportfachverbänden – Ausgangspunkt, kritische Betrachtung vorhandener Differenzierungen und eigener Lösungsansatz

a) Ausgangspunkt: Inhaltskontrolle von Verbandsregelungen nach § 242 BGB

Bis in die 1980er Jahre war es ständige Rechtsprechung, dass die inneren Vereinsangelegenheiten nur einer beschränkten Kontrolle durch die staatlichen Gerichte unterliegen. Diese bestand im Wesentlichen in der Prüfung, ob das satzungsmäßig vorgeschriebene Verfahren beachtet, sonst keine Gesetzes- oder Satzungsverstöße vorgekommen sind und die Regelung oder auf ihr beruhende Maßnahme nicht

417 Das Gremium begründete die Einführung des Zusatzes zur Regel 12 der FIFA-Spielregeln damit, dass diese Art des Jubels „unnötig" sei, siehe http://de.fifa.com/development/news/y=2004/m=6/news=zusatz-zur-regel-gelbe-karte-wegen-ausziehen-des-trikots-92960.html (zuletzt abgerufen am 11. April 2017).

418 Siehe oben § 6 III 1.

grob unbillig oder willkürlich ist.[419] Die Justiziabilität von Verbandsregelungen gemäß zwingendem Vereinsrecht der §§ 21 ff. BGB sowie am Maßstab der §§ 134, 138 BGB war damit bereits nach der früheren Rechtsprechung gegeben.

In ausdrücklicher Abkehr von der ständigen Rechtsprechung entschied der Bundesgerichtshof 1983, dass vor dem Hintergrund der großen gesellschaftlichen Macht von Verbänden unter der beispielsweisen Nennung von Sportverbänden die Sachverhaltsermittlung im Rahmen vereinsrechtlicher Disziplinarverfahren gerichtlich voll überprüfbar ist. Die dogmatische Begründung für die grundsätzliche Nachprüfbarkeit leitete der Bundesgerichtshof im Wesentlichen aus der Bindung der Vereinsautonomie an den privatautonomen Willen der Mitglieder her.[420]

Damit war das Einfallstor für die Nachkontrolle vereinsinterner Regelsetzung und -anwendung durch die Gerichte geschaffen. Die von der Rechtsprechung vorgenommene Nachkontrolle vereinsinterner Regelsetzung und -anwendung entwickelte sich, jedenfalls bezüglich der Verbände mit gesellschaftlicher Machtstellung, grundsätzlich zu einer umfassenden Inhaltskontrolle am Maßstab des § 242 BGB.[421]

Heute können wir es als herrschende Meinung bezeichnen, dass die Satzungen und Ordnungen der gesellschaftlich mächtigen Verbände, also insbesondere der Monopolverbände, grundsätzlich einer gerichtlichen Inhaltskontrolle nach § 242 BGB unter Berücksichtigung der mittelbaren Drittwirkung der Grund-

---

419 Vgl. BGH, Urteil vom 27. Februar 1954, II ZR 17/53, NJW 1954, 833; BGH, Urteil vom 4. Oktober 1956, II ZR 121/55, NJW 1956, 1793; BGH, Urteil vom 26. Februar 1959, II ZR 137/57, NJW 1959, 982; BGH, Urteil vom 13. Juni 1966, II ZR 130/64, NJW 1966, 1751; BGH, Urteil vom 6. März 1967, II ZR 231/64, NJW 1967, 1268. Generell abgelehnt wurde eine Kontrolle von Vereinsnormen noch von RG, Urteil vom 30. Oktober 1901, IV 218/01, RGZ 49, 150 ff.; auch RG, Urteil vom 20. Dezember 1923, IV 836/22, RGZ 107, 386, 387 prüft nicht die sachliche Richtigkeit eines Vereinsausschlusses, da es sich dazu „nicht für befugt" erachtet. Für einen rechtshistorischen Überblick zur Nachkontrolle von Vereinsakten siehe *Scheck*, Die Tätigkeit von Idealvereinen im Spannungsverhältnis zwischen Vereinsautonomie und kartellrechtlichen Verhaltensanforderungen, S. 65 ff. und zuvor bereits *Butte*, Das selbstgeschaffene Recht des Sports im Konflikt mit dem Geltungsanspruch des nationalen Rechts, S. 225 ff.

420 Siehe BGH, Urteil vom 30. Mai 1983, II ZR 138/82, BGHZ 87, 337.

421 BGH, Urteil vom 10. Oktober 1988, II ZR 51/88, NJW-RR 1989, 376; BGH, Urteil vom 24. Oktober 1988, II ZR 311/87, NJW 1989, 1724; BGH, Urteil vom 28. November 1994, II ZR 11/94, NJW 1995, 583; BGH, Urteil vom 27. September 1999, II ZR 377/98, NJW 2000, 1028 ff.; OLG Karlsruhe, Urteil vom 8. November 2012, 9 U 97/12, SpuRt 2013, S. 31 ff.

rechte unterliegen.[422] Dabei wird überprüft, ob die Regelung ordnungsgemäß zustande gekommen ist und ein angemessener Ausgleich zwischen den berechtigten Interessen des Verbandes und den schutzwürdigen Interessen der betroffenen Mitglieder besteht.[423]

Die Kontrolle der inhaltlichen Angemessenheit von Organisationsregelungen gemäß § 242 BGB lässt Raum für einen umfassenden Abwägungsprozess zur Schaffung von Einzelfallgerechtigkeit. So wird der Vielfalt aller denkbaren Vereinszwecke sowie deren einzelnen Besonderheiten im Rahmen der Abwägung der Rechtspositionen von Mitglied und Verein Rechnung getragen.

Zugleich ist der Maßstab des § 242 BGB aber auch wenig griffig. Um der zu Beginn des ersten Teils[424] betonten Herausforderung zum Inhalt der Autonomie

---

422 Siehe *Palandt/Ellenberger*, § 25, Rn. 9; *Soergel/Hadding*, § 25, Rn. 61; *Reichert*, Handbuch des Vereins- und Verbandsrechts, S. 597; *Summerer*, Sport, Vereine, Verbände, Kapitalgesellschaften in: *Fritzweiler/Pfister/Summerer*, Praxishandbuch Sportrecht, S. 276; *Heermann*, Voraussetzungen und Grenzen der Inhaltskontrolle autonomen Vereinsrechts, S. 94 f.; *Butte*, Das selbstgeschaffene Recht des Sports im Konflikt mit dem Geltungsanspruch des nationalen Rechts, S. 225; *Steinbeck*, Vereinsautonomie und Dritteinfluß, S. 225; *Heß*, Voraussetzungen und Grenzen eines autonomen Sportrechts unter besonderer Berücksichtigung des internationalen Spitzensports, S. 31. In der Inhaltskontrolle von Vereinssatzungen und -ordnungen nach § 242 BGB kann man durchaus die vereinsrechtliche Entsprechung der Inhaltskontrolle von Austauschverträgen durch die §§ 305 ff. BGB sehen. Zur Anwendung der AGB-Kontrolle auf vereinsinterne Austauschbeziehungen, aber nicht auf Vereinssatzungen und -ordnungen siehe *Heermann*, Voraussetzungen und Grenzen der Inhaltskontrolle autonomen Vereinsrechts, S. 102 ff. Erst kürzlich hat der BGH den Unterschied zwischen AGB und satzungsgemäß festgelegten sportlichen Regelwerken betont, siehe BGH, Urteil vom 12. Januar 2017, I ZR 253/14, GRUR 2017, 397, 401 und dadurch die Rechtsprechung des BGH im sogenannten „Reiter-Urteil" (BGH, Urteil vom 28. November 1994, II ZR 11/94, NJW 1995, 583) bestätigt. Zur Nichtanwendbarkeit der AGB-Kontrolle auf das Vereinsinnenrecht, auch nicht im Wege der Analogie, siehe MünchKommBGB/*Basedow*, § 310, Rn. 86; *Steinbeck*, Vereinsautonomie und Dritteinfluß, S. 211; *Räker*, Grundrechtliche Beziehungen juristischer Personen im Berufssport, S. 108; siehe ausführlich zur Nichtanwendbarkeit *Butte*, Das selbstgeschaffene Recht des Sports im Konflikt mit dem Geltungsanspruch des nationalen Rechts, S. 247 ff.

423 Grundlegend: BGH, Urteil vom 24. Oktober 1988, II ZR 311/87, NJW 1989, 1724; *Summerer*, Sport, Vereine, Verbände, Kapitalgesellschaften in: *Fritzweiler/Pfister/Summerer*, Praxishandbuch Sportrecht, S. 276; *Reichert*, Handbuch des Vereins- und Verbandsrechts, S. 597.

424 Siehe die einleitenden Ausführungen unter „Erster Teil: Der Inhalt der Organisationsautonomie der Sportfachverbände".

des Sports gerecht zu werden, ist dieser durch § 242 BGB eröffnete Raum „mit Leben zu füllen“ und aufzuzeigen, wie das Spannungsverhältnis zwischen der Organisationsautonomie des Sportfachverbandes und der seiner Mitgliedsvereine im Einzelfall sachgerecht aufzulösen ist.

Dazu wollen wir im Folgenden im Sinne der Klarheit über den Inhalt der Organisationsautonomie der Sportfachverbände eine Kategorisierung vornehmen. Die Kategorisierung macht es zwar nicht obsolet, eine umfassende Abwägung aller Umstände des Einzelfalls vorzunehmen. Allerdings wird die hier vorgeschlagene Kategorisierung dazu beitragen, dass gerechtere Ergebnisse durch die Anwendung eines sachgerechten Maßstabes für die jeweilige Verbandsregelung zustande kommen.

Dazu untersuchen wir zunächst kritisch, welche Differenzierungen zur Erfassung des durch § 242 BGB eröffneten Raums bezüglich der Inhaltskontrolle von Organisationsregelungen der Sportfachverbände getroffen worden sind und stellen im Anschluss den eigenen am primären Zweck der Sportfachverbände orientierten Lösungsansatz dar.

b) Vorhandene Differenzierungen im Rahmen der Inhaltskontrolle von Organisationsregelungen der Sportfachverbände

Der Bundesgerichtshof hat in seinem sogenannten Reiter-Urteil eine mögliche Differenzierung bei der Inhaltskontrolle nach § 242 BGB durch einen Nebensatz angedeutet. Nach dem Bundesgerichtshof sei die volle inhaltliche Nachkontrolle von Verbandsregelungen grundsätzlich angezeigt, soweit es sich nicht um die Einhaltung der Spielregeln im engeren Sinn handelt. Im Übrigen sei der Besonderheit sportlicher Regelwerke bei der Inhaltskontrolle unmittelbar nach § 242 BGB Rechnung zu tragen.[425]

---

425 BGH, Urteil vom 28. November 1994, II ZR 11/94, NJW 1995, 583, 584, 587. Der Europäische Gerichtshof wendet in ständiger Rechtsprechung bei der Prüfung der Vereinbarkeit von Regelungen der Sportverbände mit europäischem Recht eine Verhältnismäßigkeitsprüfung an, siehe grundlegend EuGH, Urteil vom 19. Februar 2002, C-309/99 („Wouters“), und EuGH, Urteil vom 18. Juli 2006, C-519/04 P („Meca-Medina und Macjen“). Fällt eine Regelung eines Sportverbandes beispielweise Grundsätzliches unter den Anwendungsbereich des europarechtlichen Verbots der Wettbewerbsbeschränkung, Art. 101 AEUV, so liegt ein Verstoß dann nicht vor, wenn die mit der Regelung verbundene wettbewerbsbeschränkende Wirkung notwendig mit der Verfolgung des Ziels der Regelung zusammenhängt und wenn sie im Hinblick auf dieses Ziel verhältnismäßig ist. In diesem Zusammenhang prüft der Europäische Gerichtshof insbesondere, in welchem Gesamtzusammenhang die Regelung zustande

Folgend wollen wir vorhandene Differenzierungen bezüglich der Inhaltskontrolle von Organisationsregelungen von Sportfachverbänden näher betrachten und im Hinblick auf den eigenen Ansatz kritisch würdigen:[426]

aa) *Pfister* vertritt die These des rechtsfreien Raums für die „Spielregeln im engeren Sinn". Wie oben aufgezeigt,[427] ist zwar die Annahme eines rechtsfreien Raums abzulehnen, jedoch wollen wir uns die Abgrenzungskriterien *Pfisters* für die Diskussion nutzbar machen.

Für die Nicht-Überprüfbarkeit der „Spielregeln im engeren Sinn" sieht *Pfister* als Anknüpfungspunkt im Gesetz den § 661 BGB. Als Auslobungsbedingungen seien die „Spielregeln im engeren Sinn" nur nach §§ 826, 138, 242 BGB überprüfbar. Dahinter stehe der Gedanke, dass staatliche Gerichte nicht über künstlerische oder wissenschaftliche Fragen endgültig und rechtskräftig entscheiden sollen; ebenso wenig sind sie dazu berufen, Spielregeln auszulegen wie beispielsweise die Frage, was es bedeutet, einen Elfmeter im Fußball „direkt" zu verwandeln. Von den „Spielregeln im engeren Sinn" grenzt *Pfister* die „Spielregeln im weiteren Sinn" ab. Diese betreffen die Sportausübung „über den Platz hinaus". Für diese Regelungen schlägt *Pfister* eine Wirksamkeitsprüfung durch Einzelfallabwägung unter Berücksichtigung des aus der Verbandsautonomie folgenden Ermessens vor. Soweit die Vorschriften von sportlicher Notwendigkeit getragen sind, etwa zur Vermeidung von Gefahren oder der Sicherung der Chancengleichheit, können sie gerechtfertigt sein. Grenzen werden erreicht bei Regelungen mit finanziellem Hintergrund oder bei reinen Geschmacksfragen.[428] Daraus leitet *Pfister* folgenden

---

gekommen ist oder in welchem Zusammenhang er seine Wirkungen entfaltet. Das ermöglicht grundsätzlich eine Differenzierung zwischen Regelungen, die aus wettkampforganisatorischen Gründen geschaffen wurden, und solchen, die aus wirtschaftlichen, machtpolitischen oder anderen Gründen getroffen wurden. Welche Folge sich aber aus einer solchen Differenzierung für die Verhältnismäßigkeitsprüfung ergibt, wird durch den Europäischen Gerichtshof nicht näher dargelegt. Im Ergebnis lässt sich also auch aus der Rechtsprechung des Europäischen Gerichtshofs die durch den BGH angedeutete Differenzierung inhaltlich nicht klarer erfassen.

426 Die im Folgenden dargestellten Differenzierungen erheben nicht den Anspruch auf vollständige Erfassung der sportrechtlichen Literatur zu dieser Fragestellung. Es handelt sich dabei allerdings um die Literaturansätze, denen der Verfasser aufgrund ihres gewählten Themenzuschnitts, der Tiefe ihrer Auseinandersetzung und der Beachtung in der sportrechtlichen Literatur und Rechtsprechung die meiste Relevanz zuschreibt.

427 Siehe § 6 IV.1.

428 *Pfister*, Einführung, in: *Fritzweiler/Pfister/Summerer*, Praxishandbuch Sportrecht, S. 25 ff.

Maßstab ab: „Je enger eine Regelung mit den typischen Besonderheiten des Sports oder der betreffenden Sportart zusammenhängt, um so freier ist die Autonomie, je weiter sie sich von dem für den Sport oder die Sportart Typischen[429] entfernt, desto enger sind die Schranken des staatlichen Rechts".[430]

Die von *Pfister* auch für die „Spielregeln im engeren Sinn" zugestandene Justiziabilität steht im Widerspruch zur These vom rechtsfreien Raum. Womöglich bedeutet der rechtsfreie Raum einen Beurteilungsspielraum, also den Bereich, in welchem staatliche Wertvorstellungen hinter verbandsautonome Wertvorstellungen zu treten haben. Aber auch diese wären nach *Pfister* zumindest begrenzt justiziabel, wobei in diesem Zusammenhang insbesondere die Nennung von § 242 BGB irritiert, da nach dieser Norm eine Inhaltskontrolle von Verbandsnormen etabliert ist. Falls damit die Anwendung der allgemeinen Treu-und-Glauben-Grundsätze wie beispielsweise das Verbot des „venire contra factum proprium" gemeint ist, sollte dies klargestellt werden. § 661 BGB scheint für die durch Verbandsstrukturen geregelte Wettkampfstruktur nicht passend, da hier über die Bindung an die Satzung als Organisationsvertrag die Wettkampfbedingungen durch einen Monopolverband vorgegeben werden, § 661 BGB dagegen das Preisausschreiben als speziellen Fall eines synallagmatischen Vertrages regelt.

Darüber hinaus ist, wie bereits oben ausgeführt,[431] die Unterscheidung der Regelungsbereiche zwischen „auf dem Platz" und „außerhalb des Platzes" zur Differenzierung der Organisationsautonomie nicht geeignet. Geteilt wird allerdings der Ansatz *Pfisters*, die Wirksamkeit der außerhalb des Kernbereichs der Organisationsautonomie liegenden Regelungen anhand einer Einzelfallabwägung unter Berücksichtigung ihrer „Sporttypik" zu beurteilen. Allerdings muss in diesem Zusammenhang die Auslegung des „Sporttypischen" streng nach den hier

---

429 Der Begriff des „Sporttypischen" wurde in der sportrechtlichen Literatur wohl erstmals 1991 gebraucht durch *Pfister*, Autonomie des Sports, sport-typisches Verhalten und staatliches Recht, S. 171 ff. *Hess/Dressler*, Aktuelle Rechtsfragen des Sports, S. 21 ff., lehnen *Pfisters* Begriff des Sporttypischen mangels Bestimmtheit ab und empfehlen „spezifische sportrechtliche Wertungen" als entscheidendes Kriterium bei der Beurteilung von rechtlichen Fragestellungen. Aber auch der Begriff „spezifische sportrechtliche Wertungen" bedarf der Inhaltsbestimmung. Abzulehnen ist die Annahme der Existenz einer „lex sportiva" als Begründung einer generellen Harmonisierung des Sportgeschehens, vgl. dazu zusammenfassend *Schleiter*, Die lex sportiva – Ein autonomer Begründungsansatz zur internationalen Rechtsharmonisierung im Sport?, S. 250.

430 *Pfister*, Einführung, in: *Fritzweiler/Pfister/Summerer*, Praxishandbuch Sportrecht, S. 15.

431 Siehe § 6 IV.1.

aufgestellten Grundsätzen zur Notwendigkeit und Nicht-Notwendigkeit von Regelungen für den Wettkampfsport erfolgen. In der Einzelfallabwägung sind dann selbstverständlich auch die Besonderheiten, mit *Pfisters* Worten: die Typik, der jeweiligen Sportart zu berücksichtigen.

bb) *Heermann* konkretisiert die Generalklausel des § 242 BGB dahin gehend, dass die Autonomie des Verbandes und die seiner Mitgliedsvereine gegenübergestellt werden und die beiderseitigen Interessen zu einem Ausgleich zu bringen sind. Dabei müssen die Auswirkungen der Satzungsregel auf die Mitgliederrechte (Stärke der Belastung, Ausmaß der Folgen) und die Verteilung der Risiken zwischen Verband und Mitgliedern berücksichtigt werden. Nach *Heermann* soll ein Verstoß gegen § 242 BGB nicht vorliegen, wenn die konkrete Regelung sachlich gerechtfertigt und insbesondere zur Verwirklichung der satzungsgemäßen Zweckverfolgung und zur gemeinsamen Wahrnehmung der Mitgliederinteressen erforderlich ist und soweit die Folgen für die Vereinsmitglieder in einem angemessenen Verhältnis zum Erfolg stehen.[432] In diesem Zusammenhang müsse man laut *Heermann* umso strengere Anforderungen an die sachliche Rechtfertigung der Satzungsregelung fordern, je schwerer der mögliche Eingriff in die mitgliedschaftlichen Rechte wiegt. Die Folge der Unwirksamkeit nach § 242 BGB soll dem Verband nach *Heermann* die Möglichkeit eröffnen, stattdessen eine angemessene Regel zu setzen.

Am Ansatz *Heermanns* ist zu kritisieren, dass er im Rahmen der Interessenabwägung allein auf die Schwere des Eingriffs in mitgliedschaftliche Rechte abstellt, ohne dabei die Bedeutung des Eingriffs für den Zweck des Verbandes als Gegengewicht gegenüberzustellen.

cc) *Vieweg* hält die Anwendung von § 242 BGB mit dem Gebot der Interessenabwägung als optimalen Ansatz für die verfassungsrechtlich gebotene Drittwirkung der Grundrechte sowie die angemessen abgestufte Kontrollintensität. Denn § 242 BGB ermögliche die Einbeziehung der Interessen des Verbandes, der Mitgliedermehrheit und -minderheit sowie gegebenenfalls der mittelbaren Mitglieder. In die Abwägung miteinzubeziehen seien jedenfalls diejenigen Interessen, die aus der Verfolgung des gemeinsamen Zwecks und damit aus dem Umstand resultieren, dass zwischen Verband und typischerweise betroffenen (mittelbaren) Mitgliedern eine komplexe körperschaftliche Gesamtbeziehung bestehe. Diese werde durch generelle verbandsspezifische Wertungen geprägt und umfasse die Gesamtheit der Rechte und Pflichten. Zu den generellen verbands-

432 *Heermann*, Voraussetzungen und Grenzen der Inhaltskontrolle autonomen Vereinsrechts, S. 108 ff.

spezifischen Wertungen gehöre beispielsweise auch die Entscheidung, konkrete Detailwertungen in Form von Beurteilungs- oder Entscheidungsspielräumen der normanwendenden Verbandsinstanz zu überlassen. Das Gleiche gelte für die Bereitschaft, wertungsgeprägte Normen der internationalen Sportverbände zu rezipieren, um eine weltweite Normenharmonie zu erreichen. Für die Feststellung gemeinsamer oder konträrer Interessen gebe das verbandsrechtliche Normenaufstellungsverfahren einen gewissen Anhalt. Umfang und Ergebnis der verbandsdemokratischen Mitwirkung indizierten das Maß der Interessenkongruenz oder des angemessenen Interessenausgleichs. Eine solche Indizwirkung sei dagegen abzulehnen, wenn Regelungen durch das Leitungsorgan des Verbandes beschlossen werden.[433]

Es fällt auf, dass *Vieweg* den Verbänden grundsätzlich einen großen Spielraum bei ihrer Regelsetzung einräumt. Das verwundert nicht, spricht er den Verbänden doch eine vom Staat abgeleitete Kompetenz zu, in eigenen Angelegenheiten Normen aufzustellen, anzuwenden und durchzusetzen.[434] Damit unterscheidet sich sein Ansatz aber grundlegend von dem hier gewählten, der den Ursprung dieser Kompetenz in der Privatautonomie der zusammengeschlossenen Individuen sieht.[435] Auch die Rückbindung der Verbandsautonomie an „verbandsspezifische Wertungen" ist seiner Allgemeinheit abzulehnen, da diese insbesondere im Monopolverband weiter aufgefasst werden als dies der primäre Zweck erfordert und vonseiten der Verbandsführung auch bewusst ausgebaut werden. Das wurde bereits am Beispiel des weit gefassten Aufgabenspektrums des BFV deutlich gemacht.[436]

dd) *Steinbeck* greift für die Konkretisierung von Treu und Glauben im Rahmen der Inhaltskontrolle auf den Grundsatz der Verhältnismäßigkeit zurück. Dementsprechend müsse das Regelwerk des Vereins geeignet, erforderlich und angemessen im Hinblick auf die Verfolgung des Vereinszwecks sein. Eine Regelung sei geeignet, wenn sie den vom Verein angestrebten Zweck fördert. Aus der Erforderlichkeit ergebe sich, dass der Verein gehalten ist, sein Ziel mit den mildesten Mitteln zu verfolgen. Schließlich müsse die Satzung oder Vereinsordnung die Interessen der betroffenen Parteien (Verein und Mitglied) angemessen berücksichtigen. Im Rahmen der Angemessenheitsprüfung erfolge die eigentliche Interessenabwägung. Es sei zu untersuchen, ob die schutzwürdigen Interessen des

433 *Vieweg,* Normsetzung und -anwendung deutscher und internationaler Verbände, S. 235 ff.

434 *Vieweg,* Normsetzung und -anwendung deutscher und internationaler Verbände, S. 149.

435 Vgl. § 2 II.

436 Siehe § 6 II.1.

Vereins mit den schutzwürdigen Interessen des Mitglieds zu einem angemessenen Ausgleich gebracht wurden. *Steinbeck* konkretisiert sodann die schutzwürdigen Interessen des Verbandes auf der einen und der Mitgliedsvereine auf der anderen Seite mit der Intention, dem Rechtsanwender die Maßstäbe an die Hand zu geben, die im Einzelfall im Rahmen der Abwägungsentscheidung von Bedeutung sind. Nicht schutzwürdig sei jedenfalls das Interesse des Verbandes, dass der Mitgliedsverein Regelungen in die Satzung aufnimmt, die gegen zwingendes Vereinsrecht verstoßen. Darüber hinaus sei das dispositive Recht als Leitlinie für die Interessenabwägung heranzuziehen, da diese die Vorstellungen des Gesetzgebers hinsichtlich des Leitbilds des bürgerlich-rechtlichen Vereins zum Ausdruck bringe.[437]

Mit Blick auf den Zweck der Sportfachverbände, die Interessen der Mitgliedsvereine zu fördern, stellt *Steinbeck* fest, dass es Aufgabengebiete gibt, die diese „notwendigerweise" wahrnehmen müssen. Dazu zählt *Steinbeck* die Versorgung der Mitgliedsvereine mit Informationen, die Schaffung gemeinsamer Einrichtungen (wie etwa die Bundesliga), die Durchführung überregionaler Veranstaltungen und die Repräsentation der Mitglieder gegenüber der Öffentlichkeit, auch auf internationaler Ebene. Diese Aufgaben erforderten einen gewissen Grad an Einfluss der Sportfachverbände und damit einhergehend einen teilweisen Verlust von Autonomie der Mitgliedsvereine. Dabei nennt *Steinbeck* als Beispiel den überregionalen Wettkampfbetrieb. Soweit für die Erfüllung dieser Aufgaben eine Koordination der Gesamtarbeit und ein einheitliches Regelwerk erforderlich sind, sei auch das Interesse der Sportfachverbände an der Geltung und Durchsetzung der von ihnen erlassenen Regeln schutzwürdig. Auf der anderen Seite erkennt *Steinbeck* aber auch, dass die Mitgliedsvereine soweit wie möglich selbständig ihre Aufgaben wahrnehmen möchten und nur solche Kompetenzen „nach oben" abgeben wollten, die sich allein auf höherer Ebene regeln lassen. Entscheidungen, die das interne Vereinsleben betreffen, möchten die Vereine daher weiterhin in eigener Verantwortung treffen. Da die Verbände grundsätzlich eine „dienende Funktion" hätten, habe in Zweifelsfällen die Interessenabwägung zugunsten der Mitgliedsvereine auszufallen. Deshalb seien Eingriffe in die Autonomie der Mitgliedsvereine nur zulässig, wenn und soweit sie erforderlich sind, um die Mitglieder bei der Verfolgung ihres Zwecks zu fördern. Darüber hinaus gelte: Je schwerer der Eingriff in die mitgliedschaftliche oder vermögensrechtliche Stellung der Mitgliedsvereine ist, desto gewichtiger müssen die Gründe für die Beeinträchtigung derselben aufseiten der Dachverbände sein.[438]

---

437 *Steinbeck*, Vereinsautonomie und Dritteinfluß, S. 230 ff.

438 *Steinbeck*, Vereinsautonomie und Dritteinfluß, S. 233.

Steinbeck ist zuzustimmen, wenn zum einen die notwendige Bindung der Verbände an den Zweck bei der Förderung der Mitgliederinteressen und zum anderen die grundsätzlich dienende Funktion der Verbände gegenüber den Mitgliedsvereinen betont werden. *Steinbeck* nennt als Beispiel für den Bereich, in dem die Mitgliedsvereine ihre Autonomie notwendigerweise teilweise aufgeben, die überregionale Wettkampforganisation, führt aber dann nicht weiter aus, welche Aufgaben damit notwendigerweise verbunden sind und welche Konsequenzen sich daraus für die Inhaltskontrolle ergeben, sodass daran anknüpfend eine Konkretisierung vorzunehmen sein wird.[439]

ee) *Butte* wendet mit Verweis auf *Steinbeck* und *Vieweg* ebenfalls den Verhältnismäßigkeitsgrundsatz zur Konkretisierung des Maßstabs nach § 242 BGB an. Durch die Anknüpfung an den selbst gesetzten Zweck werde der Vereinsautonomie nach Art. 9 Abs. 1 GG Rechnung getragen, da damit nicht staatliche Wertvorstellungen die Messlatte der Angemessenheitskontrolle bilden, sondern die internen Wertungen des Vereins. Der Vereinszweck bilde dabei den Maßstab für jedes Vereinshandeln. Bei der Beurteilung der Erforderlichkeit verbleibe den Verbänden aufgrund der gewährten Vereinsautonomie ein gewisser Beurteilungsspielraum. Nach Ansicht von *Butte* muss die Abwägung im Rahmen der Angemessenheitsprüfung im engeren Sinne einzig an den Interessen und Rechten der im konkreten Einzelfall beteiligten Personen ausgerichtet sein. Eine umfassende Abwägung der Interessen aller am Sport beteiligten und gegebenenfalls auf anderem Wege durch die Vereinsnorm betroffenen Personen finde nicht statt. Dennoch könne das Interesse des Vereins an Schaffung von Einheitlichkeit im Rahmen der Abwägung Berücksichtigung finden.[440]

Auch *Buttes* Ansatz macht die Notwendigkeit der Orientierung am Zweck der Verbände deutlich, weist jedoch nicht auf die Autonomie begrenzende Funktion des Zwecks hin. Vielmehr räumt ihr Verweis auf die internen Wertungen des Vereins als Messlatte der Angemessenheitskontrolle sowie die pauschale Einräumung eines Beurteilungsspielraums im Rahmen der Erforderlichkeit einer Vereinsregelung den Verbänden großen Spielraum bei der Ausübung der Organisationsautonomie ein.

ff) *Scheck* hält die Begründungen zur Inhaltskontrolle von Vereinssatzungen ebenso für vage wie die Begründungen zur Vereinsautonomie und erkennt dabei einen gewissen Gleichlauf. Jede Einschränkung der Vereinsautonomie könne

---

439 Dazu sogleich unter c).

440 *Butte*, Das selbstgeschaffene Recht des Sports im Konflikt mit dem Geltungsanspruch des nationalen Rechts, S. 267 ff.

nicht einfach über Art. 9 Abs. 1 GG hinweggehen. Im Kernbereich der Vereinstätigkeiten bestehe eine verfassungsrechtlich geschützte Vereinsautonomie, an welcher sich alle Einschränkungen messen lassen müssen. *Scheck* schlägt vor, auch im Innenverhältnis zwischen Verein und Mitglied eine Abwägung auf Ebene des Verfassungsrechts anhand von Art. 9 Abs. 1 GG durchzuführen.[441] Für die rechtliche Handhabung der Vereinsautonomie im Rahmen der Inhaltskontrolle baut *Scheck* im Grundsatz auf dem Modell *Pfisters* auf.[442] Er empfiehlt dabei aber eine Drei-Stufen-Betrachtung:

Die erste Stufe als den Kernbereich der Vereinsautonomie sollen Sachverhalte bilden, welche nur die Vereinsautonomie betreffen und keine Außenwirkung haben (vereinsautonome Sachverhalte im engeren Sinne). Auf dieser Stufe sind nach *Scheck* „die Belange der Vereinsautonomie stets voll in ihrem grundrechtlichen Gehalt zu beachten".[443]

Auf der zweiten Stufe sollen Sachverhalte sein, die vereinsautonom motiviert sind, aber darüber hinaus einen Reflex auf Rechtssphären außerhalb des Vereins haben (vereinsautonome Sachverhalte im weiteren Sinne). Die enge Verknüpfung der Sachverhalte mit dem Vereinszweck soll dafür sorgen, dass auf dieser Stufe die gegenläufigen Interessen von einigem Gewicht sein müssen, damit die mit der Vereinsautonomie verbundene freie Wertsetzung nicht untergraben werde.[444]

Auf der dritten Stufe sollen solche Sachverhalte sein, die zwar auch vereinsautonom bestimmt sind, aber vor allem Außenbeziehung haben (Sachverhalte des allgemeinen Rechtsverkehrs mit vereinsautonomer Motivation).[445] Auf dieser

---

441 *Scheck*, Die Tätigkeit von Idealvereinen im Spannungsverhältnis zwischen Vereinsautonomie und kartellrechtlichen Verhaltensanforderungen, S. 76 ff. *Schecks* Anwendung von Art. 9 Abs. 1 GG auf das Verbandsinnenrecht ist darauf zurückzuführen, dass er hinsichtlich der Rechtsnatur der Satzung Vertreter der modifizierten Normentheorie ist, vgl. *Scheck*, Die Tätigkeit von Idealvereinen im Spannungsverhältnis zwischen Vereinsautonomie und kartellrechtlichen Verhaltensanforderungen, S. 58. Für die Darstellung seiner inhaltlichen Differenzierung im Rahmen der Inhaltskontrolle ist dies ohne Belang.

442 *Scheck* nimmt teilweise ausdrücklich Bezug auf das Modell *Pfisters*, vgl. *Scheck*, Die Tätigkeit von Idealvereinen im Spannungsverhältnis zwischen Vereinsautonomie und kartellrechtlichen Verhaltensanforderungen, S. 152.

443 *Scheck*, Die Tätigkeit von Idealvereinen im Spannungsverhältnis zwischen Vereinsautonomie und kartellrechtlichen Verhaltensanforderungen, S. 152.

444 *Scheck*, Die Tätigkeit von Idealvereinen im Spannungsverhältnis zwischen Vereinsautonomie und kartellrechtlichen Verhaltensanforderungen, S. 153.

445 *Scheck*, Die Tätigkeit von Idealvereinen im Spannungsverhältnis zwischen Vereinsautonomie und kartellrechtlichen Verhaltensanforderungen, S. 137 ff.

Stufe überwiege das „Außenverhältnis die Binnenzwecksetzung", da der Kernbereich der Vereinstätigkeit jedenfalls überschritten sei.[446]

An einer primären Beurteilung der Regelungen nach deren Zweckgerichtetheit kritisiert *Scheck*, dass dabei die „Außenwirkung" der Regelungen außer Acht gelassen werde. Das hätte zur Folge, dass auch Lizenzierungsbestimmungen und Transferperioden für die Zulassung von Spielern wegen ihres Zwecks der Wahrung der Integrität und Vergleichbarkeit des Wettbewerbs als nicht justiziable Spielregeln angesehen würden.[447] Zudem hätten es die Vereine in der Hand, bei isolierter Betrachtung der Zwecksetzung zweifelhafte Maßnahmen mit einem pauschalen Hinweis auf die Vereinsautonomie zu rechtfertigen.[448]

Schecks Kritik an der Zweckfokussierung ist durch seine Ablehnung der Lehre vom rechtsfreien Raum motiviert.[449] Sein Verweis auf die Möglichkeit der Vereine, die Zweckverfolgung als Freibrief für jedwede Vereinsmaßnahme zu missbrauchen, entspricht zwar dem hier gewählten Problemaufriss.[450] Allerdings zieht *Scheck* eine andere Konsequenz, wenn er sich auf die Außenwirkung der Regelungen konzentriert und nicht, wie hier, die Grenze im primären Zweck zum Ausdruck kommenden Willen der Mitglieder findet. Die Theorie von *Scheck* leidet damit grundsätzlich unter derselben Schwäche wie die Differenzierung zwischen Regelungen mit Rechtswirkungen „auf dem Platz" und „außerhalb des Platzes": Sie knüpft an „äußere" Merkmale an, indem sie die Organisationsautonomie abgestuft an die Spürbarkeit von Rechtsfolgen im Außenverhältnis bindet. Das würde aber bedeuten, dass es vom Zufall abhängt, auf welcher Stufe ein und dieselbe Regelung einzuordnen ist. Regelt beispielsweise ein Sportfachverband, dass die „Tatsachenentscheidung"[451] des Schiedsrichters unanfechtbar sein soll, so wäre diese Regelung nach *Scheck* je nach ihrer Auswirkung auf unterschiedlichen Stufen einzuordnen, was zur Rechtsunsicherheit bei der Überprüfung der Regelung führte.

---

446 *Scheck*, Die Tätigkeit von Idealvereinen im Spannungsverhältnis zwischen Vereinsautonomie und kartellrechtlichen Verhaltensanforderungen, S. 153 f.

447 *Scheck*, Die Tätigkeit von Idealvereinen im Spannungsverhältnis zwischen Vereinsautonomie und kartellrechtlichen Verhaltensanforderungen, S. 134 f.

448 *Scheck*, Die Tätigkeit von Idealvereinen im Spannungsverhältnis zwischen Vereinsautonomie und kartellrechtlichen Verhaltensanforderungen, S. 138.

449 Vgl. dazu *Scheck*, Die Tätigkeit von Idealvereinen im Spannungsverhältnis zwischen Vereinsautonomie und kartellrechtlichen Verhaltensanforderungen, S. 134 f.

450 Siehe oben § 1.

451 Zu dieser im Wettkampfsport weit verbreiteten Regelung siehe *Summerer*, Sport, Vereine, Verbände, Kapitalgesellschaften in: *Fritzweiler/Pfister/Summerer*, Praxishandbuch Sportrecht, S. 268 ff.; *Schütz*, Zur Korrektur unerträglicher Tatsachenentscheidungen von Schiedsrichtern, SpuRt 2014, S. 53 ff.

gg) *Summerer* schlägt im Grundsatz volle Überprüfbarkeit der Regelwerke der Sportfachverbände vor, ein im Hinblick auf konkrete Vereinsmaßnahmen zu bestimmender und gegebenenfalls eng zu begrenzender Beurteilungsspielraum unter Berücksichtigung der Verbandsautonomie soll aber verbleiben. Ein Gericht soll nicht ohne Weiteres seine Überzeugung und seine Wertmaßstäbe an die Stelle derjenigen des Verbandes setzen.[452] *Summerer* differenziert an dieser Stelle nicht weiter. An anderer Stelle klingt bei *Summerer* jedoch das in der vorliegenden Untersuchung als maßgeblich erachtete Kriterium der Notwendigkeit an: „Je weniger die Vorgabe für den Wettkampfsport notwendig ist, desto mehr sind die durch staatliches Recht geprägten rechtlichen Wertungen bei der Ausübung der Organisationsautonomie zu beachten."[453] Mit der Bezugnahme auf den Wettkampfsport stellt *Summerer* grundsätzlich auch den Bezug zum Zweck des Sportfachverbandes her.

Der Ansatz der Ausrichtung an der zweckorientierten Notwendigkeit einer Organisationsregelung wird mit *Summerer* geteilt. Jedoch wollen wir einen Schritt weiter gehen als *Summerers* „je-desto"-Formel, die letztlich stets auf eine Einzelfallabwägung hinausläuft. Mit der Kategorisierung in notwendige und nicht notwendige Organisationsregelungen soll eine genauere Identifikation des Kernbereichs der Organisationsautonomie ermöglicht werden. Für die nicht notwendigen Organisationsregelungen dagegen greifen auch wir auf die „je-desto"-Formel zurück. Allerdings orientieren wir uns dabei nicht an der Notwendigkeit, da diese bereits für die Kategorisierung der Regelungen entscheidend ist, sondern daran, inwieweit die Regelung der verbandsautonomen Zwecksetzung dient.[454]

c) Unterscheidung zwischen notwendigen und nicht notwendigen Organisationsregelungen im Rahmen der Inhaltskontrolle

Aufbauend auf den Ausführungen zum Kerninhalt der Organisationsautonomie sowie der kritischen Würdigung der vorhandenen Differenzierungen[455] plädiere ich für eine Unterscheidung zwischen für den Wettkampfsport notwendigen und nicht notwendigen Organisationsregelungen bei der Inhaltskontrolle.

Dazu ist im ersten Schritt zu prüfen, ob eine notwendige oder nicht notwendige Organisationsregelung vorliegt:

---

452 *Summerer*, Sport, Vereine, Verbände, Kapitalgesellschaften in: *Fritzweiler/Pfister/Summerer*, Praxishandbuch Sportrecht, S. 276 und 280.

453 *Summerer*, Sport, Vereine, Verbände, Kapitalgesellschaften in: *Fritzweiler/Pfister/Summerer*, Praxishandbuch Sportrecht, S. 133 f.

454 Näher dazu sogleich unter c).

455 Vgl. § 6 III.1. und IV.b).

aa) Kategorisierung der Organisationsregelung

Diese Frage kann teilweise einfach zu beantworten sein, wenn es offensichtlich ist, dass der Sportfachverband die Organisationsregelung zur Erfüllung seines primären Zwecks treffen musste. In Grenzfällen ist an dieser Stelle eine detaillierte Prüfung erforderlich. Insbesondere kann es dabei zur Einordnung hilfreich sein, sich zu fragen, ob eine entsprechende Regelung mit an Sicherheit grenzender Wahrscheinlichkeit auch in einer alternativen Verbandspyramide aus rein wettkampfsportlichen Motiven bestehen müsste. Ist dies nicht der Fall, so ist dies bereits ein Indiz dafür, dass die Regelung für die Organisation des Wettkampfsports nicht notwendig ist. Allerdings kann sich die Notwendigkeit der Regelung innerhalb der bestehenden Verbandspyramide auch als Reaktion auf bestimmte nicht vorhergesehene Entwicklungen ergeben wie beispielsweise bislang nicht geregelte Wettbewerbsverstöße, technischer Fortschritt hinsichtlich der Sportgeräte und -ausrüstung oder der Kontrollmöglichkeiten der Regeleinhaltung.

Ist eine Regelung Anlass für einen Streit zwischen Verband und Mitgliedsverein, so trägt der Sportfachverband die Darlegungslast dafür, dass die Regelung notwendig ist. Ein bloßer Verweis auf den Bezug der Regelung zum Wettkampfsportgeschehen genügt dabei nicht. Bereits im Rahmen der Ausführungen zum „Fairness-Gebot" wurde der Leser dafür sensibilisiert, dass auch Regelungen, die auf den ersten Blick notwendigerweise mit dem Organisationsauftrag der Sportfachverbände verbunden scheinen, aufgrund der mangelnden Notwendigkeit für die Wettkampfsportorganisation nicht als Kerninhalt der Organisationsautonomie gelten dürfen.[456] Noch deutlicher wird dies am Beispiel der Regelungen in der auf den Ablauf des Wettkampfgeschehens bezogenen Spielordnung des BFV, die teils notwendige, teils nicht notwendige Regelungen enthält: Notwendigerweise ist in der BFV-Spielordnung 2018 beispielsweise die Einteilung der Wettkampfklassen (§ 5), die Anzahl der Teilnehmer pro Wettkampfklasse (§ 11), die Terminbestimmungen (§§ 13 f.), die Altersklassen (§ 19) und die Durchführung der Spiele (§ 22) geregelt. Daneben finden sich aber auch Regelungen, die als nicht notwendig zu kategorisieren sind und nicht unmittelbar aus dem Zweck der Wettkampforganisation folgen, wie die Pflicht bestimmter Mitgliedsvereine zur Schaltung eines online verfügbaren Ergebnisdienstes während eines Wettkampfspiels („Live-Ticker")[457] (§ 28 (7.1)) oder die Begrenzung des Spielrechts von „Nicht-EU-Ausländern" (§ 35 (9.3)).

---

456 Vgl. § 6 III.1.d).

457 Siehe zur Kritik seitens der Mitgliedsvereine bezüglich der Einführung der „Live-Ticker"-Pflicht *Oliver Fritsch*, „Als ob ihnen der Fußball gehört", vom 6. August 2014

Zugegebenermaßen liegt die Schwäche einer jeden Kategorisierung in den Grenzfällen, deren Einordnung auch nach einer genauen Analyse nicht unstreitbar und rechtssicher gelingen wird. Dennoch bietet die Kategorisierung in notwendige und nicht notwendige Organisationsregelung in einer Vielzahl von Fällen sowohl für die regelsetzenden Verbände als auch für die staatliche Kontrolle eine Orientierung für die im Folgenden dargestellte unterschiedliche Intensität der Inhaltskontrolle.

bb) Justiziabilität der notwendigen Organisationsregelungen

Die notwendigen Organisationsregelungen sind als Ausdruck des Kerninhalts der Organisationsautonomie des Sportfachverbandes nur an zwingendem Vereinsrecht, an §§ 134, 138, 826 BGB sowie an § 242 BGB im Sinne des Verbots treuwidrigen Verhaltens zu messen.[458] Eine Abwägung der Interessen von Sportfachverband und Mitgliedsverein, an deren Ende das Gericht eine Wertung trifft, findet nicht statt.[459] Der betroffene Mitgliedsverein hat auch nachteilige Folgen im Interesse der gemeinsamen Zweckverfolgung hinzunehmen, obwohl ein Machtungleichgewicht zwischen dem regelsetzenden Verband und dem zur Regeleinhaltung verpflichteten Mitgliedsverein besteht. Davon ist beispielsweise die Hinnahme der Einschränkung wirtschaftlicher Möglichkeiten durch die Mitgliedsvereine umfasst.[460]

---

auf http://www.zeit.de/sport/2014-08/dfb-fussball-ticker-amateurfussball-bayern (zuletzt abgerufen am 20. April 2017).

458 Zu denken wäre hier beispielsweise an eine Regelsetzung, die von jahrelanger Verbandspraxis derart abweicht, dass gemäß § 242 BGB die Fallgruppe des „venire contra factum proprium" zu bejahen ist.

459 Dass im „Pechstein-Urteil" eine umfassende Interessenabwägung trotz des Vorliegens einer notwendigen Regelung stattgefunden hat, steht der hier getroffenen Wertung damit entgegen. Denn der BGH hatte die Schiedsgerichtsbarkeit im Sportgeschehen als „erforderlich" beurteilt. Am Ergebnis hätte sich damit nichts verändert, da der BGH die Wirksamkeit der Schiedsvereinbarung zum Court of Arbitration für Sport auch nach einer umfassenden Interessenabwägung bejaht hatte.

460 Auch *Scheck*, Die Tätigkeit von Idealvereinen im Spannungsverhältnis zwischen Vereinsautonomie und kartellrechtlichen Verhaltensanforderungen, S. 335, nimmt die Rechtfertigung wirtschaftlicher Nachteile für den Regeladressaten bei der Regelung von Sachverhalten, die er zum Kernbereich der Vereinsautonomie rechnet, an; so auch *Grätz*, Missbrauch der marktbeherrschenden Stellung durch Sportverbände, S. 329 ff.; vgl. dazu auch die Argumentation des LG Hannover zur Gestaltung von Vorgaben bezüglich Werbeflächen auf im Wettkampf getragener Bekleidung im Urteil vom 8. April 2008, 18 O 23/06, Causa Sport 2008, 291 ff.

Denn eine notwendige Organisationsregelung ist zur ordnungsgemäßen Erfüllung der dem Verband übertragenen Aufgabe erforderlich und dient nicht primär Sonderinteressen (etwa wirtschaftlicher Natur) des Verbandes. Die Organisationsautonomie des Mitgliedsvereins ist im Bereich der notwendigen Regelung mit Beitritt zum Verband für die Dauer der Mitgliedschaft freiwillig beschränkt.[461] Im Rahmen der Ausgestaltung und Auslegung der notwendigen Organisationsregelungen verbleibt dem Sportfachverband der auch von *Summerer* geforderte eng begrenzte Beurteilungsspielraum, den *Butte* zu pauschal einfordert.[462] Die innere Rechtfertigung dafür folgt aus der grundsätzlich gegebenen Willensübereinstimmung eines jeden Mitglieds mit dem organisatorischen Zweck des Sportfachverbandes, die durch den Austritt aus dem organisierten Wettkampfsport aufgegeben werden kann.[463]

Zur Konkretisierung des Prüfungsumfangs bei notwendigen Organisationsregelungen greifen wir auf die Prüfkriterien der gerichtlichen Kontrolle zurück, die auch bei Vereinen, bei denen § 39 BGB seinen Zweck erfüllt, Anwendung finden, d. h., es wird geprüft, ob der Betroffene wirksam an die Regelung gebunden ist, die Regelung gemäß dem in der Satzung vorgesehenen Verfahren zustande gekommen ist, keine Gesetzesverstöße vorliegen und die Regelung nicht sittenwidrig, treuwidrig, willkürlich oder grob unbillig ist.[464] Darüber hinaus werden zum Schutz des Mitgliedsvereins Unklarheiten in Regelungen des Verbandes zu seinen Lasten ausgelegt, da das einzelne Mitglied grundsätzlich keinen Einfluss auf deren Wortlaut hat.[465]

Die Gesetzeswidrigkeit, Sittenwidrigkeit oder grobe Unbilligkeit einer Regelung und ihrer Folgen sind unter Berücksichtigung des Verbandszwecks zu

---

461 Das BVerfG, Beschluss vom 5. Februar 1991, 2 BvR 263/86, BVerfGE 83, 341 ff., sieht gerade eine solche Beschränkung als Ausübung von Autonomie.

462 Siehe oben § 6 IV.2.b). Vgl. zum aus der Verbandsautonomie folgenden Beurteilungsspielraum auch BGH, Urteil vom 10. Dezember 1985, KZR 2/85, NJW-RR 1986, 583, 584. Ebenfalls einen solchen Beurteilungsspielraum zugestehend und zu Recht auf die Notwendigkeit der Bindung an den spezifischen Zweck verweisend *Look*, Vereinsstrafen als Vertragsstrafen, S. 218 f.

463 Siehe dazu ausführlich bereits oben unter § 6 III.

464 Siehe dazu *Reichert*, Handbuch des Vereins- und Verbandsrechts, S. 598; *Summerer*, Sport, Vereine, Verbände, Kapitalgesellschaften in: *Fritzweiler/Pfister/Summerer*, Praxishandbuch Sportrecht, S. 276 m.w.N.

465 Zur aus dem Römischen Recht stammenden Regel der „interpretatio contra proferentem“ siehe *Honsell*, Ambiguitas contra stipulatorem, S. 73 ff.

bewerten.[466] An dieser Stelle werden bei den notwendigen Regelungen die oben getroffenen Überlegungen zu den „Besonderheiten des Sports“ relevant.[467]

Eine weitergehende inhaltliche Prüfung der notwendigen Regelungen unterbleibt, da eine Angemessenheitskontrolle aufgrund des Funktionierens der vertraglichen Mechanismen nicht angezeigt ist.[468] Damit wird nach außen der grundrechtlich geschützten Organisationsautonomie der Sportfachverbände Rechnung getragen und nach innen das Interesse des Verbandes dem Einzelinteresse des Mitglieds übergeordnet.

cc) Justiziabilität der nicht notwendigen Organisationsregelungen

Die nicht notwendigen Organisationsregelungen der Sportfachverbände unterliegen dagegen der vollen richterlichen Inhaltskontrolle nach § 242 BGB. Es ist weder ein Beurteilungsspielraum für die Verbandsführung gegeben noch sind die „Besonderheiten des Sports“ zu berücksichtigen.

Dabei sind die im Einzelfall betroffenen Interessen des Verbandes und des Mitgliedsvereins unter Anwendung der „je-desto“-Formel gegeneinander abzuwägen. Je mehr die streitige Regelung im Interesse der Zweckförderung des Sportfachverbandes liegt, desto mehr Gewicht kommt ihr gegenüber den Einzelinteressen des Mitgliedsvereins zu. Um den abzuwägenden „Interessen“ etwas mehr Kontur zu verleihen, bietet sich – im Einklang mit der rechtsgeschäftlichen Natur der vereinsrechtlichen Binnenbeziehung[469] – eine Orientierung an § 241 Abs. 2 BGB an. Diese Bezugnahme ist bei der Anwendung von § 242 BGB auch vor dem Hintergrund naheliegend, dass vor der gesetzlichen Regelung der Rücksichtnahmepflichten in § 241 Abs. 2 BGB im Zuge der Schuldrechtsreform 2002 die Berücksichtigung der Nebenpflichten bei § 242 BGB verortet wurde.[470]

---

466 So auch *Flume,* Allgemeiner Teil des Bürgerlichen Rechts. Zweiter Band, S. 374, der betont, dass im Rahmen der Anwendung des § 138 Abs. 1 BGB bei gemeinsamer bestimmter Zweckverfolgung der am Rechtsgeschäft Beteiligten der Zweck berücksichtigt werden muss. Auch *Wiedemann,* Verbandssouveränität und Außeneinfluss, S. 114 plädiert dafür, die Besonderheiten der jeweiligen Verbände adäquat zu berücksichtigen und nicht nur die Begründungsansätze zur natürlichen Person zu übertragen.

467 Siehe § 6 III.1.e).

468 Diesen Aspekt betont auch *Butte,* Das selbstgeschaffene Recht des Sports im Konflikt mit dem Geltungsanspruch des nationalen Rechts, S. 284.

469 Siehe oben § 5 I.

470 MünchKommBGB/*Bachmann,* § 241, Rn. 46.

Das bedeutet, dass, entsprechend § 241 Abs. 2 BGB, Interessen, Rechte und Rechtsgüter von Sportfachverband und Mitgliedsverein bei der Abwägung Berücksichtigung finden. Der Begriff „Interesse" wurde bei § 241 Abs. 2 BGB hinzugenommen, um deutlich zu machen, dass auch Vermögensinteressen sowie andere Interessen wie zum Beispiel die Entscheidungsfreiheit schützenswerte Interessen sind.[471] Dass dies nicht nur für Individuen gilt, folgt daraus, dass die Vereinigungsfreiheit gerade dazu dient, Individuen auch in organisierter kollektiver Form die Verfolgung der verfassungsrechtlich abgesicherten Entscheidungsfreiheit zu ermöglichen.[472]

Bei der Inhaltskontrolle nach § 242 BGB trägt der Sportfachverband die Darlegungslast, inwiefern die streitige Regelung der Zweckförderung des Verbandes dienen soll und damit im Interesse der Mehrheit der Mitgliedsvereine steht. Das folgt bereits daraus, dass jede Regelung des Verbandes die Organisationsautonomie in Form der Entscheidungsfreiheit des Mitgliedsvereins betrifft. Jenseits der notwendigen Regelungen besteht für eine Einschränkung der Entscheidungsfreiheit der Mitgliedsvereine an sich kein zwingender Auftrag. Der Sportfachverband hat also das Ziel seiner Regelung offen zu legen. Die Kontrolle der Plausibilität der Darlegung des Sportfachverbandes zeigt, inwieweit die Regelung im Interesse der Zweckförderung steht oder in Wahrheit Sonderzwecken, beispielsweise kommerziellen Zwecken, der Verbandsführung dient.

Ist das Ziel der Regelung herausgearbeitet, werden die damit verbundenen Interessen des Sportfachverbands den durch die Regelung beeinträchtigten Interessen des Mitgliedsvereins gegenübergestellt. Hierbei ist insbesondere auf die Schutzwürdigkeit[473] der betroffenen Interessen sowie auf die Folgen der Beeinträchtigung Rücksicht zu nehmen. An dieser Stelle findet die umfassende Würdigung aller Besonderheiten des Einzelfalls statt.

Bei der Abwägung können je nach Streitgegenstand die ideellen Interessen des Sportfachverbandes eine Rolle spielen.[474] In der Beziehung BFV und Mit-

---

471 Vgl. BT-Drucksache vom 14. Mai 2001, 14/6040, S. 126.

472 *Maunz/Dürig/Scholz*, Grundgesetz-Kommentar, Art. 9, Rn. 87; BGH, Urteil vom 28. November 1969, I ZR 139/67, NJW 1970, 378, 381.

473 Die Schutzwürdigkeit des Mitgliedsvereins beurteilt sich beispielsweise danach, ob und inwieweit er an der Entstehung der Regelung beteiligt war und ob er für oder gegen die Regelung gestimmt hat. Nach den obigen Ausführungen (siehe § 6 I.3.) spricht aber eine Vermutung dafür, dass es an einer hinreichenden Beteiligung meist fehlen wird.

474 Siehe *Steiner*, Verfassungsfragen des Sports, in: NJW 1991, S. 2729 f.; *Butte*, Das selbstgeschaffene Recht des Sports im Konflikt mit dem Geltungsanspruch des na-

gliedsverein können deshalb insbesondere Fairness, körperliche Integrität der Wettkampfteilnehmer sowie Jugendschutz[475] und -förderung[476] besonders zu berücksichtigende Interessen sein.

Zeigt die Interessenabwägung kein deutliches Übergewicht auf einer der beiden Seiten, so stellt sich die Frage, ob der Zweck der streitigen Regelung auch mit einer für den Regelungsadressaten weniger einschränkenden Regelung erreicht werden kann. Darin kommt die Schutzfunktion des § 242 BGB als „Übermaßverbot" bei starken Ungleichgewichtslagen im privaten Raum zum Ausdruck.[477] Das steht auch im Einklang mit der vom Bundesgerichtshof durchgeführten Inhaltskontrolle am Maßstab des § 242 BGB, der ohne nähere dogmatische Begründung in die Abwägung einbezieht, ob der durch die Satzungsregelung verfolgte Zweck nicht „durch eine andere, mildere Ausgestaltung" erreicht werden kann, soweit dies dem Monopolverband „möglich und zumutbar" ist.[478] Soweit die Übernahme der öffentlich-rechtlichen Verhält-

---

tionalen Rechts, S. 227; *Heß*, Voraussetzungen und Grenzen eines autonomen Sportrechts unter besonderer Berücksichtigung des internationalen Spitzensports, S. 31. Zur Anerkennung der Generalklausel „unsportliches Verhalten" in Verbandsvorgaben durch die Rechtsprechung der Zivilgerichte siehe *Steiner*, Quo vadis Sportrecht?, Causa Sport 1/2009, S. 18.

475 Dass es die Spitzenverbände mit dem Schutz der Jugend auch durchaus ernst meinen, zeigt beispielweise die Regelung „Protection of minors" in Artikel 19 des FIFA Reglements bezüglich Status und Transfer von Spielern 2016 (http://resources.fifa.com/mm/document/affederation/administration/02/70/95/52/regulationsonthestatusandtransferofplayersnov2016webde_german.pdf, zuletzt abgerufen am 9. September 2017) und ihre Durchsetzung, vgl. dazu das Schiedsgerichtsurteil des Court of Arbitration for Sport (CAS) vom 9. August 2016, 2015/A/4312 (http://jurisprudence.tas-cas.org/Shared%20Documents/4312.pdf, zuletzt abgerufen am 9. September 2017).

476 Zur Jugendarbeit als Teil der geschützten Vereinsautonomie im Wettkampfsport siehe BGH, Urteil vom 27. September 1999, II ZR 305/98, NJW 1999, 3552, 3553.

477 Zur Wirkung der zivilrechtlichen Generalklauseln als „Übermaßverbote" im Rahmen des Schutzauftrages bei starken Ungleichgewichtslagen im privaten Raum siehe BVerfG, Beschluss vom 7. Februar 1990, 1 BvR 26/84, BVerfGE 81, 242 ff.

478 Vgl. BGH, Urteil vom 2. Dezember 1974, II ZR 78/72, NJW 1975, 771, 772. Zur notwendigen Konzeption möglichst gering einschneidender Satzungsregelungen, die den Interessen des Verbandes hinreichend Rechnung trägt, *Möschel*, Monopolverband und Satzungskontrolle, S. 47. Teilweise wird die im öffentlichen Recht etablierte „Verhältnismäßigkeitsprüfung" durch obergerichtliche Zivilgerichte angewandt, vgl. OLG Frankfurt, Urteil vom 2. Februar 2016, 11 U 70/15, WuW 2016, 190. Der BGH geht diesen Weg nicht, sondern führt eine umfassende Interessenabwägung

nismäßigkeitsprüfung auf die Beziehung Verband-Verein durch die Literatur vorgeschlagen wird,[479] beruht dies auf dem abzulehnenden[480] Verständnis der Satzung als Norm oder normartige Regelung.

durch, vgl. nur die jüngere Rechtsprechung des BGH zur Kontrolle von Verbandsregeln, BGH, Urteil vom 7. Juni 2016, K ZR 6/15, NJW 2016, 2266; BGH, Urteil vom 20. September 2016, II ZR 25/15, NJW 2017, 402.

479 Siehe oben § 6 IV.2.b).

480 Siehe dazu oben § 5 I.

Zwischenfazit

Der erste Teil der Untersuchung hat sich der Frage gewidmet, was den Inhalt der Autonomie der Sportfachverbände gegenüber ihren Mitgliedsvereinen ausmacht. Dazu haben wir zunächst den Begriff der inneren Verbandsautonomie als „Organisationsautonomie" definiert und ihren Ursprung in der Freiheit der Individuen zur selbstbestimmten Regelung ihrer privatrechtlichen Verhältnisse, der Privatautonomie, erkannt (siehe § 2 II.).

Ausgehend davon haben wir den historischen Hintergrund des gesetzlich gegebenen Rahmens der Sportfachverbände untersucht und gesehen, dass dieser den „ungefährlichen" Vereinen grundsätzlich ein hohes Maß an Organisationsautonomie ohne auf den ersten Blick erkennbare Regulative einräumt (siehe § 4).

Anknüpfend an das Verständnis vom Ursprung der Autonomie und an die Konzeption des Vereinsrechts des Bürgerlichen Gesetzbuchs haben wir gesehen, dass die Satzung als Ausdruck der Organisationsautonomie eines jeden Verbandes ein Organisationsvertrag ist, der die Beziehung eines Verbandes zu seinen Mitgliedsvereinen auf rechtsgeschäftlicher Ebene ordnet und dabei hinsichtlich der Gestaltung der Machtverteilung einen großen Spielraum eröffnet (siehe § 5).

Vor diesem Hintergrund wurde die Bedeutung des Vereinszwecks besonders betont, da dieser den Willen der Mitglieder zum Ausdruck bringt und somit der Organisationsautonomie eines jeden Vereins Inhalt verleiht und Grenzen setzt. Mit Rücksicht auf die monopolistische Verbandspyramide der Sportfachverbände ist die Bedeutung des Zwecks umso mehr zu betonen, da die im Vereinsrecht des Bürgerlichen Gesetzbuchs angelegten Regulative aufgrund dieser besonderen Struktur versagen (siehe § 6 I.).

Indem wir herausgearbeitet haben, dass der primäre Zweck der Sportfachverbände in der Wettkampforganisation besteht, haben wir den Kerninhalt der Organisationsautonomie definiert, der in den für die Wettkampfsportorganisation notwendigen Verbandsregelungen zum Ausdruck kommt (siehe § 6 II., III.).

In Abgrenzung zu vorhandenen Differenzierungen für die Justiziabilität von Verbandsregelungen wurde eine Kategorisierung in notwendige und nicht notwendige Regelungen und eine entsprechend differenzierte Inhaltskontrolle vorgeschlagen (siehe § 6 IV.).

Auf dieser Grundlage wollen wir die Rolle des Ein-Platz-Prinzips innerhalb der Organisationsautonomie der Sportfachverbände untersuchen.

Zweiter Teil: Das Ein-Platz-Prinzip der Sportfachverbände

Folgt man dem Praxishandbuch Sportrecht von *Fritzweiler*, *Pfister* und *Summerer*, so ist die Einordnung des Ein-Platz-Prinzips als notwendige Organisationsregelung klar. Denn darin heißt es, dass die Aufgabe der Wettkampforganisation unter anderem die „weltweite monopolistische Organisation jeder Sportart (Ein-Platz- oder Ein-Verbands-Prinzip) [erfordert].“[481]

Sollte die im Zitat mit dem Ein-Platz-Prinzip gleichgesetzte weltweite monopolistische Organisation einer Sportart tatsächlich notwendig für den Organisationsauftrag der Sportfachverbände sein, so wäre das Ein-Platz-Prinzip nach der unter § 6 IV.2.c) getroffenen Unterscheidung zum Kerninhalt der Organisationsautonomie zu rechnen und die mit der Monopolstellung der Sportfachverbände verbundenen Konsequenzen als „Besonderheiten des Wettkampfsports“ in besonderem Maße zu berücksichtigen. Auch Regelungen zur Absicherung der Organisation nach diesem „Prinzip“ wären demnach als notwendige Regelungen einzuordnen.

Widmen wir uns also der zweiten, zu Beginn der Untersuchung aufgeworfenen Frage: Inwieweit gehören das Ein-Platz-Prinzip und Regelungen zur Absicherung der exklusiven Organisation nach dem Ein-Platz-Prinzip zum Inhalt der Autonomie?

Konkreter lässt sich diese Fragestellung mit den Erkenntnissen aus dem ersten Teil vor Augen mit den folgendermaßen fassen:

Ist das Ein-Platz-Prinzip als notwendige oder nicht notwendige Organisationsregel einzuordnen und welche Folgen ergeben sich aus der Einordnung für die Existenzberechtigung des „Prinzips“ (dazu § 7)?

Halten Regelungen zur Absicherung der Organisation nach dem Ein-Platz-Prinzip der auf sie anzuwendenden Inhaltskontrolle stand? (dazu § 8).

---

481 *Pfister*, Einführung, in: *Fritzweiler/Pfister/Summerer*, Praxishandbuch Sportrecht, S. 16.

§ 7: Das Ein-Platz-Prinzip der Sportfachverbände – eine notwendige Organisationsregelung?

Wie eingangs der Untersuchung am Beispiel des Fußballsports aufgezeigt, entspricht es dem Selbstverständnis des verbandsmäßig organisierten Wettkampfsports, dass pro Sportart (fachliche Komponente) und Wettkampfgebiet (räumliche Komponente) nur ein einziger „Platz" für eine organisatorische Instanz besteht, d. h., dass aus bestimmten, satzungsgemäß festgelegten Gebieten jeweils nur ein einziges Mitglied aufgenommen wird.[482] Mit der gängigen Betitelung dieses Umstands als „Prinzip" erscheint die Sachfrage bereits vorentschieden, suggeriert ein Prinzip doch eine gegebene Gesetzmäßigkeit, ja eine natürlich vorgegebene Ordnung im Sinne eines Naturgesetzes.

Ausgehend vom Ursprung des Begriffs Ein-Platz-Prinzip (unter I.) werden wir am Beispiel der Sportart Fußball erkennen, dass das „Prinzip" eine von der Verbandsspitze implementierte Satzungsregel ist (unter II.). Die exklusive Organisation nach diesem „Prinzip" ist für den Wettkampfsport ebenso wenig notwendig (unter III.) wie die Satzungsregel selbst. Auf letztere können sich die Sportfachverbände nicht wirksam berufen, da sie unangemessen ist (unter IV.).

I. Der Ursprung des Begriffs Ein-Platz-Prinzip

Bei der Suche nach dem Ursprung des Begriffs „Ein-Platz-Prinzip" wird einem der Einstieg nicht leicht gemacht. Denn als Stichwort in allgemeinen Nachschlagewerken findet man das Ein-Platz-Prinzip nicht.[483] Auch in juristischen[484] Nach-

---

482 Siehe dazu ausführlich sogleich unter § 7 II.

483 Kein Stichworteintrag in *Meyers Lexikonredaktion* (Hrsg.), Meyers neues Lexikon, sowie dem Lexikon „Brockhaus".

484 Kein Eintrag war zu finden im ersten Band der 2008 erschienen 2. Auflage des von *Albrecht Cordes u. a.* herausgegebenen Handwörterbuchs zur deutschen Rechtsgeschichte und dem Nachschlagewerk von *Tilch, Horst/Arloth, Frank* (Hrsg.), Deutsches Rechts-Lexikon, Band 1, A-F, 3. Auflage, München 2001. Ebenso erfolglos war die Suche in *Creifelds, Carl/Weber, Klaus*, Rechtswörterbuch, 20. Auflage, München 2011, *Köbler, Gerhard*, Juristisches Wörterbuch. Für Studium und Ausbildung, 16. Auflage, München 2016; *Meyer, Dieter*, Juristische Fremdwörter, Fachausdrücke und Abkürzungen, 13. Auflage, München 2012 sowie in „Der Brockhaus Recht" und in *Alpmann-Pieper u. a.* (Hrsg.), Alpmann. Brockhaus. Studienlexikon Recht.

schlagewerken ist kein Eintrag zu diesem „Prinzip". In den allgemeinen Jargon des Vereinsrechts scheint der Begriff auch nicht eingegangen zu sein; so findet er im von *Bernhard Reichert* begründeten Handbuch zum Vereinsrecht im Kapitel über Monopolstellungen von Vereinen und Verbänden und auch an anderer Stelle keine Erwähnung.[485]

Man stößt jedoch zwangsläufig darauf, wenn man sich mit sportrechtlichen Untersuchungen beschäftigt, jedoch auch ohne Erklärung darüber, woher der Begriff stammt.[486] Die erste Erwähnung findet sich in einem Bundesgerichtshofs-Urteil des für das Vereinsrecht zuständigen zweiten Senats aus dem Jahr 1974.[487] Die Literatur hat daraufhin den Begriff übernommen.[488] Seitdem wird der Begriff in Fachliteratur und in Rechtsprechung als feststehender Ausdruck gebraucht und die Kenntnis seines Aussagegehalts vorausgesetzt[489].

II. Das Ein-Platz-Prinzip als Ein-Platz-Regelung in den Verbandssatzungen

Bereits die vorhandenen Satzungsregelungen zum Ein-Platz-Prinzip der Sportfachverbände auf den verschiedenen Organisationsebenen sind Grund genug, die Prinzipeigenschaft des Ein-Platz-Prinzips kritisch zu untersuchen. Denn die

---

485 Vgl. *Reichert,* Handbuch des Vereins- und Verbandsrechts, S. 206 ff., passim.

486 *Vieweg,* Normsetzung und -anwendung deutscher und internationaler Verbände, S. 61 verweist zwar auf die Gebräuchlichkeit der Bezeichnung „Ein-Platz-Prinzip", nennt dabei aber als Quelle auch nur das im folgenden erwähnte BGH-Urteil vom 2. Dezember 1974, II ZR 78/72, NJW 1975, 771, den darstellenden Beitrag von *Gießelmann-Goetze,* Das Ein-Platz-Prinzip, S. 15 ff. aus dem Jahr 1988 und seinen eigenen Aufsatz (*Vieweg,* Zur Einführung: Sport und Recht, JuS 1983, S. 826). Selbst in Publikationen, die sich an eine Begriffserläuterung von sportrechtlich relevanten „termini technici" machen, finden sich keine Informationen über die Herkunft des Begriffs, vgl. beispielsweise *Scherrer/Ludwig* (Hrsg.), Sportrecht – Eine Begriffserläuterung, S. 101.

487 Vgl. BGH, Urteil vom 2. Dezember 1974, II ZR 78/72, NJW 1975, 771, 773.

488 Vgl. *Nicklisch,* Der verbandsrechtliche Aufnahmezwang und die Inhaltskontrolle satzungsmäßiger Aufnahmevoraussetzungen, JZ 1976, S. 112. Zum Teil wird auch die Bezeichnung „Ein-Verbands-Prinzip" gewählt, was jedoch als Synonym zu verstehen ist, vgl. *Vieweg,* Normsetzung und -anwendung deutscher und internationaler Verbände, S. 61; *Grätz,* Missbrauch der marktbeherrschenden Stellung durch Sportverbände, S. 21; *Pfister,* Autonomie des Sports, sport-typisches Verhalten und staatliches Recht, S. 172.

489 Vgl. *Stopper,* Kartellrecht in: *Stopper/Lentze* (Hrsg.), Handbuch Fußball-Recht, S. 324.

Postulation des Ein-Platz-Prinzips und die Regelungen zu seiner Absicherung auf allen Ebenen der Verbandspyramide lassen bereits erahnen, dass es sich bei dieser Organisationsregelung nicht um eine naturgegebene Gesetzmäßigkeit handelt. Vielmehr handelt es sich dabei um eine „von oben" implementierte Organisationsvorgabe, deren Bewahrung von den „unteren" Organisationsebenen sicherzustellen ist. Das wird am Beispiel der Verbandspyramide in der Sportart Fußball deutlich.

1. Implementierung des Ein-Platz-Prinzips

Wie oben aufgezeigt,[490] entwickelte sich die verbandsmäßige Organisation des Fußballsports von der regionalen über die nationale hin zur supranationalen Ebene mit dem primären Zweck der Festlegung einheitlicher Regeln für den Leistungsvergleich im Wettkampf. Jedoch wurde das Ein-Platz-Prinzip erst durch den Spitzenverband, die FIFA, in die Verbandspyramide implementiert.

Im Rahmen der oben beschriebenen[491] Gründung der FIFA am 21. Mai 1904 in Paris war es unter anderem Gegenstand der Übereinkunft der sechs Gründungsmitglieder, dass sich die Mitglieder der FIFA untereinander exklusiv als Nationalverband anerkannten. Länderspiele gegen von anderen Nationalverbänden organisierte Mannschaften, die nicht Mitglied in der FIFA waren, verstießen gegen die Satzung. Des Weiteren trugen sich die Nationalverbände auf, es Vereinen und Spielern zu verbieten, gleichzeitig für verschiedene Nationalverbände zu spielen. Ebenso stimmten sie überein, dass Spieler, die von einem Nationalverband ausgeschlossen wurden, nicht in einem anderen Verband aufgenommen werden sollten. Ferner wurde bestimmt, dass zukünftige internationale Wettkämpfe nur von der FIFA organisiert werden sollen.[492]

In diesen Grundbestimmungen ist die ausdrückliche Festlegung auf eine exklusive Organisationsstruktur des Fußballsports gemäß dem Ein-Platz-Prinzip zu sehen. Tatsächlich war innerhalb weniger Jahre nach der FIFA-Gründung nahezu jede Nation, in der eine nicht unerhebliche Anzahl an Fußballvereinen den Fußballsport betrieben, durch je einen ihr zuzuordnenden Nationalverband in der FIFA vertreten.[493]

---

490 Siehe § 6 II.2.b).

491 Siehe § 6 II.2.b).

492 Siehe zu diesen Gründungsbestimmungen der FIFA: *Keys*, Globalizing Sport, S. 51, auch: *Naul/Wick*, Football, S. 542.

493 Vgl. *Keys*, Globalizing Sport, S. 50. Der Deutsche Fußball-Bund veranlasste noch am Tag der Gründung der FIFA telegraphisch seinen Beitritt, vgl. *Behringer*, Kultur-

Die FIFA wendete die Gebietsregelung der staatlichen Zugehörigkeit der Mitgliedsvereine des jeweiligen „Nationalverbandes“ bereits 1904 gegenüber dem DFB an. Auf Druck der FIFA musste der DFB die an seiner Gründung beteiligten Vereine, die nicht auf deutschem Reichsgebiet lagen, aus dem DFB ausschließen, da er andernfalls die Mitgliedschaftsbestimmungen der FIFA nicht hätte erfüllen können.[494] Vier Jahre später unterstützte die FIFA ihre Mitgliedsverbände aus England, Belgien und den USA dabei, Versuche abzuwehren, die darauf zielten, einen weiteren nationalen Fußballverband im jeweiligen Staatsgebiet zu gründen.[495]

2. Das Ein-Platz-Prinzip als Satzungsregel

a) Regelung in den Satzungen der internationalen Sportfachverbände

Art. 11 Abs. 1 der FIFA-Statuten 2018 lautet:

> „Jeder Verband, der in seinem Land für die Organisation und Kontrolle des Fussballs in all seinen Formen verantwortlich ist, kann Mitgliedsverband der FIFA werden. Aus diesem Grund wird empfohlen, dass alle Mitgliedsverbände alle massgebenden Interessengruppen im Fussball in ihre eigene Struktur einbinden. In jedem Land wird nur ein Verband als Mitgliedsverband anerkannt. Ausnahmeregelungen gemäss Abs. 5 und 6 bleiben vorbehalten.“[496]

So wird das tatsächliche Innehaben einer monopolartigen Stellung im Bereich des organisierten Fußballsports auf nationaler Ebene zur zwingenden Mitgliedsvoraussetzung für einen Verband, der Teil der FIFA sein möchte, postuliert. Verliert ein Mitgliedsverband diese Stellung, kann er nach Art. 17 Abs. 1 c) der FIFA-Statuten 2018 ausgeschlossen werden. Allerdings lässt bereits die grundsätzliche Möglichkeit von Ausnahmen an der Prinzipnatur der Regelung zweifeln.

Art. 11 Abs. 2 der FIFA-Statuten 2018 macht zur weiteren Mitgliedsvoraussetzung, dass jeder nationale Verband Mitglied in einem der ihm zugeordneten Kontinentalverbände ist.[497] Auf europäischer Ebene ist damit eine Mitgliedschaft in der UEFA erforderlich.

---

geschichte des Sports, S. 348. Die FA schloss sich ein Jahr später der FIFA an, vgl. *Mason*, Großbritannien in: *Eisenberg* (Hrsg.), Fußball, soccer, calcio, S. 31.

494 *Grüne*, 100 Jahre Deutsche Meisterschaft, S. 54.

495 *Keys*, Globalizing Sport, S. 51.

496 Dass hier statt „ß“ ein „ss“ steht, liegt an der Schweizerischen Rechtschreibung der FIFA mit Sitz in Zürich.

497 Die UEFA sowie die anderen Kontinentalverbände sind zwar keine Mitgliedsverbände der FIFA, aber von ihr „anerkannt“ (Art. 22 Abs. 1 FIFA-Statuten 2017). Diese Anerkennung beruht darauf, dass die Kontinentalverbände sich vertraglich zur Ein-

Art. 5 Abs. 1 UEFA-Statuten 2018 regelt:

> „Mitglieder der UEFA können europäische Verbände werden, die in einem Land, das ein von der UNO anerkannter, unabhängiger Staat ist, ihren Sitz haben und die im Gebiet ihres Landes für die Organisation und Durchführung des Fussballsports verantwortlich sind."

Nach Art. 9 Abs. 1bis a) UEFA-Statuten 2018 ist der Ausschluss eines Nationalverbandes möglich, wenn dieser aufgrund staatlicher Einflussnahme nicht mehr als „allein verantwortlich für die Organisation des Fußballsports auf seinem Gebiet betrachtet werden kann".

Das zeigt, dass sich FIFA und UEFA nicht darauf beschränken, zu regeln, dass pro Staatsgebiet grundsätzlich nur Platz für einen Mitgliedsverband ist. Vielmehr setzen die Spitzenverbände für ihre Mitgliedsverbände voraus, dass diese die einzige maßgebliche Organisationsinstanz auf nationaler Ebene sind. Das wird insbesondere auch aus den die Satzung ergänzenden Aufnahmebestimmungen[498] der FIFA deutlich, die in Art. 3 Abs. 1 b) die Vorlage von Dokumenten fordern, „die belegen, dass der Gesuchsteller den Fußball in seinem Land organisiert und kontrolliert". Diese von den Spitzenverbänden bei Aufnahme geforderte „volle Kontrolle" muss durch das Mitglied als Mitgliedschaftsvoraussetzung aufrechterhalten bleiben.

b) Regelung in der Satzung des nationalen Sportfachverbandes

Damit steht der DFB als nationales Verbandsmitglied der FIFA und der UEFA unter dem Druck, sicherzustellen, dass unter seinem „Dach" der gesamte Fußball-Wettkampf auf dem Gebiet der Bundesrepublik Deutschland organisiert wird. Da dieses Gebiet wiederum in regionale Organisationseinheiten wie den BFV unterteilt wird, muss der DFB diesen Druck an seine Mitgliedsverbände weitergeben, da er gegenüber FIFA und UEFA für die „volle Kontrolle" verantwortlich ist.

---

haltung der Statuten, Reglemente und Entscheide der FIFA verpflichtet haben (Art. 3 UEFA-Statuten 2018, Art. 22 Abs. 3 a) FIFA-Statuten 2018). Der Katalog des Art. 22 Abs. 3 der FIFA-Statuten 2018 nennt weitere Pflichten der Kontinentalverbände gegenüber der FIFA, die diese als eine Art Verwaltungsinstanz für bestimmte Aufgaben erscheinen lassen. Die Macht der FIFA gegenüber den Kontinentalverbänden kommt insbesondere durch Art. 22 Abs. 5 der FIFA-Statuten 2018 zum Ausdruck, da dieser bestimmt, dass die Statuten und Regelwerke der Kontinentalverbände der FIFA zur Genehmigung unterbreitet werden müssen.

498 Reglement für die Aufnahme von Verbänden in die FIFA vom 21. März 2013.

Das kommt in § 8 Nr. 2 DFB-Satzung 2018 zum Ausdruck:

> „Aus Bereichen von Mitgliedsverbänden dürfen keine weiteren Verbände aufgenommen werden."

Die Bereiche der Mitgliedsverbände sind in § 7 Nr. 2 DFB-Satzung 2018 festgelegt. Sie erfassen das gesamte Gebiet der Bundesrepublik Deutschland.

Aus § 13 DFB-Satzung 2018 geht hervor, dass die Zugehörigkeit von Vereinen und Gebieten zu einem Mitgliedsverband des DFB zu schützen ist und bei „Streitigkeiten" darüber der DFB-Vorstand das allein zuständige Entscheidungsorgan sein soll. Nach § 14 Nr. 8 DFB-Satzung 2018 bedarf die Teilnahme von Mitgliedern der Mitgliedsverbände des DFB, also des Vereins auf lokaler Ebene, an einem Wettbewerb eines anderen Nationalverbandes der Genehmigung der FIFA, des DFB und des für den Verein zuständigen Mitgliedsverbands des DFB. Die Missachtung der Genehmigungspflicht wird durch § 10 Abs. 1 DFB-Satzung 2018 zu den Verstößen gefasst, die zum Ausschluss aus dem DFB führen können.

Hierbei stellt sich bereits die Frage, wie der DFB den Verein auf lokaler Ebene als Nicht-Mitglied durch die sanktionsbelegte Missachtung der Genehmigungspflicht in der DFB-Satzung erreichen will. Mangels einer vereins- oder schuldrechtlichen Bindung zwischen DFB und dem lokalen Verein, kann die Genehmigungspflicht nur über die Satzung und Ordnungen des Sportfachverbandes vermittelt werden, in welchem der lokale Verein Mitglied ist. Für seine Mitgliedsverbände hat der DFB deshalb in § 14 Abs. 1 c) DFB-Satzung 2018 die Pflicht geregelt, „dafür zu sorgen, dass sie selbst und ihre Mitglieder und deren Einzelmitglieder (...) die für Mitgliedsverbände geltenden Verpflichtungen sinngemäß in ihre Satzungen übernehmen und sich der Satzung, den Ordnungen und Entscheidungen des DFB unterwerfen."

c) Regelung in der Satzung des regionalen Sportfachverbandes

Der BFV versucht,[499] dieser Verpflichtung aus der DFB-Mitgliedschaft auf folgende Weise nachzukommen: Zum einen regelt der BFV nach § 13 Abs. 5 BFV-Satzung 2018, dass seine Mitgliedsvereine und deren Mitglieder unter anderem zur Anerkennung der Satzungen und Ordnungen des DFB verpflichtet sein sollen. Zum anderen geht aus § 8 Abs. 1 BFV-Satzung 2018 hervor, dass nur Vereine mit Sitz in Bayern Mitglied im BFV werden können. Dadurch kommt der BFV der vom DFB in § 7 Nr. 2 DFB-Satzung 2018 festgelegten Gebietseinteilung nach.

---

499 Von „versucht" ist hier deshalb die Rede, da die Verweisung auf die Satzung und Ordnungen übergeordneter Verbände für die wirksame Bindung des von ihr Betroffenen grundsätzlich problematisch ist, siehe dazu unter § 8 II.

Die angestrebte exklusive Stellung auf seinem Gebiet folgt aus § 30 Abs. 1 BFV-Satzung 2018:

> „Vereine, die ihren Sitz innerhalb der politischen Grenzen des Freistaats Bayern haben und Mitglied im BLSV sind, sollen grundsätzlich Mitgliedsverein des BFV sein und an dessen Spielbetrieb teilnehmen."

Die Absicherung der bestehenden exklusiven Organisationsstruktur nach dem Ein-Platz-Prinzip erfolgt durch § 77 Abs. 3 der Spielordnung des BFV. Dieser regelt, dass seine Mitgliedsvereine und deren Mitglieder an einem nicht vom BFV organisierten oder genehmigten, regelmäßigen Spiel- oder Turnierbetrieb weder teilnehmen noch diesen unterstützen dürfen.

d) Regelung in den Satzungen der Dachverbände des Sports

Nicht nur die Sportfachverbände, sondern auch die Dachverbände des Sports als sportartübergreifende Interessenverbände fordern in ihren Satzungen, dass pro Sportart und pro Gebiet nur ein Sportfachverband Mitglied sein kann.[500] Beispielsweise vereint im Gebiet des Bundeslandes Bayern der Bayerische Landes-Sportverband e. V. (BLSV) Sportfachverbände mit Alleinvertretungsanspruch für Sportarten von Aikido bis Volleyball.[501] So ist für die Sportart Fußball der BFV das einzige Mitglied des BLSV. Das sportartbezogene Ein-Platz-Prinzip der Dachverbände kommt deutlich in § 9 Abs. 1 und Abs. 3 BLSV-Satzung 2018 zum Ausdruck:

> „(1) In Bayern bestehende gemeinnützige Sportverbände können als Sportfachverband ordentliches Mitglied im BLSV werden. (...)
> (3) Für jede Sportfachart wird nur ein Sportfachverband anerkannt."

---

500 Das Internationale Olympische Komitee als Spitzenorganisation des Sports auf weltweiter Ebene fordert dies in Art. 1.2 Bye-Law to Rules 27 and 28 der Olympic Charter 2018.

501 Die Sportdachverbände organisieren keinen Wettkampf unter ihren Mitgliedern, sondern nehmen eine interessenvertretende Stellung ein, indem sie koordinierend und beratend tätig sind und den Sport als sozialen und kulturellen Wert in der Gesellschaft vertreten wollen. So statuiert der DOSB in § 2 Abs. 1 seiner Satzung (Zweck und Zuständigkeit): „Dem DOSB obliegt es, im Rahmen seiner Aufgaben, den deutschen Sport in allen seinen Erscheinungsformen zu fördern, zu koordinieren und ihn in überverbandlichen und überfachlichen Angelegenheiten gegenüber Gesellschaft, Staat sowie anderen zentralen Sport- und sonstigen Institutionen im In- und Ausland zu vertreten." Vgl. zu den weiteren Zuständigkeiten und Aufgaben des nationalen Sportdachverbandes § 2 Abs. 2 und 3 und § 3 DOSB-Satzung 2018. Zur Anerkennung der Rolle der Sportdachverbände siehe die Ausführungen des Bundesgerichtshofes in seinem Urteil vom 2. Dezember 1974, II ZR 78/72, NJW 1975, 771.

Dies trägt grundsätzlich zur Festigung der Monopolstruktur bei, da mit der Mitgliedschaft in den bestehenden Dachverbänden nicht nur die Anerkennung durch das IOC verbunden ist, sondern auch der Zugang zu privaten und öffentlichen Fördermitteln.[502] Für einen neu gegründeten Sportfachverband für den Fußballsport in Bayern ist aufgrund des Ein-Platz-Prinzips des BLSV neben dem BFV grundsätzlich kein Platz mehr frei.

Zwar hat letzterer Aspekt eigentlich an Gewicht für die Festigung der Monopolstruktur einer Wettkampfsportorganisation verloren. Denn es ist herrschende Meinung,[503] dass das Ein-Platz-Prinzip der monopolistischen Dachverbände des Sports mit Sitz in Deutschland der Aufnahme eines weiteren Fachverbandes für dieselbe Sportart nicht entgegenstehen kann, sofern dieser die sonstigen Aufnahmebestimmungen erfüllt und seine Nichtaufnahme ihn unbillig benachteiligen würde.[504] Von „eigentlich" ist hier deshalb die Rede, weil das Ein-Platz-Prinzip tatsächlich weiterhin in den Satzungen der Dachverbände des Sports niedergelegt ist und die herrschende Meinung deutscher Rechtsprechung und Rechtswissenschaft die internationalen Verbände mit Sitz im Ausland nicht betrifft. Das heißt, dass es für einen neu gegründeten Verband (und damit für die in ihm organisierten Wettkämpfer) immer noch äußerst ungewiss bleibt, ob er auf der internationalen Verbandsebene Anerkennung findet, selbst wenn er auf gerichtlichem Weg seine

---

502 Vgl. für Bayern die Richtlinien über die Gewährung von Zuwendungen des Freistaats Bayern zur Förderung des außerschulischen Sports (Sportförderrichtlinien), Bekanntmachung des Bayerischen Staatsministeriums für Unterricht und Kultus vom 12. Dezember 2011 – VII.10–57301-3.120261, in: Amtsblatt des Bayerischen Staatsministerien für Unterricht und Kultus und Wissenschaft, Forschung und Kunst vom 10. Januar 2012, Nr. 1/2012, S. 7 ff. (S. 20): „Geförderte Verbände: Gefördert werden der Bayerische Landes-Sportverband samt seinen Sportfachverbänden und Anschlussorganisationen […]." Zur Koexistenz der Dachverbandspyramiden und der Sportfachverbandspyramiden und der damit verbundenen Festigung der bestehenden Struktur der jeweiligen Sportfachverbände siehe auch *Grätz,* Missbrauch der marktbeherrschenden Stellung durch Sportverbände, S. 19 f.

503 BGH, Urteil vom 10. Dezember 1985, KZR 2/85, NJW-RR 1986, 583; BGH, Urteil vom 2. Dezember 1974, II ZR 78/72, NJW 1975, 771; OLG Dresden, Urteil vom 19. August 2015, 13 U 271/15, SpuRt 2016, 33; OLG München, Urteil vom 20. Juni 2013, U 3431/12, SpuRt 2014, 110; *Palandt/Ellenberger,* § 25, Rn. 11; *Reichert*, Handbuch des Vereins- und Verbandsrechts, S. 208 ff.; *Summerer*, Sport, Vereine, Verbände, Kapitalgesellschaften in: *Fritzweiler/Pfister/Summerer*, Praxishandbuch Sportrecht, S. 192.

504 Siehe sogleich unter § 7 IV.1. die ausführliche Darstellung der herrschenden Meinung zum Ein-Platz-Prinzip der Dachverbände des Sports.

Aufnahme in den regionalen oder nationalen Dachverband erreicht. In der Praxis bedeutet das, dass eine Aufnahme in den nationalen Dachverband des Sports nicht automatisch dazu führen wird, dass der neue Verband den unter seinem Dach organisierten Wettkämpfern die Möglichkeit bieten kann, am internationalen Sportgeschehen, insbesondere an den jeweiligen Weltmeisterschaften oder den durch das IOC veranstalteten Olympischen Spielen, teilzunehmen.

Dazu kommt, dass das Ein-Platz-Prinzip der Dachverbände des Sports überhaupt nur dann auf die Probe gestellt wird, wenn ein alternativer Verband in einer Sportart entsteht, wozu dieser sicherlich auch Mitgliedsvereine der bestehenden Verbände abwerben müsste, was unter anderem durch Verbotsregelungen der Sportfachverbände verhindert wird.[505]

In Anbetracht der Satzungsregelungen auf den verschiedenen Ebenen in der Verbandspyramide des Fußballsports sowie derjenigen der Dachverbände des Sports ist die Bezeichnung der Monopolstellung als „faktische" Folge eines „Prinzips" ein Euphemismus. Tatsächlich wird das „Prinzip" streng durch Satzungsregelungen der Spitzenverbände und der Dachverbände des Sports eingefordert und durch sanktionsbelegte Regelungen auf jeder Verbandsebene abgesichert.

3. Differenzierte Betrachtung des Aussagegehalts

Aufgrund der vorhergehenden Ausführungen müssen wir eine differenziertere Betrachtung des Aussagegehalts des Ein-Platz-Prinzips vornehmen. Es ist bereits nicht korrekt, mit dem Begriff Ein-Platz-Prinzip per se den Sachverhalt „weltweite monopolistische Organisation einer Sportart" gleichzusetzen.[506] Auch die Differenzierung der Varianten des Ein-Platz-Prinzips („ein Verband pro Land Prinzip, ein Verband pro Kontinent/Region Prinzip und das Weltverbandsprinzip" [sic!])[507] beschreibt lediglich, dass das Ein-Platz-Prinzip auf verschiedene Gebietsebenen besteht.

Das Ein-Platz-Prinzip bedeutet auf den verschiedenen Verbandsebenen folgendes:

a) Bei den Dachverbänden des Sports ist das Ein-Platz-Prinzip eine Organisationsregel, die besagt, dass pro Sportart und pro Gebiet nur ein Sportfachverband Mitglied werden kann.

---

505 Dazu ausführlich unter § 8 I.

506 So aber *Pfister*, Einführung, in: *Fritzweiler/Pfister/Summerer*, Praxishandbuch Sportrecht, S. 16.

507 *Vieweg*, Normsetzung und -anwendung deutscher und internationaler Verbände, S. 62.

b) Bei den Sportfachverbänden auf globaler, kontinentaler und nationaler Ebene ist mit Ein-Platz-Prinzip eine Organisationsregel bezeichnet, die besagt, dass pro einem bestimmten Gebiet nur ein Verband Mitglied sein kann. Die Regelung sieht also die exklusive Repräsentation der vom Verband festgelegten Gebiete durch jeweils ein Mitglied vor. Sie betrifft damit zum einen die innere Organisation, indem sie die Anzahl der Mitglieder entweder durch Einteilung ihres Gebiets – meist nach politischen Grenzen[508] – vorbestimmt oder den bei Gründung vorgefundenen Organisationsbereich des Mitglieds übernimmt. Aus externer Sicht ist damit aber eine Aufnahmevoraussetzung festgelegt, die zur Aufnahmesperre wird, wenn der eine vorgesehene Platz besetzt ist.

Die weltweite monopolistische Organisation einer Sportart ist damit nicht postuliert. Vielmehr könnte es auf jeder Verbandsebene weitere Verbände außerhalb einer existierenden Verbandspyramide geben, die sich ebenfalls nach dem Ein-Platz-Prinzip organisieren. Allerdings kommt dem Ein-Platz-Prinzip vor dem Hintergrund der Entstehung der Sportfachverbände tatsächlich eine Monopol wahrende Wirkung zu. Denn wie oben ausgeführt,[509] bildet sich eine erste „Verbandspyramide" in einer Sportart typischerweise von „unten" nach „oben". Durch den Spitzenverband implementiert, sorgt die Postulierung und Einhaltung des Ein-Platz-Prinzips für die Stabilisierung der zuerst gebildeten „Verbandspyramide". Denn aufgrund des „Prinzips" suggeriert die in einer Sportart bereits bestehende Verbandspyramide, dass für weitere Initiativen in dieser Sportart kein Raum mehr besteht.

c) Auf der untersten Ebene der Verbandspyramide, also auf der Ebene des BFV als regionaler Sportfachverband, findet sich das von der Spitze vorgegebene Ein-Platz-Prinzip in der Form wieder, dass Mitgliedsvereine nur solche werden können, die ihren Sitz im jeweiligen Verbandsgebiet haben. Die Satzung des BFV sieht allerdings keine Regelung vor, die besagt, dass pro einem bestimmten Gebiet nur ein Verein zuzulassen ist. Der BFV regelt also nicht, dass pro Gemeindegebiet nur ein Fußballverein aufgenommen wird. Das liegt daran, dass es auf der untersten Verbandsebene zur Bewahrung der Monopolstellung darum geht, möglichst viele Mitglieder aus einem bestimmten Gebiet für die eigene Wettkampforganisation zu werben und die bestehenden Mitglieder in der eigenen Wettkampforganisation zu halten. Denn andernfalls würden die weiteren in einem Gemeindegebiet bestehenden Vereine den Wettkampf untereinander organisieren und damit eine Konkurrenz zum BFV darstellen.

---

508 Zum Hintergrund der Einteilung des Gebiets nach politischen Grenzen siehe unten § 7 III.2.b).

509 Siehe § 6 II.

Auf der Ebene des BFV wird dem Monopol wahrenden Ein-Platz-Prinzip durch Regelungen Rechnung getragen, die die gegenwärtige Struktur absichern sollen.

4. Kritik am Begriff Ein-Platz-Prinzip

Wie wir gesehen haben, ist das Ein-Platz-Prinzip kein „Prinzip" des Wettkampfsports, sondern eine Organisationsregel. Einst durch die Spitzenverbände implementiert, wurde die Regelung als Ein-Platz-Prinzip zum „terminus technicus" in der rechtlichen Diskussion stilisiert und als Institut im Sinne eines „Exklusivitätsanspruchs"[510] oder „besonderes Kennzeichen"[511] der Verbände wahrgenommen.[512] Auch die Bezeichnung der bestehenden Monopol-Struktur als „faktisch" verkennt, dass Satzungsregelungen auf allen Ebenen der Verbandspyramide existieren, die Ausdruck und Grundlage der Anstrengungen für die Schaffung und Absicherung der Struktur sind.[513]

Dies ist vor dem Hintergrund, dass mit Terminologiefragen häufig auch Sachfragen vorentschieden werden,[514] bedenklich. Deshalb sollte das „Ein-Platz-Prinzip" auch richtigerweise als „Ein-Platz-Regelung" bezeichnet werden, deren Existenzberechtigung sich möglicherweise aus dem mit ihr verfolgten Interesse ergeben kann,[515] jedoch nicht aus einer petitio principii.

---

510 So *Grätz*, Missbrauch der marktbeherrschenden Stellung durch Sportverbände, S. 18.

511 So *Buck-Heeb/Dieckmann*, Selbstregulierung im Privatrecht, S. 68.

512 Diesen Eindruck vermittelt beispielsweise *Heß*, Voraussetzungen und Grenzen eines autonomen Sportrechts unter besonderer Berücksichtigung des internationalen Spitzensports, S. 5 ff., wenn er als Merkmale der Organisation des Sportgeschehens neben der Internationalität und Universalität durch die Verbandspyramide das Ein-Platz-Prinzip nennt und es als Legitimationsbasis für Disziplinierungsbefugnisse heranzieht. Auch *Reuter* meint, es „gehör[e] geradezu zum Wesen der Sportverbände, daß sie – national und international – über Monopolstellungen verfügen.", vgl. *Reuter*, Das selbstgeschaffene Recht des internationalen Sports im Konflikt mit dem Geltungsanspruch des nationalen Rechts, DZWir 1996, S. 8. Auch *Jickeli*, Kartellrechtliche Grenzen des Einplatzprinzips im Verbandsrecht, S. 1035 f., scheint davon auszugehen, dass das Ein-Platz-Prinzip – zumindest ursprünglich – nur sportlichen Zwecken diente.

513 Zur Funktion des Ein-Platz-Prinzips als Absicherungmechanismus für die monoplistische Struktur der Verbandspyramide siehe *Grätz*, Missbrauch der marktbeherrschenden Stellung durch Sportverbände, S. 21 ff.

514 Vgl. dazu *Hadding*, Korporationsrechtliche oder rechtsgeschäftliche Grundlage des Vereinsrechts?, S. 177.

515 Dazu ausführlich unter § 8.

Die Ein-Platz-Regelung der Sportfachverbände ist aber nicht nur kein Prinzip des Wettkampfsports; vielmehr sind sowohl die Organisationsstruktur, die aus ihrer Einhaltung folgt, also die weltweite monopolistische Organisation einer Sportart (dazu unter III.), als auch die Organisationsregelung selbst (dazu unter IV.) für die Wettkampfsportorganisation keine Notwendigkeiten.

III. Die exklusive Organisation nach der Ein-Platz-Regelung als für den Wettkampfsport nicht notwendige Struktur

In diesem Zusammenhang ist man aufgrund der gegenwärtigen Organisationsstruktur des Wettkampfsports geneigt, vom tatsächlichen Sein auf das rechtliche Sollen zu schließen.[516] Da tatsächlich die meisten populären Sportarten die Ein-Platz-Regelung verwirklichen und es keine alternativen Verbandspyramiden im Sinne einer weltweiten Organisation für diese Sportarten gibt,[517] scheint eine Notwendigkeit dieser Organisationsstruktur nahezuliegen.[518]

Tatsächlich müssen wir die Notwendigkeit der exklusiven Organisationsstruktur nach der Ein-Platz-Regelung nicht nur infrage stellen, sondern verneinen, wenn wir den oben[519] herausgearbeiteten Maßstab zur Kategorisierung der notwendigen Organisationsregelungen anwenden.

1. Keine Notwendigkeit für die Sicherstellung der Chancengleichheit und der Vergleichbarkeit der Leistungen

Die Sicherstellung der Chancengleichheit und der Vergleichbarkeit der Leistungen der Wettkampfteilnehmer ist notwendig mit dem Auftrag der Sportfachverbände, der Wettkampforganisation, verbunden. Das heißt, dass auf jeder Wettkampfebene (Leistungsvergleich auf regionaler Ebene, Leistungsvergleich auf nationaler Ebene, Leistungsvergleich auf supranationaler Ebene) die Wettkampfteilnehmer Festlegung und Überwachung der Spielregeln einer zentralen,

---

516 Zu dieser Problematik vor dem Hintergrund der Strukturen im Sport siehe auch *Reuter*, Das selbstgeschaffene Recht des internationalen Sports im Konflikt mit dem Geltungsanspruch des nationalen Rechts, DZWir 1996, S. 3.

517 Neben der Sportart Fußball seien als Beispiele genannt: Basketball, Tennis, Leichtathletik.

518 Damit einher geht die Bezeichnung der Monopolstellung der Sportfachverbände als „faktisch", vgl. beispielsweise *Grätz*, Missbrauch der marktbeherrschenden Stellung durch Sportverbände, S. 147; *Monheim*, Sportlerrechte und Sportgerichte im Lichte des Rechtsstaatsprinzips, S. 73.

519 Vgl. § 6 III.

als Autorität anerkannten Instanz übertragen, damit diese ihren Zweck erfüllen kann. Mit anderen Worten: Innerhalb der Verbandspyramide gibt es auf jeder der Ebenen und jedem Gebiet eine Instanz, die aufgrund ihres Organisationsauftrags von ihren Mitgliedern ein begrenztes Regelungsmonopol, also ein fachliches Monopol, verliehen bekommen hat.

Die Betonung liegt auf den Worten „innerhalb der Verbandspyramide“: Nur innerhalb der Verbandspyramide oder, allgemeiner ausgedrückt, innerhalb einer – auch mehrstufigen – Wettbewerbsorganisation ist es notwendig, dass die Teilnehmer auf jeder Wettkampfebene eine gemeinsame Instanz mit bestimmter Regelhoheit anerkennen, um Vergleichbarkeit der Leistungen und Chancengleichheit und damit auch die Anerkennung von Ergebnissen, Qualifikationsleistungen und Rekorden zu gewährleisten.[520]

Es ist also für die Organisation eines Wettkampfs nicht *a priori* notwendig, dass pro Sportart ein welteinheitlicher Konsens über die sie definierenden Regeln, also ein Regel-Monopol, existiert, sondern vielmehr, dass mit Gründung einer Wettkampforganisation festgelegt wird, nach welchen Regeln die Teilnehmer sich in einer von ihnen gewählten sportlichen Betätigung künftig untereinander messen wollen. Existieren verschiedenartige Übereinkünfte über die Regeln kann es zum Konsens kommen, sodass fortan ein gemeinsamer Wettkampfbetrieb stattfindet; es kann auch sein, dass zwar Konsens hinsichtlich der Regeln erreicht werden könnte, aber aus anderen, nicht sportartbezogenen Gründen ein gemeinsamer Wettkampfbetrieb nicht stattfindet. Oder aber es gibt keine Übereinstimmung hinsichtlich der Regeln einer Sportart, sodass sich verschiedene Spielformen und so verschiedene Sportarten herausbilden. Beispielsweise sind nach unserem heutigen Verständnis Rugby und Fußball zwei verschiedene Sportarten, tatsächlich waren sie unter der Bezeichnung „Football“ bis zur Herausarbeitung und Festlegung von unterschiedlichen Regeln zur Wettkampforganisation eine Sportart.[521]

Das fachliche Monopol muss sich also nicht universell auf die Definition einer bestimmten Sportart, sondern allein auf die zur Organisation eines Wettkampfes notwendigen Regelungen innerhalb einer Verbandspyramide beziehen.

Nahezu banal mag die Feststellung klingen, dass auch die mit der weltweiten Organisation nach der Ein-Platz-Regelung verbundene räumliche Komponente, die exklusive Stellung eines Sportfachverbandes als Repräsentant eines bestimmten Gebiets, für die Organisation von Wettkämpfen in einer Sportart keine

---

520 Vgl. auch *Vieweg*, Normsetzung und -anwendung deutscher und internationaler Verbände, S. 138 f., der die „funktionsnotwendige Welteinheitlichkeit“ von Qualifikations-Anforderungen betont.

521 Vgl. dazu § 6 II.2.a) und *Behringer*, Kulturgeschichte des Sports, S. 273.

notwendige Regelung ist. Es liegt auf der Hand, dass es auf einem Gebiet grundsätzlich beliebig viele parallele Wettbewerbsgefüge in einer Sportart geben kann, solange sie Teilnehmer haben. Das belegt ein Blick sowohl in die Vergangenheit als auch auf gegenwärtige Organisationsstrukturen des Wettkampfsports:

Auf deutschem Reichsgebiet gab es bis zum Jahr 1932 ca. 300 Sportverbände, ohne dass sie jeweils eine Sportart exklusiv vertraten. So gab es beispielsweise vier Verbände für die Sportart Handball und zwei Dachverbände des Sports.[522]

In der Sportart Taekwondo existieren auf nationaler Ebene parallele Fachverbände. Sowohl der Deutsche Taekwondo Union e. V. mit Sitz in München als auch der Deutsche Taekwondo Bund e. V. mit Sitz in Köln bezwecken den Zusammenschluss aller Taekwondo-Sportler Deutschlands.[523]

In der Sportart Basketball gibt es gegenwärtig zwei Verbände, die einen Wettbewerb auf europäischer Ebene organisieren, die Fédération Internationale de

---

522 Dies änderte sich grundlegend im Jahr 1933, als die Nationalsozialisten den Prozess der „Gleichschaltung" auf politischer Ebene einleiten konnten und parallel dazu gesellschaftliche Zusammenschlüsse „gleichgeschaltet" und der Hoheit der nationalsozialistischen Zentralgewalt unterstellt wurden. Auf diese Weise war damit von staatlicher Seite ein Organisations- und Verwaltungsmonopol geschaffen worden (Vorläufiges Gesetz zur Gleichschaltung der Länder mit dem Reich vom 31. März 1933, RGBl. I, 2. April 1933, S. 153; Zweites Gesetz zur Gleichschaltung der Länder mit dem Reich vom 7. April 1933, RGBl. I, 7. April 1933, S. 173). Der Nationalsozialistische Reichsbund für Leibesübungen (NSRL) legte daraufhin eine Einheitssatzung für alle ihm angeschlossenen Verbände und Vereine verbindlich fest. Zur NSRL-Einheitssatzung siehe die Bekanntmachung über die Einheitssatzung für die dem Nationalsozialistischem Reichsbund für Leibesübungen angeschlossenen Gemeinschaften vom 25. Januar 1940 in: Reichsministerialblatt (Reichsministerium des Inneren) 1940, S. 20 ff. Bemerkenswerterweise wurde eine Änderung des BGB-Vereinsrechts in der NS-Zeit nicht durchgeführt, da wohl aufgrund der Flexibilität der vereinsrechtlichen Organisationsvorgaben dafür kein zwingendes Bedürfnis bestand, vgl. *Vieweg*, Gleichschaltung und Führerprinzip – Zum rechtlichen Instrumentarium der Organisation des Sports im Dritten Reich, S. 250 ff. Vgl. zu der Entwicklung der Sportverbände zwischen 1933 und 1945 auch *Lohbeck*, Das Recht der Sportverbände, S. 41 ff.

523 Vgl. § 2 Nr. 3 der Satzung des Deutsche Taekwondo Union e. V. (abrufbar unter https://dtu.ccmmss.de/wp-content/uploads/2016/04/1-Satzung.pdf, zuletzt abgerufen am 12. Juni 2017) und § 2 Abs. 1 der Satzung des Deutschen Taekwondo Bundes e. V. (abrufbar unter http://www.dtb-ev.net/satzung.html, zuletzt abgerufen am 12. Juni 2017). Nur der Deutsche Taekwondo Union e. V. ist Mitglied im DOSB sowie den internationalen Fachverbänden und damit an die internationale Verbandspyramide angeschlossen.

Basket-Ball Europa (FIBA Europa) und die Union des Ligues Européennes de Basket-Ball (ULEB).[524]

Im Boxsport herrscht geradezu eine Organisationspluralität durch mehrere Weltverbände. Die World Boxing Association (WBA), die World Boxing Federation (WBF), die International Boxing Federation (IBF), das World Boxing Council (WBC) und das International Boxing Council (IBC) stehen dabei in Konkurrenz und ermitteln teilweise durch verbandsübergreifende Wettkämpfe einen Weltmeister.[525] Daneben gibt es weitere Weltverbände für den Boxsport wie beispielsweise die Association Internationale de Boxe Amateur (AIBA), die eigene Weltmeisterschaften veranstaltet.

Von einer Notwendigkeit der exklusiven Organisation nach der Ein-Platz-Regelung zum Zwecke der Wettkampfsportorganisation kann also nicht die Rede sein. Dennoch ist eine solche Auffassung in der sportrechtlichen Literatur anzutreffen.[526] Das könnte unter anderem dem Umstand geschuldet sein, dass die Ein-Platz-Regelung ähnlich wie das Fairness-Prinzip – zumindest ursprünglich – mit ideellen Motiven aufgeladen wurde, also dem Wettkampfsport unserer Zeit als „Wert" beigegeben wurde und als solcher bereits bei Gründung der meisten internationalen und nationalen Sportfachverbände vor über 100 Jahren Einzug in die Organisationsstrukturen erhielt.

2. Der – ursprünglich – ideelle Hintergrund der Organisation nach der Ein-Platz-Regelung

Die Organisation nach der Ein-Platz-Regelung hat ihren ideellen Hintergrund in dem „Einheitssportgedanken" *Pierre de Coubertins.*

---

524 Diese Konkurrenzsituation ist Gegenstand juristischer Auseinandersetzungen zwischen dem älteren (FIBA Europa) und neueren (ULEB) Verband, vgl. LG München I, Beschluss vom 2. Juni 2016, Az. 1 HK O 8126/16, SpuRt 2016, 269. In diesem Verfahren hat das LG München beschlossen, dass es ein „klassischer Fall" des kartellrechtlichen Missbrauchs im Sinne des Art. 102 AEUV ist, wenn die FIBA mit dem Ausschluss der Nationalmannschaften von internationalen Wettkämpfen droht, weil Clubs, die zu deren Verbandsgebiet gehören, an verbandsexternen Veranstaltungen teilnehmen. Das LG München hat dieses Verhalten auch als „asymetrische Kriegsführung" auf dem Markt der Sportwettbewerbe bezeichnet.

525 *Summerer*, Sport, Vereine, Verbände, Kapitalgesellschaften in: *Fritzweiler/Pfister/Summerer*, Praxishandbuch Sportrecht, S. 187.

526 *Pfister*, Einführung, in: *Fritzweiler/Pfister/Summerer*, Praxishandbuch Sportrecht, S. 16.

a) Der Einheitssportgedanke

Coubertin, der als Begründer der Olympischen Spiele der Neuzeit am Ende des 19. Jahrhunderts gilt,[527] strebte eine einheitliche Weltsportgemeinschaft an.[528] Nach *Coubertin* müssen kulturelle und politische Hindernisse im Interesse der gemeinsamen Sportausübung zurücktreten. *Coubertin* wollte eine Art einheitliche „Sport-Geographie" etablieren und maß dem Prinzip der Repräsentation einer Region durch die Wettkampfteilnehmer einen hohen Stellenwert bei.[529]

Zwar beinhaltet der Einheitssportgedanke nicht ausdrücklich die Aussage, dass es national wie supranational nur einen exklusiven „Platz", also ein Monopol, geben muss. Jedoch bedeutet eine Monopolstellung in diesen Zusammenhang natürlich die Deutungshoheit über die angeblich hinter dem Wettkampfsport stehende Idee. Um diese Deutungshoheit über alle in einem bestimmten Gebiet organisierten Wettkampfteilnehmer zu haben, ist eine exklusive Position zwingend. Ein solcher Anspruch kommt in der Ein-Platz-Regelung und in den Anstrengungen zur Erreichung, Bewahrung und Absicherung der exklusiven Struktur zum Ausdruck.

Dem Einheitssportgedanken wurde bereits bei der Gründung der FIFA durch die Implementierung der Ein-Platz-Regelung Rechnung getragen[530] und im weiteren Verlauf als „Wert" gepflegt, wie die Äußerungen des langjährigen FIFA-Präsidenten (1921–1954) *Jules Rimet* zeigen: „Ebenso wie die FIFA die unterschiedlichsten Völker in einem Bewusstsein der Solidarität und Disziplin zusammenschließt, verbindet der Fußball sie durch eine ständige Organisation von Begegnungen in einer Atmosphäre fröhlicher und freier Kameradschaft."[531] Die verbindende Kraft des Fußballs wird so mit der ordnenden Funktion der FIFA als notwendige Verbindung dargestellt. Denn, so *Rimet* weiter, nur sofern die Regeln der jeweiligen Sportart von einer überregionalen Instanz einheitlich festgelegt und anerkannt würden, sei sportlicher Wettkampf trotz allen sprachlichen und politischen Unterschieden grundsätzlich möglich.[532]

---

527 Vgl. *Behringer*, Kulturgeschichte des Sports, S. 281.

528 Vgl. dazu *Coubertin*, Olympische Erinnerungen, S. 211 ff.

529 *Coubertin*, Olympische Erinnerungen, S. 92 ff.

530 Vgl. oben § 7 II.2.

531 *Rimet*, Introduction et esquisse historique, S. 15, übersetzt aus dem Französischen.

532 *Rimet*, Introduction et esquisse historique, S. 15.

Auf deutschem Gebiet wurde der Einheitssportgedanke bei der Neugründung des BLSV nach dem Zweiten Weltkrieg[533] im Jahr 1947 ebenso „von oben" implementiert[534] wie später 1950 im Rahmen der Gründungsversammlung des Deutschen Sportbundes: Die damals versammelten Vertreter der bestehenden Landessport- und Bundesfachverbände hatten zum Ziel ausgerufen, eine erneute Zersplitterung des Verbandswesens aufgrund politischer Gründe zu verhindern.[535] Der oben zitierte[536] § 30 Abs. 1 der BFV-Satzung 2018 ist ebenfalls als Ausdruck des Einheitssportgedankens zu sehen. Auch der DFB verfolgt den Einheitssportgedanken, wenn er nach seinem Selbstverständnis „die Gesamtverantwortung für die Einheit des deutschen Fußballs [trägt]."[537]

b) *Kritische Betrachtung des Einheitssportgedankens*

Man ist gewillt, den Herren *Coubertin* und *Rimet* für die Betonung der einenden Kraft des Wettkampfsports zu applaudieren. Eine respektvolle Begegnung im Wettkampfsport trotz aller politischen, religiösen, sozialen und kulturellen Unterschiede, also eine „Einheit in Vielfalt"[538], verdient grundsätzlich volle Zustimmung. Wettkampfsport kann ein Mittel der Völkerverständigung sein. Über hundert Jahre nach *Coubertin* hat das Bundesverfassungsgericht die gesellschaftliche Bedeutung des Sports betont, da „[d]er Sport Identifikationsmöglichkeiten im lokalen und nationalen Rahmen [bietet] und Anknüpfungspunkt für eine breite Kommunikation in der Bevölkerung [ist]".[539]

Der Einheitssportgedanke erscheint aber in einem anderen Licht, wenn man bedenkt, dass *Coubertin* es als Angehöriger des Adelsstandes selbst mit der „uni-

533 Nachdem in den Jahren 1933 bis 1945 die Wettkampfsportorganisation in die Ideologie des Nationalsozialismus eingeordnet worden war, löste der Alliierten Kontrollrat sämtliche Sportorganisationen auf und kontrollierte deren Neugründung, vgl. die Directive 23 der Alliierten Kontrollbehörde vom 17. Dezember 1945 (Abdruck bei: *Sorg*, Von der Stunde Null bis zum Deutschen Sportbund, S. 81).

534 So geht es aus den Amtlichen Sportmitteilungen des BLSV vom 5. Februar 1947 hervor, vgl. „1. Verbandstag 1947".

535 Dies lässt sich den Schilderungen des Zeitzeugen *Heinrich Sorg*, der als Sportler der Arbeiterbewegung während der NS-Zeit ausgewandert war und nach Heimkehr 1945 entscheidend am Aufbau der demokratischen Sportbewegung beteiligt war, entnehmen, siehe *Sorg*, Von der Stunde Null bis zum Deutschen Sportbund, S. 79 ff.

536 § 7 II.2.

537 Vgl. Präambel der DFB-Satzung 2016.

538 So lautete der Titel eines Aufsatzes des aktuellen IOC-Präsidenten *Thomas Bach*, vgl. SpuRt 2010, S. 46.

539 BVerfG, Urteil vom 17. Februar 1998, 1 BvF 1/91, BVerfGE 97, 228, 257.

versalen Gleichheit" nicht besonders ernst nahm. Denn nach seiner Vorstellung waren nur Männer, und diese ausschließlich als Amateure als Wettkämpfer zuzulassen.[540] Vordergründig war der Amateurgedanke für *Coubertin* ein Mittel zu dem Zweck, den Sport vor der Kommerzialisierung zu bewahren. In einer Rede im Jahr 1925 am Ende seiner fast drei Jahrzehnte bestehenden Amtszeit als Präsident des Internationalen Olympischen Komitees, das sich längst zur maßgeblichen Instanz des weltweiten Sportbetriebs entwickelt hatte, appellierte er an die Mitglieder, den „Tempel" des Sports frei vom „Markt" des mit der Sportausübung verbundenen wirtschaftlichen Gewinnstrebens zu halten und den Charakter des Selbstzwecks der sportlichen Leistung zu wahren.[541] Mit der Metapher „Tempel"

---

540 Vgl. *Behringer*, Kulturgeschichte des Sports, S. 282.

541 Vgl. *Coubertin*, Olympische Erinnerungen, S. 14. Exkurs zum Begriff „Amateur": Der Ursprung des Begriffs „Amateur" im Zusammenhang mit der Ausübung von Wettkampfsport ist nicht in der Antike zu suchen. Im Gegenteil: Bereits die unter heutigen Definitionskriterien als Sportler zu verstehenden Olympiateilnehmer erhielten während der Vorbereitung Unterstützungsleistungen in ihren Heimatorten und bei siegreicher Rückkehr materielle Zuwendungen wie Grundstücke, Vieh oder Leibrenten und waren deswegen „alles andere als Amateure", so *Pöttinger*, Wirtschaftliche und soziale Grundlagen der Professionalisierung im Sport, S. 34; auch: *Sinn*, Olympia, S. 39 f.; *Swaddling*, Die Olympischen Spiele der Antike, S. 151. Vielmehr hat das „Amateurkriterium" seinen Ursprung in England ab der Mitte des 18. Jahrhunderts, als englische Adelige den Sport als Zeitvertreib für sich entdeckten (Ausführlich zur Entwicklung des Sports in England: Pöttinger, Wirtschaftliche und soziale Grundlagen der Professionalisierung im Sport, S. 35 ff. und *Krockow*, Sport, Gesellschaft und Politik, S. 11 ff.). Da der adelige *Pierre de Coubertin* diese Ideologie den Olympischen Spielen zugrunde legte und der Amateurgedanke auch in den Sportfachverbänden verankert war (vgl. § 72 der BLSV-Satzung der Sparte Fußball von 1947, der festlegt, dass der Fußballsport nur aus „Liebhaberei" betrieben werden darf; siehe auch *Hannamann*, Kartellverbot und Verhaltenskoordinationen im Sport, S. 109 f.; zum Amateurismus für den deutschen Fußballsport als allgemein verfolgtes Ideal: *Christiane Eisenberg*, Deutschland in: *Eisenberg* (Hrsg.), Fußball, soccer, calcio, S. 106 ff.), wurde noch lange Zeit zumindest formell an der Ideologie des Amateurismus für den olympischen Sport festgehalten, vgl. *Behringer*, Kulturgeschichte des Sports, S. 299 f. Die tatsächlichen Entwicklungen waren dazu schon früh völlig gegenläufig: Der Deutsche Fußballbund hat formell die Einführung des Berufsfußballs bereits 1932 beschlossen, nachdem der Weltfachverband, die FIFA, bereits 1930 eine für Berufsfußballspieler offene Weltmeisterschaft organisiert hatte, die seitdem alle vier Jahre (mit Ausnahme 1942 und 1946) ausgetragen wird, vgl. *Christiane Eisenberg*, Deutschland in: *Eisenberg* (Hrsg.), Fußball, soccer, calcio, S. 110 ff.; dafür, dass die Amateuridee dem Sport generell zugrunde liegen sollte, in den Fachverbänden jedoch nicht konsequent aufrechterhalten wurde, spricht der Befund in der Satzung des BFV von

für den Sport wird *Coubertins* Überhöhung des Sports als eine Art Religion, die nicht durch Erwerbsinteressen beschmutzt werden sollte, deutlich, ist darin doch klar eine Anspielung auf die Vertreibung der Händler aus dem Tempel durch *Jesus Christus*, wie sie im Neuen Testament beschrieben wird, zu sehen.[542]

Jedoch ist der Amateurgedanke vor allem als Mittel der sozialen Abgrenzung zu sehen. Nur die Oberschicht konnte es sich leisten, einen hohen Zeitaufwand ohne Entgelt allein für das Verbessern von sportlichen Fähigkeiten zu betreiben. Der Amateurgedanke bewahrte die Adligen in ihren sportlichen Wettstreiten vor Niederlagen gegen Konkurrenten aus sozial niedrigeren und somit nicht standesgemäßen Klassen. Man wollte unter sich bleiben. So waren auch die fünfzehn Personen, die von *Coubertin* 1894 eingeladen wurden, um über die Organisation von Olympischen Spielen zu beraten, Freunde *Coubertins* aus Europa und den USA. Für eine annähernde Rechtfertigung der Bezeichnung dieser Gruppe, die als Gründungsversammlung des IOC gesehen wird, als „universal" fehlte es jedenfalls an Vertretern aus Asien, Afrika oder Australien.[543] Insofern trägt die durch einige wenige diktierte Deutungshoheit über die Idee des Sports durchaus autoritäre Züge.

1949, in der erkennbar die Vorgabe der Spartensatzung des Landessportverbandes, den Fußballsport nur aus „Liebhaberei" (= Amateurismus) zu betreiben, gestrichen wurde, vgl. den abgeänderten § 72 der BLSV-Satzung der Sparte Fußball von 1947. Im Zuge dessen wurde auf dem Verbandstag vom 4. Februar 1949 die Trennung von Amateuren und Lizenzspielern beschlossen, vgl. Verbandstagsprotokoll vom 4. Februar 1949. Letztlich hat sich die Amateur-Idee nicht aufrechterhalten lassen, auch nicht formal. Die Abkehr von dieser oktroyierten Wertvorstellung ist spätestens in der 1981 vollzogenen Maßnahme offensichtlich, als der Passus „Amateur" in der Olympischen Charta durch „Zulassung" ersetzt und Maßnahmen getroffen wurden, um die wirtschaftliche Verwertung der Olympischen Spiele offen verwirklichen zu können (Siehe Regel 40 (Zulassungsregel) der heutigen Olympischen Charta (vgl. Deutsche Olympische Akademie (Hrsg.), Olympische Charta 2014, S. 53) Zur Kommerzialisierung der olympischen Spiele seitens des Veranstalters siehe *Hannamann*, Kartellverbot und Verhaltenskoordinationen im Sport, S. 111 ff.). Symbolisch für die völlige Abkehr von der „Reinheit" des Sports von wirtschaftlichen Erwägungen könnte man die Tatsache anbringen, dass als Austragungsort für die Olympischen Spiele 1996 zu deren 100-jährigem Bestehen in der Neuzeit nicht das historische Mutterland Griechenland, sondern Atlanta, USA, durch das IOC bestimmt wurde, das zugleich den Firmensitz eines großen und langjährigen Sponsoren des IOC beheimatet.

542 Vgl. Neues Testament, *Matthäus 21, 12–17*; ferner wird dies deutlich in: *De Coubertin*, Olympische Erinnerungen, S. 198 ff., 210 ff.

543 Vgl. *Behringer*, Kulturgeschichte des Sports, S. 283.

Der Einheitssportgedanke sorgte auch dafür, dass bereits die ersten internationalen Sportveranstaltungen auf europäischem Gebiet ab dem Ende des 19. Jahrhunderts zum Wettkampf zwischen Nationen erhoben wurden.[544] Diesem bis heute gepflegten Prinzip der Repräsentation eines politischen Gebiets durch die Sportler wurde Ausdruck verliehen durch entsprechende Flaggen, einheitliche, an die Nationalfarben angelehnte Kleidung und das Abspielen der Nationalhymnen bei Siegerzeremonien. Die errungenen Auszeichnungen wurden in einer Rangliste der Nationen veröffentlicht und verglichen. Natürlich erzeugt dieses „Repräsentationsprinzip" eine Identifikation mit der Öffentlichkeit des jeweiligen politischen Gebiets, die den verbandsmäßig organisierten Sport mit ansteigendem Interesse verfolgte, sodass ab den 1920er Jahren die internationalen Wettkämpfe auch außerhalb des Sportlerkreises als bedeutendes Ereignis wahrgenommen wurden.[545] Der dadurch erzeugbare Zusammenhang zwischen dem jeweiligen politischen Gebiet und der sportlichen Leistungskraft begründete auch die Instrumentalisierung des Sports durch den Staat.[546] Der Einheitssportgedanke findet sich im heutigen Wettkampfsport auch in der Form der einheitlichen Repräsentation eines politischen Gebiets wieder.[547]

Die Schaffung eines Zusammenhangs zwischen einem Gebiet und dem oder der „Besten" in einer Sportart führt uns zu einem weiteren Aspekt, der die fälschliche Annahme der Monopolstruktur als für den Wettkampfsport notwendige Regelung befördert haben dürfte.

3. Der praktische Aspekt der Organisation nach der Ein-Platz-Regelung

Bemerkenswerterweise werden die gegenwärtigen Strukturen im Boxsport gerne als Beispiel für die Notwendigkeit der weltweiten exklusiven Organisation einer Sportart nach der Ein-Platz-Regelung angeführt.[548] Das verwundert, da

---

544 *Keys,* Globalizing Sport, S. 56 f.

545 Vgl. *Keys,* Globalizing Sport, S. 59.

546 Man denke nur an die Olympischen Spiele von 1936 in Berlin, die das Nazi-Deutschland als Propaganda-Bühne nutzte, oder den zum „Systemvergleich" überhöhten sportlichen Vergleich zwischen der UdSSR und den USA im Kalten Krieg, vgl. dazu *Behringer,* Kulturgeschichte des Sports, S. 290 f.

547 Das „Nationenprinzip" betrachtet der EuGH als mit dem spezifischen Charakter und Rahmen des Wettkampfsports zusammenhängend als legitimen Zweck der gegenwärtigen Wettkampfsportorganisation, vgl. EuGH, Urteil vom 15. Dezember 1995, C-415/93, Slg. 1995 I, 4921.

548 *Hannamann,* Kartellverbot und Verhaltenskoordinationen im Sport, S. 270.

ja gerade die Organisationspluralität in dieser Sportart vor Augen führt, dass eine weltweite monopolistische Organisation keine notwendige Strukturvoraussetzung für den Wettkampfsport ist, also das Gegenteil einer Notwendigkeit nahelegt.

Betrachtet man die nähere Erläuterung zu diesem Beispiel, so wird deutlich, dass es sich dabei um ein Argument psychologischer Natur handelt. Denn der negativ konnotierte Verweis auf im Boxsport vorhandene mehrere Titelträger und die Bezeichnung der Ausscheidungskämpfe als „komplizierte Prozedur"[549] macht deutlich, dass hier nicht eine organisatorische Notwendigkeit begründet wird, sondern darin der Wunsch zum Ausdruck kommt, dass Klarheit darüber besteht, wer der oder die „Beste" in einer Sportart in einem bestimmten Gebiet ist. Die Ermittlung des „Besten", Rekorde und Spitzenleistungen sind ein großer Teil der Faszination des Wettkampfsports, sowohl für die Beteiligten als auch die ihn verfolgende Öffentlichkeit; das dem Wettkampfsport per Definition innewohnende Leistungsstreben gipfelt darin. Deshalb ist es durchaus nachvollziehbar, es als für die Idee des Wettkampfsports unbefriedigend zu erachten, wenn die Ermittlung des „Besten" ungeklärt bleibt.

Allerdings ist es nicht richtig, dass die Ermittlung der Leistungsspitze nur möglich ist, wenn dafür nur eine einzige Organisationsstruktur pro Gebiet existiert.[550] Beispielsweise könnten zwei oder mehr Organisationen, die den Fußballsport in Bayern organisieren, einen Wettkampf untereinander um den Titel „Bayerischer Meister" veranstalten. Sie müssten sich dazu allerdings auf eine einheitliche Regelanwendung und -auslegung einigen, die im Wettkampf durch einen von beiden Parteien anerkannten Schiedsrichter überwacht werden.[551]

---

549 So beispielsweise *Summerer*, Sport, Vereine, Verbände, Kapitalgesellschaften in: *Fritzweiler/Pfister/Summerer*, Praxishandbuch Sportrecht, S. 187.

550 So auch *Gießelmann-Goetze*, Das Ein-Platz-Prinzip, S. 18; *Hannamann*, Kartellverbot und Verhaltenskoordinationen im Sport, S. 57.

551 Zu solchen verbandsübergreifenden Einigungen kam es beispielsweise in Zeiten der Verbandspluralität in Deutschland im Jahre 1930, als sich Vertreter dreier Sportverbände, die sich in der Organisations von Sportarten teilweise überschnitten, in vertraglicher Form über Zuständigkeiten der Streitbeilegung, des Wettkampfverkehrs und der allgemeinen Zusammenarbeit verständigten, siehe dazu die Deutsche Turn-Zeitung 1930, S. 653 ff., worin der Inhalt der Vereinbarung der „Vertragschließenden" als Statut der „Arbeitsgemeinschaft" der Verbände Deutsche Turnerschaft, Deutsche Sportbehörde für Leichtathletik und dem Deutschen Fußballbund vom 3. März und 12./13. April 1930 veröffentlicht ist.

Es ist deshalb einfacher, ja praktischer, wenn solche Übereinkünfte nicht notwendig sind, um den „Meister" eines Gebiets zu ermitteln.[552] In diesem praktischen Aspekt ist auch die große Attraktivität der etablierten Verbandsstrukturen zu sehen. Die Eingliederung in die Organisation des BFV enthält das Versprechen für jedes der Mitglieder, dass es bei Erreichen der Spitze des durch den BFV organisierten Wettkampfes als „Meister" in der Sportart Fußball auf dem Gebiet Bayerns gilt – und das sowohl mit Wirkung für die Öffentlichkeit als auch für den für die nächsthöhere Wettkampfsportorganisation zuständigen Verband. Der BFV bietet seinen Mitgliedern aufgrund der Ein-Platz-Regelung des DFB als einziger Organisator in Bayern die – zumindest theoretische – Möglichkeit, sich für die nächsthöhere Wettkampfebene zu qualifizieren.

Mit der Monopol wahrenden Ein-Platz-Regelung ist also der für jedes Mitglied praktische Vorteil verbunden, dass es Teil einer Organisationsstruktur ist, die jeweils die maßgebliche Instanz für die Bestimmung der Wettkampfspitze in einer Sportart auf einem bestimmten Gebiet stellt. Das Monopol ist praktisch. Das Monopol ist bequem.

Es muss betont werden, dass auch damit keine Notwendigkeit der Ein-Platz-Regelung für den Wettkampfsport gegeben ist, sondern lediglich allgemeine praktische Vorteile für den Verband und seine Mitglieder benannt sind,[553] die gleichermaßen für Organisationen außerhalb des Wettkampfsports gelten, die als Ziel die Ermittlung der hervorragendsten „Leistung" haben.[554]

IV. Bewertung der Ein-Platz-Regelung der Sportfachverbände

Um zu bewerten, inwieweit die Ein-Platz-Regelung der Sportfachverbände als Ausdruck der allgemeinen Organisationsautonomie der Sportfachverbände trotz der Nicht-Notwendigkeit der exklusiven Organisationsstruktur nach der Ein-Platz-Regelung und ihrer Monopol wahrenden Wirkung eine Existenzberechtigung in deren Satzungen haben kann, wollen wir den Blick zunächst auf die

552 Zu diesem Aspekt auch *Summerer*, Sport, Vereine, Verbände, Kapitalgesellschaften in: *Fritzweiler/Pfister/Summerer*, Praxishandbuch Sportrecht, S. 187; *Vieweg*, Normsetzung und -anwendung deutscher und internationaler Verbände, S. 66; *Gießelmann-Goetze*, Das Ein-Platz-Prinzip, S. 18.

553 Ähnlich *Jickeli*, Kartellrechtliche Grenzen des Einplatzprinzips im Verbandsrecht, S. 1035 ff., der das Ein-Platz-Prinzip zwar als Organisationsregel sieht, die dem Ziel des sportlichen Wettbewerbs dient, ihm aber keine echten nachvollziehbaren objektiven Vorteile attestiert.

554 Zu denken wäre hier beispielsweise an Tierzucht-Verbände oder Organisationen, die Schönheitswettbewerbe organisieren.

gefestigte Rechtsprechung des Bundesgerichtshofes zur Ein-Platz-Regelung der Dachverbände des Sports richten.

Denn für die Bewertung der Ein-Platz-Regelung der Sportfachverbände können wir nicht auf höchstrichterliche Rechtsprechung zurückgreifen. Soweit ersichtlich hat bislang nur ein oberes Gericht, das OLG München im Jahr 2009,[555] über die Ein-Platz-Regelung eines Sportfachverbandes entschieden. In diesem Zusammenhang stellte das OLG München keine spezifischen Überlegungen zur Ein-Platz-Regelung der Sportfachverbände an, sondern stützte seine Entscheidung auf die ständige Rechtsprechung des Bundesgerichtshofes zur Ein-Platz-Regelung der Dachverbände des Sports.

Im Folgenden wollen wir zunächst die gefestigte Rechtsprechung zur Ein-Platz-Regelung der Dachverbände des Sports darstellen und sodann die Übertragbarkeit der Rechtsprechung auf die Ein-Platz-Regelung der Sportfachverbände unter Berücksichtigung der Entscheidung des OLG München kritisch prüfen und abschließend die Folge für die Bewertung der Ein-Platz-Regelung darstellen.

1. Die gefestigte Rechtsprechung zur Ein-Platz-Regelung der Dachverbände des Sports

a) Das Urteil des Bundesgerichtshofs von 1974 zur Ein-Platz-Regelung des Deutschen Sportbundes

Grundlegend für die Rechtsprechung zur Ein-Platz-Regelung der Dachverbände des Sports war das Urteil des Bundesgerichtshofes aus dem Jahr 1974.[556] In dem Verfahren standen sich der Rad- und Kraftfahrerbund Solidarität e. V. (RKB) als Kläger und der Deutsche Sportbund (DSB) als Beklagter gegenüber. Letzterer war die damalige[557] Dachorganisation der Turn- und Sportverbände auf Bundesebene und der überfachlichen Sportorganisationen in den Ländern, der eine Monopolstellung innehatte. Der Bundesgerichtshof hatte darüber zu entscheiden, ob der DSB zu Recht durch die Vorinstanz (Oberlandesgericht Frankfurt) dazu verurteilt worden war, den klagenden RKB als Mitglied aufzunehmen, obwohl das Fachgebiet des Radsports bereits vom Bund Deutscher Radfahrer e. V. (BDR) im DSB vertreten war. Der Bundesgerichtshof ging auf die Herleitung einer etwaigen Aufnahmeverpflichtung des DSB nicht vertieft

555 OLG München, Urteil vom 25. Juni 2009, U 5327/08, SpuRt 2009, 251.

556 BGH, Urteil vom 2. Dezember 1974, II ZR 78/72, NJW 1975, 771.

557 Nach dem Zusammenschluss mit dem Nationalen Olympischen Komitee im Jahre 2006 heute als Deutscher Olympischer Sportbund (DOSB) e. V. organisiert.

ein, sondern verweist auf die ständige Rechtsprechung des Bundesgerichtshofes in Bezug auf Monopolverbände.[558]

Der DSB hatte die Nicht-Aufnahme des RKB in erster Linie auf folgende Satzungsregelung gestützt:

> „Besteht für international anerkannte Fachgebiete im DSB ein Spitzenverband, kann kein anderer Verband für dieses Fachgebiet in den DSB aufgenommen werden."

Es ist hervorzuheben, dass der Bundesgerichtshof ausschließlich diese Satzungsregel als „Ein-Platz-Prinzip" bezeichnet hat.[559]

Diese Regelung hatte das Oberlandesgericht Frankfurt als Vorinstanz als unzulässige Aufnahmebeschränkung eingeordnet, da der DSB damit eine Zentralisierung des Sports in Monopolverbänden erstrebe, die allein der Stabilisierung des Bestehenden und der „etablierten" Verbände diene und „pluralistische Initiativen und Alternativen" ausschließe. Dies sei mit der verfassungsrechtlichen Wertentscheidung des Grundgesetzes, die zugunsten einer pluralistischen Rechts- und Gesellschaftsordnung ergangen sei, nicht vereinbar. Art. 9 Abs. 1 GG normiere ein allgemeines Prinzip des Aufbaus des Gemeinwesens, nämlich das einer freien und sozialen Gruppenbildung.[560]

In seiner Entscheidung kritisiert der Bundesgerichtshof die Ausführungen der Vorinstanz als nicht ausreichend für die Unzulässigkeit der Ein-Platz-Regelung.[561] Die Vorinstanz hätte prüfen müssen, ob und inwieweit der DSB sachlich gerechtfertigte Gründe für die Durchhaltung der Ein-Platz-Regelung hat und wie diese Gründe gegebenenfalls gegenüber den Nachteilen des Klägers zu berücksichtigen sind.[562] Als unabwendbare Nachteile einer Nicht-Mitgliedschaft des RKB erkannte der Bundesgerichtshof insbesondere die faktisch stärkere Stellung und das größere Ansehen in der Öffentlichkeit und im Ausland an, die die Mitglieder des DSB, der Teil der bestehenden Verbandspyramide der Dachverbände des Sports war, im Vergleich zu sonstigen Sportverbänden genießen.[563]

Im Einzelnen prüfte der Bundesgerichtshof die folgenden vom DSB vorgetragenen Gründe auf ihre sachlich rechtfertigende Kraft für die Ein-Platz-Regelung des DSB:

---

558 BGH, Urteil vom 2. Dezember 1974, II ZR 78/72, NJW 1975, 771. Als gesetzlichen Anknüpfungspunkt führte er dementsprechend § 826 BGB an.

559 BGH, Urteil vom 2. Dezember 1974, II ZR 78/72, NJW 1975, 771, 773.

560 Vgl. BGH, Urteil vom 2. Dezember 1974, II ZR 78/72, NJW 1975, 771, 774, in welchem der Senat die Entscheidung der Vorinstanz in indirekter Rede wiedergibt.

561 Um die oben herausgearbeitete Begriffsgenauigkeit durchzuhalten, wird die Bezeichnung Ein-Platz-Regelung auch an dieser Stelle verwendet.

562 BGH, Urteil vom 2. Dezember 1974, II ZR 78/72, NJW 1975, 771, 774.

563 BGH, Urteil vom 2. Dezember 1974, II ZR 78/72, NJW 1975, 771, 773.

aa) Verweis auf die Ein-Platz-Regelung der Sportfachverbände kein sachlicher Grund

Keine sachliche Rechtfertigung der Ein-Platz-Regelung des DSB sei darin zu sehen, dass auch außerhalb des DSB die Gliederung des Sports dergestalt sei, dass jeder Fachbereich nur durch einen Spitzenverband vertreten werde. „Ein solches Interesse mag aus sportlichen und sonstigen Gründen die Förderung des Beklagten verdienen – etwa hinsichtlich der Organisation eines jeweils einheitlichen Wettkampf- und Meisterschaftsbetriebes für jede Sportart in der Bundesrepublik, hinsichtlich der internationalen Repräsentation der einzelnen Fachbereiche durch jeweils nur einen Fachverband und hinsichtlich einheitlicher Fachverbandsverwaltungen, soweit die Sportförderung Sache der einzelnen Sportfachverbände ist", so der Bundesgerichtshof. „Angesichts des Umstandes, daß den Mitgliedsverbänden die organisatorische, finanzielle und fachliche Selbständigkeit zuerkannt ist (...), wäre es aber ein durchaus inadäquates, als sachlich gerechtfertigt nicht anzuerkennendes Mittel, dieses Interesse unter Anwendung des Drucks zu verfolgen, daß in den beklagten Verband jeweils nur ein Spitzenverband aufgenommen wird."[564]

Im Ergebnis konnte sich der DSB also nicht erfolgreich auf die Ein-Platz-Regelung der Sportfachverbände berufen, um seine eigene Organisationsregel zu rechtfertigen.

bb) Keine Rechtfertigung durch Verweis auf Mitgliederschutz

In der Erwägung des DSB, dass durch die Ein-Platz-Regelung im Verband einzelne Sportarten gegen eine Majorisierung durch andere Sportarten geschützt werden, sieht der Bundesgerichtshof ebenfalls keinen sachlich rechtfertigenden Grund. Denn „[u]m zu vermeiden, daß eine bestimmte Sportart nur deswegen mehr Stimmrechte hat, weil sie durch mehre Spitzenverbände vertreten ist, würde es genügen, das Stimmgewicht der mehreren sportartgleichen Verbände zu beschränken. Einer Aufnahmebeschränkung bedarf es dazu nicht."[565]

cc) Sachlicher Grund aufgrund der Erschwerung der Erfüllung der Aufgabe des Deutschen Sportbundes

Als sachlichen Grund, den das Berufungsgericht hätte berücksichtigen müssen, erkennt der Bundesgerichtshof aber an, „daß die Zulassung mehrerer Fachverbände je Sportart die Willensbildung im Verband außerordentlich erschweren,

564 BGH, Urteil vom 2. Dezember 1974, II ZR 78/72, NJW 1975, 771, 774.
565 BGH, Urteil vom 2. Dezember 1974, II ZR 78/72, NJW 1975, 771, 774.

leicht zur Unübersichtlichkeit und Rivalität innerhalb des Mitgliederkreises führen und auch sonst für den Verband negative Auswirkungen haben könne."[566] Denn eine der wesentlichen Aufgaben des DSB, so der Bundesgerichtshof weiter, sei die Förderung des Spitzensports, sei es durch eigene Veranstaltungen, sei es durch Mitwirkung bei Förderungsmaßnahmen durch andere öffentliche oder private Stellen. Hierzu bedürfe es einer zentralen Instanz, die die Ergebnisse und Aussichten der Spitzensportler feststellt und bewertet, die Art und Rangfolge der Förderungsmaßnahmen festlegt und die Förderungswürdigkeit, der miteinander konkurrierenden Verbände und Vereine beurteilt. Würden dagegen innerhalb des DSB jeweils mehrere sportgleiche Verbände miteinander konkurrieren, so müsste der DSB selbst, abgesehen von der ihm zufallenden Aufgabe der überfachlichen Koordinierung, auch über sportfachliche Fragen letztinstanzlich entscheiden. Dies würde zu einer wesentlichen Zweckänderung des DSB führen und eine erhebliche Erweiterung seines Verwaltungsapparates erfordern.[567]

dd) Die Abwägungsentscheidung des Bundesgerichtshofs

In der anschließenden Abwägung prüfte der Bundesgerichtshof, inwieweit das mit der Ein-Platz-Regelung verfolgte berechtigte Interesse des DSB durch eine andere, „mildere" Ausgestaltung zu erreichen wäre, die den „zufällig Zuerstgekommenen" nicht einseitig bevorzugt und dem RKB den Zugang zu den Verbandsvorteilen eröffnet.[568]

Der Bundesgerichtshof führte also eine Interessenabwägung durch, in der er sowohl die sachlichen Interessen des RKB als auch die des DSB würdigte. Insofern entspricht der in der Entscheidung des Bundesgerichtshofes vorgenommene Prüfungsmaßstab demjenigen, der oben[569] für nicht notwendige Verbandsregelungen herausgearbeitet wurde.

Als „mildere" Ausgestaltung kommt nach dem Bundesgerichtshof beispielsweise eine Regelung in Betracht, nach der konkurrierende Verbände nur durch eine gemeinschaftliche Dachorganisation die Mitgliedschaftsrechte für ihren Fachbereich im DSB einheitlich ausüben können. Ein solcher Zusammenschluss könne durch die Satzung des DSB mittelbar etwa in der Weise durchsetzbar sein, dass im Falle grundloser Verweigerung des Zusammenschlusses durch einen Verband der andere Anspruch darauf hat, allein die Mitgliedschaft zu erwerben.

566 BGH, Urteil vom 2. Dezember 1974, II ZR 78/72, NJW 1975, 771, 774.
567 BGH, Urteil vom 2. Dezember 1974, II ZR 78/72, NJW 1975, 771, 774.
568 BGH, Urteil vom 2. Dezember 1974, II ZR 78/72, NJW 1975, 771, 772 und 775.
569 Siehe § 6 IV.2.c)cc).

Vor allem der DSB müsse hierzu sachgerechte Vorschläge machen. Lösungen dieser Art könnten nicht daran scheitern, dass der bereits dem DSB angehörende Spitzenverband auf seine bisherigen Mitgliedschaftsrechte besteht. Auf den Fortbestand eines solchen „Besitzstandes" gebe es keinen Anspruch, wenn veränderte Verhältnisse den Verband aus tatsächlichen oder aus rechtlichen Gründen zu einer Abänderung der Satzung zwingen. Sollte der beklagte Verband einer ihm zumutbaren Satzungsänderung in angemessener Frist nicht nachkommen, so sei die Klage auf Zulassung des RKB als ordentliches Mitglied begründet, weil der DSB alsdann keinen sachlich berechtigten Grund für die weitere Ungleichbehandlung des RKB mehr hat.[570]

b) *Bestätigung durch das Urteil des Kartellsenats des Bundesgerichtshofs von 1985*

Das Urteil des Kartellsenats des Bundesgerichtshofs vom 10. Dezember 1985[571] hat die Rechtsprechung des Bundesgerichtshofes bezüglich der Ein-Platz-Regelung der Dachverbände des Sports bestätigt und damit gefestigt. Denn der Kartellsenat hat seine Gründe hauptsächlich auf die zuvor ausgeführte Entscheidung des Bundesgerichtshofes vom 2. Dezember 1974 gestützt.

Der Kläger in diesem Verfahren war der Aikido-Verband Niedersachsen e. V., eine Vereinigung von Aikido-Vereinen/-Abteilungen im Gebiet des Landes Niedersachsen. Mit der Klage verlangte der Aikido-Verband Niedersachsen e. V. seine Aufnahme in den Beklagten, den Landessportbund Niedersachsen e. V., der – entsprechend dem BLSV in Bayern – der einzige Dachverband des Sports auf Ebene des Bundeslandes Niedersachsen ist.

Das erstinstanzliche Landgericht hat den Landessportbund Niedersachsen e. V. verurteilt, den Aikido-Verband Niedersachsen e. V. als ordentliches Mitglied aufzunehmen. Die Berufung wurde zurückgewiesen. Die Revision vor dem Bundesgerichtshof hatte keinen Erfolg.

Dass diesmal der Kartellsenat mit der Ein-Platz-Regelung des Beklagten befasst war, lag daran, dass die Aufnahmepflicht von Monopolverbänden sich – neben

---

570 BGH, Urteil vom 2. Dezember 1974, II ZR 78/72, NJW 1975, 771, 775. Nachdem es in der erneuten Verhandlung vor dem OLG Frankfurt nicht zu einer Einigung kam, verurteilte das OLG Frankfurt den DSB zur Aufnahme des Klägers. Dagegen legte der DSB erneut Revision vor dem BGH ein. Mit Urteil vom 19. Dezember 1977, II ZR 8/76, wies der BGH die Revision unter Zugrundelegung der Erwägungen aus BGH, Urteil vom 2. Dezember 1974, II ZR 78/72, NJW 1975, 771, zurück. Der DSB musste den Kläger aufnehmen.

571 BGH, Urteil vom 10. Dezember 1985, KZR 2/85, NJW-RR 1986, 583.

der Anlehnung an § 826 BGB – auch aus den Vorschriften des GWB entwickelt hat (damals § 27 GWB a. F., heute § 20 Abs. 5 GWB).[572] Der 2. Zivilsenat des Bundesgerichtshofes ging in seinem Urteil vom 2. Dezember 1974 nicht weiter auf § 27 GWB a. F. als Grundlage der Aufnahmepflicht ein, da die Vorschrift „offensichtlich keinen weitergehenden Schutz für den Kläger bieten [würde]", sodass eine Abgabe der Sache an den Kartellsenat des Bundesgerichtshofs nicht geboten war.[573] Diese Erwägung des 2. Zivilsenats des Bundesgerichtshofs wird durch die Entscheidung des Kartellsenats des Bundesgerichtshofs insofern bestätigt, als dieser denselben Maßstab anwendet, ebenfalls eine umfassende Interessenabwägung durchführt und die inhaltlich gleichen Erwägungen trifft, wie es der 2. Zivilsenat bei der Bewertung der Ein-Platz-Regelung getan hat.

Der Bundesgerichtshof kommt zu dem Ergebnis, dass das, was für den DSB auf Bundesebene angenommen wurde, auf regionaler Ebene entsprechend für die Landessportverbände gelte. Das bei einem Bewerber um die Mitgliedschaft beim Beklagten allgemein vorhandene wesentliche Interesse an der Aufnahme genüge zur Begründung des grundsätzlichen Aufnahmezwangs. Ob er im Einzelfall durchgreift, ist anhand einer Prüfung und Abwägung der Interessen des jeweiligen Bewerbers an der Mitgliedschaft und der entgegenstehenden Interessen des in Anspruch genommenen Verbandes zu beurteilen.[574]

Auch der Kartellsenat erkennt „das Bestreben des Beklagten, die Beeinträchtigung seiner Funktionsfähigkeit und seiner Schlagkraft durch die Aufnahme einer Vielzahl – womöglich konkurrierender – Fachverbände zu vermeiden, grundsätzlich als sachlich berechtigt" an. Dieses Interesse könnte aber „durch eine nicht diskriminierende Ausgestaltung des Ein-Platz-Systems oder eine satzungsgemäße, nicht diskriminierende Zusammenfassung sportartgleicher Fachverbände verwirklicht werden".[575]

In seiner Abwägungsentscheidung kommt der Kartellsenat des Bundesgerichtshofs zu dem Ergebnis, dass dem Interesse des Aikido-Verband Niedersachsen e. V. am Erwerb der Mitgliedschaft der Vorrang einzuräumen ist. Er dürfe auch nicht auf die Möglichkeit verwiesen werden, sich dem Niedersächsischen Judo-Verband anzuschließen. Dies würde auf eine nicht zulässige einseitige Bevorzugung der

---

572 Ganz herrschende Meinung: *Palandt/Ellenberger*, § 25, Rn. 11; MünchKommBGB/*Reuter*, Vorbemerkung zu §§ 21 ff., Rn. 119; *Reichert*, Handbuch des Vereins- und Verbandsrechts, S. 208 ff.; *Summerer*, Sport, Vereine, Verbände, Kapitalgesellschaften in: *Fritzweiler/Pfister/Summerer*, Praxishandbuch Sportrecht, S. 192.

573 BGH, Urteil vom 2. Dezember 1974, II ZR 78/72, NJW 1975, 771, 772.

574 BGH, Urteil vom 10. Dezember 1985, KZR 2/85, NJW-RR 1986, 583.

575 BGH, Urteil vom 10. Dezember 1985, KZR 2/85, NJW-RR 1986, 583, 584.

Sportart Judo und eine unzumutbare Selbstauflösung des Aikido-Verband Niedersachsen e. V. hinauslaufen. Ebenfalls sei ihm nicht zuzumuten, zunächst mit dem gleichfalls die Aufnahme beim Landessportbund Niedersachsen e. V. begehrenden weiteren Landesverband für Aikido einen gemeinsamen Dachverband oder eine Arbeitsgemeinschaft zu bilden. Hinsichtlich der Möglichkeit einer für den Landessportbund Niedersachsen e. V. zumutbaren Satzungsänderung verwies der Kartellsenat ebenfalls auf die Entscheidung des 2. Zivilsenats des Bundesgerichtshofs vom 2. Dezember 1974.[576]

c) Bestätigung durch obergerichtliche Rechtsprechung der jüngeren Vergangenheit

aa) Entscheidung des Oberlandesgerichts München von 2013

Der Kartellsenat des Oberlandesgerichts München entschied als Berufungsinstanz, dass der Bayerische Landes-Sportverband e. V. (BLSV) als Beklagter den klagenden Fachverband der Sportart „Einrad" als Mitglied aufnehmen muss, obwohl die Sportart „Einrad" bereits innerhalb des BLSV vertreten war.[577]

Für die Herleitung einer grundsätzlich gegebenen Aufnahmeverpflichtung des BLSV als Monopolverband stützt das Oberlandesgericht München seine Entscheidung auf die zuvor dargestellte Entscheidung des Kartellsenats des Bundesgerichtshofs vom 10. Dezember 1985.

Das Oberlandesgericht München entschied, dass die Ein-Platz-Regelung in der Satzung des BLSV der Aufnahmeverpflichtung nicht entgegensteht und nannte für ihre Nicht-Anwendung zwei Gründe:

Zum einen sei die Ein-Platz-Regelung im BLSV bezüglich der Sportart „Einrad" ohnehin schon durchbrochen, da die Sportart sowohl im Bund Deutscher Radfahrer e. V. (BDR) als auch im Deutschen Turner-Bund e. V. (DTB), beides Mitglieder des BLSV, organisiert ist.[578] Eine nähere rechtliche Wertung dieses Aspekts nimmt das Oberlandesgericht München nicht vor. Es liegt jedoch nahe, es als treuwidrig im Sinne von § 242 BGB zu werten, dass sich der BLSV auf die Ein-Platz-Regelung berufen hatte, die er im konkreten Fall bereits selbst nicht eingehalten hatte.

Zum anderen, und insofern wird auf die gefestigte Rechtsprechung zurückgegriffen, sei zwar das mit der Ein-Platz-Regelung verfolgte Interesse, die Willensbildung im Verband nicht zu erschweren und den Verwaltungsaufwand für den Verband zu begrenzen, grundsätzlich schützenswert. Jedoch dürfe die Regelung

---

576 BGH, Urteil vom 10. Dezember 1985, KZR 2/85, NJW-RR 1986, 583, 584.

577 OLG München, Urteil vom 20. Juni 2013, U 3431/12, SpuRt 2014, 110.

578 OLG München, Urteil vom 20. Juni 2013, U 3431/12, SpuRt 2014, 110, 111.

nicht in der Weise ausgestaltet sein, dass der zufällig zuerst Gekommene sogar dann den Vorrang hat, wenn ihn der Außenstehende an Bedeutung überragt. Es sei deshalb Sache des Monopolverbandes, der Ein-Platz-Regelung eine Gestalt zu geben, die diese diskriminierenden Folgen ausschließt, was nach der Satzung des BLSV jedoch nicht der Fall sei.[579]

bb) Entscheidung des Oberlandesgerichts Dresden von 2015

Das Oberlandesgericht Dresden hat in seiner Entscheidung vom 19. August 2015[580] den beklagten sächsischen Landessportbund mit Monopolstellung dazu verpflichtet, den auf dem Gebiet Sachsen tätigen klagenden Verband der Cheerleading- und Cheerdance-Vereine als Mitglied aufzunehmen.

Die Vorinstanz, das Landgericht Leipzig, hatte die Klage auf Aufnahme aufgrund der Ein-Platz-Regelung des Beklagten abgewiesen, da die Sportart Cheerleading und Cheerdance bereits durch ein Mitglied im Beklagten vertreten war. Der Beklagte habe die im Grundsatz gerechtfertigte Ein-Platz-Regelung in seiner Satzung in einer den Bewerber um eine Mitgliedschaft nicht diskriminierenden Weise ausgestaltet. Der Beklagte hatte in seiner Satzung die Ein-Platz-Regelung so ausgestaltet, dass sein Mitglied verpflichtet war, mit dem in der Organisation der Sportart konkurrierenden Bewerber vor dessen Aufnahme einen Dachverband zu gründen.[581]

Nachdem das Oberlandesgericht Dresden zunächst den Maßstab des Bundesgerichtshofs bezüglich der Ein-Platz-Regelung („mildere" Satzungsregelung) unter Verweis auf die Entscheidung des Kartellsenats des Bundesgerichtshofs vom 10. Dezember 1985 hervorgehoben hatte, begründete es seine Entscheidung im vorliegenden Fall wie folgt:

Die Ausgestaltung der Ein-Platz-Regelung durch den Beklagten beseitige nicht die Bevorzugung des zufällig zuerst Gekommenen und sei kein zumutbarer Ersatz für eine Mitgliedschaft. Das bestehende Mitglied hätte es selbst dann, wenn ihn der Außenstehende in der Bedeutung überragen sollte, in der Hand, die Mitgliedschaft des konkurrierenden Bewerbers zu verhindern. Für das Mitglied bestünde zwar die Gefahr, wegen der Verletzung der ihm obliegenden Verpflichtung ausgeschlossen zu werden; diese Gefahr bliebe jedoch gering. Denn solange das Mitglied mit dem Bewerber verhandelt, werde der Verband weder Anlass haben noch berechtigt sein, gegen diesen ein Ausschlussverfahren einzuleiten. Vor diesem Hintergrund helfe dem Bewerber die dem Mitglied auferlegte Pflicht nicht weiter.

---

579 OLG München, Urteil vom 20. Juni 2013, U 3431/12, SpuRt 2014, 110, 111.

580 OLG Dresden, Urteil vom 19. August 2015, 13 U 271/15, NGZ 2017, 189.

581 OLG Dresden, Urteil vom 19. August 2015, 13 U 271/15, NGZ 2017, 189.

Seine Stellung bleibe daher im Wesentlichen die gleiche wie diejenige eines Mitgliedschaftsbewerbers, der lediglich auf eine „freiwillige" Dachverbandslösung verwiesen wird, eine diskriminierende Ausgestaltung der Ein-Platz-Regelung. Für eine „verpflichtende" Dachverbandslösung könne im Ergebnis also nichts anderes gelten. Ein „milderes", der Ein-Platz-Regelung gerecht werdendes und auch dem bereits aufgenommenen Mitglied zumutbares Mittel könnte dagegen darin bestehen, den sich neu bewerbenden Fachverband aufzunehmen, ihn und den sportartgleichen Verband aber zu verpflichten, ihre Mitgliedschaftsrechte nur einheitlich durch ein dazu bestelltes Vertreterorgan auszuüben.[582]

2. Übertragbarkeit der gefestigten Rechtsprechung auf die Ein-Platz-Regelung der Sportfachverbände?

Der Bundesgerichtshof hat aus der Bedeutung der Ein-Platz-Regelung für die innere Organisation sachlich gerechtfertigte Gründe hergeleitet, die den Interessen Dritter gegenüberzustellen sind. Das überzeugt vor dem Hintergrund, dass die Bewertung der Organisationsautonomie nicht nur vorgibt, inwieweit in der Binnensicht bestimmte Regelungen gerechtfertigt sein können, sondern daraus auch folgt – als andere Seite der Medaille der Vereinsautonomie –, inwieweit die Regelungen gerechtfertigt sein können, wenn Interessen Außenstehender betroffen sind.[583]

a) Gleich gelagerte Interessenlage

Anhand der folgenden Ausführungen zeigt sich, dass die Interessenlage der Dachverbände des Sports und der Sportfachverbände an der Ein-Platz-Regelung grundsätzlich gleich gelagert ist.

aa) Anerkannte Interessen der Dachverbände des Sports an ihrer Ein-Platz-Regelung

Nach der gefestigten höchstrichterlichen Rechtsprechung zur Ein-Platz-Regelung der Dachverbände des Sports sind die mit ihrer Einhaltung verbundenen sachlich gerechtfertigten Interessen die Folgenden:

- Erschwerung der Willensbildung bei Zulassung mehrerer Fachverbände je Sportart
- Unübersichtlichkeit und Rivalität innerhalb des Mitgliederkreises bei Zulassung mehrerer Fachverbände je Sportart

582 OLG Dresden, Urteil vom 19. August 2015, 13 U 271/15, NGZ 2017, 189, 190.
583 Siehe dazu § 2 II.

- Beeinträchtigung der Funktionsfähigkeit und Schlagkraft bei Aufnahme einer Vielzahl – womöglich konkurrierender – Fachverbände
- Zweckerweiterung bei Feststellung der Förderungswürdigkeit zwischen mehreren sportgleichen Verbandsmitgliedern, da die Dachverbände des Sports die überfachliche Koordinierung, nicht aber die letztinstanzliche Entscheidung über sportfachliche Fragen zur Aufgabe haben.

bb) Grundsätzliche Vergleichbarkeit der Interessenlage

Die nähere Betrachtung der durch die Rechtsprechung genannten sachlichen Interessen an der Ein-Platz-Regelung zeigt, dass die Interessen der Dachverbände des Sports mit den Interessen der Sportfachverbände an der Ein-Platz-Regelung durchaus vergleichbar sind; denn bei beiden Organisationen ist der abstrakte Aussagegehalt ihrer Ein-Platz-Regelung derselbe: „Pro bestimmtem Gebiet nehmen wir nur ein Mitglied auf".

(1) Bei den Dachverbänden des Sports hat das Gebiet zugleich eine fachliche (eine bestimmte Sportart) und eine räumliche Komponente (der geographische Organisationsbereich). Bei den Sportfachverbänden meint Gebiet nur die bestimmte geographische Gebietsgrenze, da die fachliche Komponente (die Sportart) durch den Zweck des Fachverbandes vorgegeben ist.

Bei beiden Organisationen steht dahinter der Gedanke der einheitlichen Repräsentation eines Gebiets. Bei den Sportfachverbänden bezog sich dieser „Repräsentationsgedanke" von Beginn an auf politische Gebiete.[584] Bei den Dachverbänden des Sports ist der Anknüpfungspunkt die Sportart. Das ergibt sich daraus, dass Zweck der Dachverbände die Förderung des Sports allgemein ist[585] und dieser im Speziellen in Sportarten Ausdruck findet. Aufgrund des verallgemeinerungsfähigen „Repräsentationsgedankens" sind zahlenmäßige Beschränkungen der Mitgliedschaft pro repräsentiertem Gebiet nicht auf den Bereich der Organisationen des Sports beschränkt, sondern regelmäßig dann anzutreffen, wenn die Repräsentation auf bestimmten Gebieten unter den Mitgliedern strukturell in einem ausgewogenen Verhältnis stehen soll.[586]

Die ersten drei oben angeführten Punkte, die „Erschwerung der Willensbildung", die „Unübersichtlichkeit und Rivalität innerhalb des Mitgliederkreises"

584 Siehe § 7 III.2 b).

585 Vgl. beispielsweise § 2 BFV-Satzung 2018.

586 Beispielsweise wäre als Gebiet auch an die Zugehörigkeit zu einer bestimmten Berufsgruppe zu denken, die in einem Verein, der sich als berufsgruppenübergreifender Interessenvertreter sieht, nicht öfter, als eine andere repräsentiert werden soll, um strukturelle Ungleichgewichtslagen zu vermeiden.

sowie die „Beeinträchtigung der Funktionsfähigkeit und Schlagkraft bei Aufnahme einer Vielzahl – womöglich konkurrierender – Fachverbände", sind allgemein auf diesen beiden Verbänden gemeinsamen Gedanken bezogen.

Diese Aspekte überschneiden sich in ihrem Aussagegehalt und lassen sich unter das schützenswerte Interesse eines jeden Verbandes, die Wahrung seiner Funktionsfähigkeit, fassen. Daraus folgt für jeden Verband, auch für einen Monopolverband, das Recht, sich im Rahmen seiner Autonomie gegen Angriffe von außen zu schützen.[587]

(2) Vor dem Hintergrund der im ersten Teil der Untersuchung gewonnenen Erkenntnisse kann es jedoch bei dieser Feststellung nicht bleiben. Vielmehr ist zu betonen, dass das Interesse an der Wahrung der Funktionsfähigkeit umso schützenswerter ist, je größer die Bedeutung der beeinträchtigten Funktion für den Zweck des Sportfachverbandes und je größer die mit dem Angriff verbundene Gefahr für diesen ist.

Das Interesse, die Willensbildung einfach zu halten sowie die Unübersichtlichkeit und Rivalität innerhalb des Mitgliederkreises zu vermeiden, betrifft ebenso allgemein die verbandsinterne Organisation der Sportfachverbände wie die der Dachverbände des Sports. Ein engerer Bezug zum primären Zweck der Sportfachverbände, der Wettkampforganisation, ist nicht erkennbar. Zudem mag es sein, dass die Aufgabe der Koordination der Interessen der Mitglieder verkompliziert wird, wenn für das eine Gebiet zwei oder mehrere Mitglieder sprechen wollen. Eine Gefahr für die Funktionsfähigkeit der Sportfachverbände an sich ergibt sich daraus ebenso wenig wie für die Dachverbände des Sports, wenn bei diesen zwei oder mehr Mitglieder als Vertreter einer Sportart auftreten.

Wie ein solches Problem hinsichtlich der Willensbildung in der Praxis der Sportfachverbände lösbar sein kann, zeigt beispielsweise die Satzung der International Shooting Sport Federation (ISSF) mit Sitz in München. Der ISSF ist zwar grundsätzlich nach der Ein-Platz-Regelung organisiert, da er pro Land nur einen Mitgliedsverband zulässt. Dennoch sieht die Satzung die Möglichkeit vor, dass manche Länder im ISSF durch zwei Verbände vertreten werden.[588] Nach §§ 1.6.8 und 1.6.9 ISSF-Satzung 2018 haben zwei Verbände, die ein Land repräsentieren, je eine Stimme in der Mitgliederversammlung; repräsentiert ein Verband in

587 BGH, Urteil vom 28. September 1972, II ZR 5/70, NJW 1973, 35, 36; so auch *Steinbeck,* Der Anspruch auf Aufnahme in einen Verein, WuW 1996, S. 99 mit Verweis auf zuvor zitierte BGH-Urteil.

588 Diese Abweichung von der Ein-Platz-Regelung erlaubt der ISSF allerdings nur für Mitglieder, die vor 1989 aufgenommen wurden, vgl. § 1.3.3. ISSF-Satzung 2018 [inhaltsgleich mit der maßgeblichen englischen Fassung vom Januar 2018].

„seinem" Land den gesamten Schießsport, so hat er zwei Stimmen in der Mitgliederversammlung.

(4) Was den Aspekt der Rivalität und Unübersichtlichkeit angeht, so ist festzustellen, dass aus der untersuchten Rechtsprechung nicht hervorging, inwieweit dieser Aspekt die Funktionsfähigkeit der Verbandsorganisation bei Zulassung mehrerer Mitglieder pro Sportart besonders beeinträchtigen würde. Die Dachverbände des Sports sind ihrer Darlegungslast[589] insofern nicht nachgekommen.

cc) Entscheidung des Oberlandesgerichts München von 2009 zur Ein-Platz-Regelung der Sportfachverbände

Im Verfahren vor dem Oberlandesgericht München[590] standen sich ein neu gegründeter Sportfachverband für die Kampf-Sportart Taekwondo als Kläger und der nationale Taekwondo-Fachverband als Beklagter gegenüber. Der Kläger begehrte die Aufnahme in den Beklagten, was der Beklagte mit Hinweis auf seine Ein-Platz-Regelung („Für den Bereich eines Landessportbundes kann nicht mehr als ein Landesverband Mitglied sein.") versagte, da bereits ein Verband aus dem entsprechenden Gebiet (Rheinland-Pfalz) bei ihm Mitglied war.

Das Oberlandesgericht München bejahte den Anspruch des Klägers auf Aufnahme.

(1) Mit ausdrücklichen Verweisen auf die beiden oben[591] dargestellten Bundesgerichtshofs-Entscheidungen von 1974 und 1985 definierte das Oberlandesgericht München den Prüfungsmaßstab für die Prüfung eines etwaigen Aufnahmeanspruchs des Klägers wie folgt: „Lehnt ein Monopolverband die Aufnahme eines Mitgliedschaftsbewerbers unter Berufung auf eine satzungsmäßige Aufnahmebeschränkung ab, deren Zweck an sich sachlich berechtigt ist, so kann die Aufnahmebeschränkung gleichwohl unwirksam sein, wenn jener Zweck auch durch eine andere, „mildere" Satzungsgestaltung erreicht werden kann, die die Mitgliedschaft des Bewerbers ermöglichen würde (…). Hat das sogenannte Ein-Platz-Prinzip in der Satzung eines Monopolverbandes in einer Form Niederschlag gefunden, die zu einer steten Quelle der Diskriminierung und Benachteiligung mehrfacher Sportverbände werden kann – der zufällig zuerst Gekommene hat sogar dann den Vorrang, wenn ihn der Außenstehende an Bedeutung überragt –, so ist es Sache des Monopolverbandes, dem Ein-Platz-Prinzip eine Gestalt zu geben, die die diskriminierenden Folgen ausschließt; nur dann ist die Ablehnung

589 Siehe oben unter § 6 IV.2.c)cc).
590 OLG München, Urteil vom 25. Juni 2009, U 5327/08, SpuRt 2009, 251.
591 § 7 IV.1.a) und b).

der Aufnahme unter Berufung auf das Ein-Platz-Prinzip möglicherweise sachlich gerechtfertigt (…).“[592]

Das Oberlandesgericht München entschied, dass nach diesen Grundsätzen die Ein-Platz-Regelung des beklagten nationalen Sportfachverbandes der Aufnahme des regionalen Sportfachverbandes nicht entgegensteht.

Denn zum einen könne der Beklagte sich nicht darauf berufen, dass der Kläger schon kein „Landesverband“ im Sinne der Satzung des Beklagten sei, da der Kläger in seiner Satzung keine Beschränkung der Mitgliedschaft auf in Rheinland-Pfalz ansässige Vereine vorgesehen habe und tatsächlich auch – unstreitig – in Hessen ansässige Vereine bei der Klägerin Mitglieder seien. Zwar spräche Einiges dafür, den Begriff des Taekwondo-Landesverbands im Sinne der Satzung der Beklagten unter Berücksichtigung der nach geografischen Kriterien ausgestalteten pyramidalen Struktur von Sportfachverbänden dahin gehend auszulegen, dass es sich um einen Taekwondo-Verband auf Landesebene mit Beschränkung auf Vereine in dem betreffenden Bundesland handeln muss; diese Voraussetzung erfülle der Kläger nicht. Da dem Kläger der Nachweis gelang, dass es der tatsächlichen Praxis des Beklagten nicht entgegenstehe, dass den Landesverbänden Vereine als Mitglieder angehören, die in anderen Bundesländern ansässig sind, konnte sich der Beklagte auf diesen Aspekt nicht berufen.[593]

Zum anderen könne der nationale Fachverband seine Ein-Platz-Regelung, wonach für den Bereich eines Landessportbundes nicht mehr als ein Mitgliedsverband Mitglied des Beklagten sein kann, dem Aufnahmeanspruch des Klägers nicht mit Erfolg entgegenhalten.

Dahin gehend führte das Oberlandesgericht München die folgende Abwägung durch:[594]

Der Kläger habe ein eminentes Interesse an der Mitgliedschaft bei der Beklagten. Der Abschluss von Kooperationsverträgen mit anderen Landesverbänden sei für den Kläger kein zumutbarer Ersatz gegenüber der Mitgliedschaft bei dem Beklagten, da der Kläger beim Abschluss von Kooperationsverträgen auf das Wohlwollen anderer Landesverbände angewiesen wäre.

Allerdings sprächen für die Ein-Platz-Regelung des Beklagten grundsätzlich durchaus beachtliche Gründe. Insbesondere sei zu berücksichtigen, dass die

---

592 OLG München, Urteil vom 25. Juni 2009, U 5327/08, SpuRt 2009, 251.

593 OLG München, Urteil vom 25. Juni 2009, U 5327/08, SpuRt 2009, 251, 252. Es ist zu bezweifeln, dass dieser formale Aspekt tatsächlich der Aufnahme des Klägers entgegengestanden wäre, wenn dem Beklagten nicht die bereits bestehende Abweichung von der Gebietsregel nachgewiesen hätte werden können.

594 OLG München, Urteil vom 25. Juni 2009, U 5327/08, SpuRt 2009, 251, 252.

Willensbildung innerhalb der Beklagten bei Aufnahme mehrerer Landesverbände für ein Bundesland erschwert wird und dass der Verwaltungsaufwand steigt. Zu berücksichtigen sei auch, dass die Ein-Platz-Regelung ein verbreitetes Prinzip in den Satzungen nationaler und internationaler Sportorganisationen ist.

Zugunsten des Klägers sei jedoch weiter zu berücksichtigen, dass die Ein-Platz-Regelung in der Satzung der Beklagten in einer Form Niederschlag gefunden habe, die zu einer steten Quelle der Diskriminierung und Benachteiligung beim Auftreten mehrerer Landesverbände für ein Bundesland werden kann. Denn der zufällig zuerst Gekommene habe danach sogar dann den Vorrang, wenn ihn der Außenstehende an Bedeutung überragt. Der Beklagte habe die Ein-Platz-Regelung nicht in einer Weise ausgestaltet, die die vorstehend genannten diskriminierenden Folgen ausschließt. Hinzu käme, dass der Beklagte die Ein-Platz-Regelung auch dadurch indirekt entwertet hat, dass sie, wie vorstehend erörtert, Landesverbände als Mitglieder duldet, deren Mitglieder auch in anderen Bundesländern ansässige Vereine sind. Das Oberlandesgericht München führt weiter aus, dass die Schwierigkeiten, die sich bei der Mitgliedschaft mehrerer Landesverbände für ein Bundesland ergeben, bewältigbar seien.[595]

Soweit die Beklagte die Problematik etwaiger Ausscheidungskämpfe zur Bestimmung eines Landesmeisters Rheinland-Pfalz erörtere, seien diese Ausführungen nur theoretischer Natur, da derzeit keine Landesmeisterschaften in Rheinland-Pfalz ausgetragen werden.[596]

(2) Der Entscheidung des Oberlandesgerichts München ist im Ergebnis vollumfänglich zuzustimmen. Die sachlich gerechtfertigten Interessen an der Funktionswahrung treffen für die Ein-Platz-Regelung der Sportfachverbände gleichermaßen wie für die Ein-Platz-Regelung der Dachverbände des Sports zu. Die eminente Bedeutung der Mitgliedschaft für einen regionalen Sportfachverband im nationalen Sportfachverband liegt angesichts des damit verbundenen Anschlusses an das internationale Sportgeschehen, des Ansehens in der Öffentlichkeit, den damit verbundenen Möglichkeiten der Mitglieder-

595 OLG München, Urteil vom 25. Juni 2009, U 5327/08, SpuRt 2009, 251, 252.

596 OLG München, Urteil vom 25. Juni 2009, U 5327/08, SpuRt 2009, 251, 252, wobei das OLG München „außerhalb der tragenden Gründe" anmerkt, dass mit dem vorliegenden Urteil nicht darüber entschieden sei, ob der Beklagte dem klägerischen Aufnahmebegehren mit Erfolg eine satzungsmäßig anders ausgestaltete, etwa diskriminierungsfrei ausgestaltete, Ein-Platz-Regelung entgegenhalten könnte.

werbung sowie der Teilhabe an öffentlichen Fördermitteln[597] auf der Hand. Der Aspekt, dass der zufällig zuerst Gekommene auch dann durch die Ein-Platz-Regelung bevorzugt wird, wenn ihn der Außenstehende an Bedeutung überragt, hat das Oberlandesgericht zu Recht ebenfalls auf die Ein-Platz-Regelung der Sportfachverbände übertragen und als unangemessene Benachteiligung bewertet.

Allerdings ging das Oberlandesgericht München nicht auf die Aspekte ein, die der Bundesgerichtshof in seinem Urteil von 1974 in einem Nebensatz zur Ein-Platz-Regelung der Sportfachverbände als aus sportlichen Gründen potentiell förderungswürdig qualifiziert hat:[598] Die Organisation eines einheitlichen Wettkampfbetriebs sowie die internationale Repräsentation der Sportart.

Ersteren Aspekt führte der beklagte nationale Sportfachverband zwar im Verfahren vor dem Oberlandesgericht München als Interesse an der Ein-Platz-Regelung an, das Oberlandesgericht München ging aber darauf nicht ein, da zum Entscheidungszeitpunkt keine Landesmeisterschaften auf dem Gebiet des betroffenen Bundeslandes vom Verband durchgeführt wurden.

Soweit sich aus diesen beiden Aspekten weitere, über die anerkannten Interessen der Dachverbände des Sports hinausgehende gewichtigere, sachlich gerechtfertigte Interessen der Sportfachverbände an der Ein-Platz-Regelung herleiten ließen, wäre die Übertragbarkeit der Abwägungsentscheidung der gefestigten Rechtsprechung und damit das Ergebnis des Oberlandesgerichts München anzuzweifeln.

Dies ist aber mit Blick auf die oben getroffenen Wertungen zur Notwendigkeit der Ein-Platz-Regelung[599] nicht der Fall.

---

597 Denn ausschließlich die Verbände, die auf nationaler Ebene als Dachverband ihre Sportart repräsentieren, haben Anteil an der Spitzensport-Förderung durch den Bund, da die staatliche Förderung des Sports gemäß dem Sportbericht der Bundesregierung auf den DOSB und seine Mitgliedsorganisationen beschränkt ist (Vgl. BT-Drucksache vom 3. September 2010, 17/2880, S. 24 ff.).

598 Vgl. BGH, Urteil vom 2. Dezember 1974, II ZR 78/72, NJW 1975, 771, 774, hinsichtlich der Ein-Platz-Regelung der Sportfachverbände: „Ein solches Interesse mag aus sportlichen und sonstigen Gründen die Förderung des Beklagten verdienen – etwa hinsichtlich der Organisation eines jeweils einheitlichen Wettkampf- und Meisterschaftsbetriebes für jede Sportart in der Bundesrepublik, hinsichtlich der internationalen Repräsentation der einzelnen Fachbereiche durch jeweils nur einen Fachverband und hinsichtlich einheitlicher Fachverbandsverwaltungen, soweit die Sportförderung Sache der einzelnen Sportfachverbände ist.“.

599 Siehe § 7 III.

b) Keine höher zu bewertenden Interessen der Sportfachverbände an der Ein-Platz-Regelung

Die Interessen der Sportfachverbände an der Einhaltung der Ein-Platz-Regelung sind auch mit Blick auf ihre primären aus dem Zweck folgenden Aufgaben nicht höher zu bewerten als die Interessen der Dachverbände des Sports.

aa) Wettkampforganisatorische Praktikabilitätserwägungen

Betrachten wir als Beispiel den DFB, so wird deutlich, dass sich mit der Zulassung mehrere Mitglieder für das Gebiet Bayern seine Aufgabe, die Organisation des Wettkampfs auf nationaler Ebene (§ 4 Nr. 1 DFB-Satzung 2018), im Vergleich zum *status quo* verkomplizieren würde. Denn im Rahmen dieser Aufgabe hat der DFB unter anderem die Aufsteiger in die 3. Liga, das unterste auf das nationale Gebiet bezogene Wettkampfgefüge, zu ermitteln, § 4 Nr. 1 h) DFB-Satzung 2018. Dabei ist es die Aufgabe der Mitgliedsverbände des DFB, die Qualifikanten für die vom DFB veranstaltete (§ 42 Nr. 2 DFB-Spielordnung 2018) Aufstiegsrunde zur 3. Liga zu stellen. Dieser Wettkampf wird aktuell in fünf Regionalligen durchgeführt, wovon eine, die Regionalliga Bayern, durch den BFV organisiert wird. Bislang ergibt sich aus § 55b Nr. 2 der DFB-Spielordnung 2018, dass der Meister der Regionalliga Bayern berechtigt ist, an der Aufstiegsrunde teilzunehmen. Aus der Regelung folgt auch, dass die fünf Regionalligen so auf das nationale Gebiet aufgeteilt sind, dass keines der Gebiete proportional bevorzugt wird, also die Mitgliedsverbände des DFB mit Rücksicht auf ihre Größe und Mitgliederzahl gleichbehandelt werden sollen. Würde es nun auf dem Gebiet Bayerns einen weiteren Verband geben, der Mitglied im DFB ist und unter seinen Mitgliedsvereinen einen Meister ausspielt, so müsste der DFB zwischen den beiden bayerischen Meistern den Teilnehmer an der Aufstiegsrunde selbst ermitteln oder durch die konkurrierenden Verbände ermitteln lassen. Im ersteren Fall sind Verwaltungsaufwand und Terminschwierigkeiten sicherlich denkbar, jedoch der DFB als Organisator und damit als zentrale Instanz für die Regelhoheit anzuerkennen. Im letzteren Fall müssen sich die konkurrierenden Verbände, wie bereits oben erwähnt,[600] über einheitliche Regelanwendung und -auslegung sowie die Stellung eines Schiedsrichters einigen.

An diesem Beispiel wird deutlich, dass es sich um Praktikabilitätserwägungen handelt, wenn es um den Umgang mit mehreren Verbänden auf einem Gebiet

---

600 Siehe § 7 III.3.

geht. Es lassen sich stets offensichtliche Lösungen anführen, die im Vergleich zur Nicht-Aufnahme als „mildere Mittel" zu sehen sind.[601]

Diese Praktikabilitätserwägungen, die die Aufgabe der Sportfachverbände, die Wettkampfsportorganisation betreffen, führen nicht zu einem „Mehr" an sachlich gerechtfertigten Interessen an der Ein-Platz-Regelung gegenüber den Dachverbänden des Sports.

Zwar organisieren die Dachverbände des Sports auf nationaler Ebene in der Regel keine Wettkämpfe. Gemäß § 3 Abs. 1, Ziff. II. d) und e) DOSB-Satzung 2018 ist es aber auch Aufgabe des nationalen Dachverbandes des Sports, Wettkämpfer für internationale Wettkämpfe zu nominieren, also eine sportliche Entscheidung hinsichtlich des „Besten" in einer Sportart zu treffen. Dieses Interesse hat der Bundesgerichtshof in der grundlegenden Entscheidung von 1974 auch als sachlich gerechtfertigtes Interesse in die Abwägung mit eingestellt.[602] In diesem Zusammenhang hatte der Bundesgerichtshof gar angenommen, dass die zusätzliche Aufgabe, die auf den DSB als Entscheidungsinstanz über sportfachliche zukommen würde, seinen bisherigen Zweck der reinen Koordinationsstelle ändern und eine erhebliche Erweiterung seines Verwaltungsapparates erfordern würde. Dennoch hatte der Bundesgerichtshof dies nicht als ausreichendes Interesse für die Einhaltung der bestehenden Ein-Platz-Regelung des DSB bewertet.

Eine solche qualitative Zweckerweiterung wäre bei der Durchbrechung der Ein-Platz-Regelung des DFB im Sinne des oben genannten Beispiels überhaupt nicht gegeben. Denn § 4 Nr. 1 h) DFB-Satzung 2018 sieht ausdrücklich als Aufgabe des DFB vor, die Aufsteiger in die 3. Liga „zu ermitteln oder ermitteln zu lassen". Das heißt, dass es vom Aufgabenbereich des DFB gedeckt ist, die Ermittlung der Aufsteiger aus dem Kreis seiner Mitgliedsverbände auch selbst zu übernehmen.

Damit fallen die Praktikabilitätserwägungen im Rahmen der Wettkampforganisation bei den Sportfachverbänden weniger ins Gewicht, als es der Bundesgerichtshof für die Koordinationsaufgabe der Dachverbände des Sports angenommen hatte.

---

601 So im Ergebnis auch *Jickeli*, Kartellrechtliche Grenzen des Einplatzprinzips im Verbandsrecht, S. 1037: „So kann ein Dachverband ohne Nachteil konkurrierende Unterverbände oder Vereine zulassen, wenn sie erklären, sich an die Regeln zu halten und sich bei der Willensbildung abzustimmen.".

602 Vgl. § 7 IV.1.a)cc).

bb) Internationale Repräsentationsfunktion nicht negativ betroffen

Die Aufgabe des DFB, den Fußballsport im Ausland zu repräsentieren, wird durch die Durchbrechung der Ein-Platz-Regelung des DFB nicht negativ betroffen. Im Gegenteil: Dem Repräsentationsgedanken entspricht die Durchbrechung der Satzungsregel des DFB gerade, vereint er dann doch mehrere Mitglieder unter seinem Dach, wenn er weitere, in „seinen" Gebieten existierende Verbände als Mitglied aufnimmt. Die von der FIFA geforderte „volle Kontrolle" würde dadurch erst verwirklicht. Insofern kann dieser Aspekt im Rahmen der Abwägung jedenfalls nicht als Interesse des DFB an der Einhaltung seiner Ein-Platz-Regelung ins Gewicht fallen.

Im Übrigen kann sich der DFB nicht hinter der Regel der FIFA verstecken. Der „Zwang" zur Weitergabe einer Regel des Verbandes, in der zwar der DFB, nicht das Mitglied des DFB die Mitgliedschaft hat, kann nicht als pauschale Rechtfertigung für die Wirksamkeit einer Verbandsregelung dienen.[603] Nur wenn die Weitergabe dem Interesse des nationalen Spitzenverbandes an einer funktionierenden Vermittlung der Teilnahme der die von ihm organisierten Sportart betreibenden deutschen Vereine und Sportler am internationalen Sportverkehr dient, muss dies als berechtigtes Interesse mit dem Schutzbedürfnis der durch die Durchsetzung des internationalen Regelwerks beeinträchtigten deutschen Regelungsadressaten in die Abwägung mit einfließen.[604]

---

603 In diesem Zusammenhang stellte das OLG Bremen, Urteil vom 30. Dezember 2014, 2 U 67/14, SchiedsVZ 2015, 149, 157 f. (bestätigt durch den BGH als Revisionsinstanz im Urteil vom 20. September 2016, II ZR 25/15, NJW 2017, 402) klar, dass „höherstehendes" Verbandsrecht kein Rechtfertigungsgrund für getroffene Maßnahmen des in der Pyramide tieferstehenden Verbandes gegenüber seinen Mitgliedern sein kann, da sich der Streit darüber zwischen Verband und Verbandsmitglied abspielt.

604 Das gilt natürlich erst recht, wenn es sich um eine für die Wettkampfsportorganisation notwendige Verbandsregelung hält, vgl. dazu das „Pechstein-Urteil des BGH, Urteil vom 7. Juni 2016, K ZR 6/15, NJW 2016, 2266, 2272, der den faktischen Zwang des nationalen Verbandes zur Vereinbarung von Schiedsabreden in der Abwägung zu Gunsten des Verbandes mitberücksichtigt hat. Dabei ist aber zu betonen, dass die weiterzugebende Verbandsregelung in Deutschland völkerrechtlich verbindliches Vertragsrecht war und deshalb als notwendige Wettkampfregelung einzustufen ist. Insofern ist *Reuter*, Das selbstgeschaffene Recht des internationalen Sports im Konflikt mit dem Geltungsanspruch des nationalen Rechts, DZWir 1996, S. 8, zuzustimmen. Wenn er aber die ungestörte Integration des nationalen Leistungssports in das internationale Sportgeschehen als öffentliches Interesse wertet, so scheint er zu verkennen, dass Sport in Deutschland keine staatliche Veranstaltung ist und

c) *Übertragbarkeit der gefestigten Rechtsprechung auf die Ein-Platz-Regelung der Sportfachverbände*

Die durch die gefestigte Rechtsprechung im Rahmen der Prüfung der Ein-Platz-Regelung der Dachverbände des Sports angedeuteten Interessen der Sportfachverbände an ihrer Ein-Platz-Regelung sind zwar teilweise als sachlich gerechtfertigt zu bewerten; ihre Bedeutung für den Zweck der Sportfachverbände ist aber nicht stärker zu gewichten, als es die gefestigte Rechtsprechung bezüglich der Interessen der Dachverbände des Sports an der Ein-Platz-Regelung getan hat. Die Übertragbarkeit der gefestigten Rechtsprechung auf die Ein-Platz-Regelung der Sportfachverbände ist aufgrund der grundsätzlich gleich zu bewertenden Interessenlage gegeben. Als sachlich gerechtfertigte Interessen, die die Sportfachverbände mit der Ein-Platz-Regelung verfolgen, sind mit Blick auf die gefestigte Rechtsprechung die folgenden Punkte zu nennen:

- Vermeidung der Erschwerung der Willensbildung
- Bewahrung der übersichtlichen Mitgliederstruktur nach dem einmal festgelegten exklusiven „Repräsentationsgedanken"
- Bewahrung der Funktionsfähigkeit durch die Nicht-Aufnahme einer Vielzahl – womöglich konkurrierender – Verbände aus einem Gebiet
- Ermittlung des „Besten" auf einem Gebiet ohne Organisation von zusätzlichen Ausscheidungskämpfen

Diese Interessen der Sportfachverbände an der Ein-Platz-Regelung zeigen: Die Einhaltung der Ein-Platz-Regelung dient zum einen dem Interesse einer gleichmäßigen und übersichtlichen Mitgliederstruktur nach dem exklusiven „Repräsentationsgedanken" eines Mitglieds pro Gebiet sowie der Erhaltung des status quo hinsichtlich der Ermittlung der Qualifikanten für die nächsthöhere Wettkampfebene. Für beide Aspekte ist die Ein-Platz-Regelung aber nicht notwendig, sondern sie dient der organisatorischen Vereinfachung, mithin Praktikabilitätserwägungen.[605]

---

es insoweit nur auf die im Rahmen der Organisationsautonomie der Verbände als Privatrechtssubjekte zu beachtenden berechtigten Interessen ankommen kann.

605 So ist auch *Vieweg*, Normsetzung und -anwendung deutscher und internationaler Verbände, S. 66, 292, zu verstehen, wenn er davon schreibt, dass das „Ein-Verbands-Prinzip" die Kontrolle eines nach einheitlichen Regeln durchgeführten Sports erleichtert und konkurrenzbedingte Kompetenzkonflikte zu vermeiden hilft. Allerdings leitet er daraus nicht die Folge ab, dass solche praktischen Aspekte nicht rechtliche Nachteile Dritter überwiegen sollten. Ebenso *Gießelmann-Goetze*, Das Ein-Platz-Prinzip, S. 25. S. 18, die das Ein-Platz-Prinzip als sachdienlich bezeichnet,

Da die Ein-Platz-Regelung der Sportfachverbände als nicht notwendige Organisationsregel einzustufen ist, ist auch der Prüfungsmaßstab und die daraus resultierende Entscheidung der gefestigten Rechtsprechung zur Ein-Platz-Regelung der Dachverbände des Sports auf die Bewertung der Ein-Platz-Regelung der Sportfachverbände übertragbar. Denn er entspricht dem oben[606] herausgearbeiteten durch die Gerichte anzuwendenden Maßstab im Rahmen der Angemessenheitskontrolle nicht notwendiger Verbandsregelungen. Demnach werden die mit der Ein-Platz-Regelung verbundenen Interessen des Sportfachverbands den durch die Regelung beeinträchtigten Interessen des betroffenen Bewerbers um die Mitgliedschaft gegenübergestellt und dabei die Schutzwürdigkeit der Interessen sowie die Folgen der Beeinträchtigung berücksichtigt. Die Übertragbarkeit des Maßstabes auf Nicht-Mitglieder, deren Interessen von Verbandsregelungen betroffen sind, ist höchstrichterlich anerkannt.[607] Den berechtigten Interessen der Sportfachverbände an der Einhaltung der Ein-Platz-Regelung kann hinsichtlich der Funktionswahrung durch die von der gefestigten Rechtsprechung entwickelten Grundsätze zur milderen Ausgestaltung Rechnung getragen werden. Auch für die Ermittlung des „Besten" in einem bestimmten Gebiet gibt es mildere Mittel als die Ein-Platz-Regelung.[608]

3. Folge für die Bewertung der Ein-Platz-Regelung

Vor diesem Hintergrund hat die Ein-Platz-Regelung in den Satzungen der Sportfachverbände in der aktuellen Ausgestaltung keine Existenzberechtigung. Denn die Regelung steht eben nicht nur „auf dem Papier"[609]. Vielmehr führt

---

da so keine Kompetenzüberschneidungen entstünden. Eine andere Gewichtung trifft, ohne vertiefte Auseinandersetzung mit der Organisation nach der Ein-Platz-Regelung, *Reuter*, Das selbstgeschaffene Recht des internationalen Sports im Konflikt mit dem Geltungsanspruch des nationalen Rechts, DZWir 1996, S. 8: „Es gehört geradezu zum Wesen der Sportverbände, daß sie – national und international- über Monopolstellungen verfügen. Ohnedem können sie ihre Repräsentations- und Ordnungsfunktion nicht erfüllen.".

606 Vgl. § 6 IV.2.c)cc).

607 Vgl. BGH, Urteil vom 28. November 1994, II ZR 11/94, NJW 1995, 583; MünchKomm/*Schubert*, § 242, Rn. 509.

608 Vgl. § 7 IV.2.b)aa).

609 So aber *Grätz*, Missbrauch der marktbeherrschenden Stellung durch Sportverbände, S. 24, der damit offensichtlich das mit der Ein-Platz-Regelung verbundene Selbstverständnis des die Regel setzenden Verbandes meint. Die Vermischung der Satzungsregel „Ein Verband pro Gebiet" (= Ein-Platz-Regelung der Sportfachverbände) mit

diese Satzungsregel dazu, dass eine einmal gegründete monopolistische Organisationsstruktur in einem bestimmten Gebiet bewahrt bleibt. Denn sowohl für Außenstehende als auch für unter das Gebiet fallende Mitglieder (Mitgliedsvereine und die darin organisierten natürlichen Personen) lautet die Botschaft der Ein-Platz-Regelung: „Der Mitgliedsplatz ist besetzt. Eine weitere Bewerbung um die Mitgliedschaft ist zwecklos."

Soweit die sportrechtliche Literatur eine andere Rechtsfolge aus der gefestigten Rechtsprechung zum Ein-Platz-Prinzip für das Ein-Platz-Prinzip der Sportfachverbände ableitet,[610] liegt das an einer Pauschalisierung der Rechtsprechung des Bundesgerichtshofs, die so nicht angelegt ist. Denn wie bereits mehrfach betont, hatte die Rechtsprechung stets die Ein-Platz-Regelung als schlichte Satzungsregel zu beurteilen und ist zu dem Ergebnis gekommen, dass diese so nicht wirksam ist. Daraus kann in keiner Weise abgeleitet werden, dass der Bundesgerichtshof die Ein-Platz-Regelung für „grundsätzlich sachgemäß"[611] oder „grundsätzlich nicht missbräuchlich"[612] hält. Bei genauerem Blick auf diese Aussagen drängt sich der Eindruck auf, dass an den entsprechenden Literaturstellen in diesem Zusammenhang nicht die Wirksamkeit der Ein-Platz-Regelung als Satzungsregel, sondern die Sinnhaftigkeit der Organisationsstruktur nach der Ein-Platz-Regelung bewertet wurde. Aus den vom Bundesgerichtshof genannten sachlichen Interessen an der Einhaltung der Ein-Platz-Regelung folgt zwar, dass praktische Gründe für eine solche exklusive Organisation sprechen. Die Frage, ob ein Verband sich grundsätzlich auf einer exklusiven Basis organisieren darf, hatte der Bundesgerichtshof aber nicht zu entscheiden.

Der Gegenstand der Entscheidung des Bundesgerichtshofs war eine konkrete, die Aufnahme paralleler Verbände hindernde Satzungsregel, die der Bundesgerichtshof als Ein-Platz-Prinzip bezeichnet hatte.[613] Diese hat der Bundesgerichtshof zu Recht als unangemessen bewertet und sich nicht darauf beschränkt, zu entscheiden, dass die Ein-Platz-Regelung dem Anspruch auf Aufnahme im

---

dem Selbstverständnis, selbst der einzige zu sein, verstellt den Blick auf die Wirkung der Ein-Platz-Regelung.

610 Vgl. *Hannamann*, Kartellverbot und Verhaltenskoordinationen im Sport, S. 270; *Grätz,* Missbrauch der marktbeherrschenden Stellung durch Sportverbände, S. 328; *Pfister,* Einführung, in: *Fritzweiler/Pfister/Summerer*, Praxishandbuch Sportrecht, S. 16.

611 So aber *Hannamann*, Kartellverbot und Verhaltenskoordinationen im Sport, S. 270.

612 So aber *Grätz,* Missbrauch der marktbeherrschenden Stellung durch Sportverbände, S. 328.

613 Siehe oben unter § 7 IV.1.a).

konkreten Einzelfall nicht entgegengehalten werden kann, sondern primär dem Verband aufgetragen, die Satzungsregel in angemessener Weise zu gestalten. Damit hat der Bundesgerichtshof den Spielraum, den § 242 BGB zur Schaffung von Einzelfallgerechtigkeit bietet, ausgeschöpft und die Organisationsautonomie der Verbände berücksichtigt. Denn den Verbänden steht es nach der grundlegenden Entscheidung des Bundesgerichtshofs von 1974 frei, eine Satzungsregel zu schaffen, die auf mildere Art und Weise die mit der Ein-Platz-Regelung verbundenen sachlich gerechtfertigten Interessen verfolgt.[614] Da die Ausgestaltung der Ein-Platz-Regelung offensichtlich keinen Spielraum für Interpretationen lässt, kommt eine – grundsätzlich auch im Vereinsrecht denkbare[615] – geltungserhaltende Reduktion der Regelung nicht in Betracht.

Die Bewertung der Ein-Platz-Regelung durch die Literatur verzerrt deshalb die Aussage der gefestigten Rechtsprechung, wenn sie nur die im Rahmen der Abwägung zurückgetretenen sachlichen Interessen an der Ein-Platz-Regelung betont. Denn die aktuelle Ausgestaltung der Ein-Platz-Regelung der Sportfachverbände[616] entspricht der durch die gefestigte Rechtsprechung als unangemessen bewerteten Fassung. Die Unangemessenheit der gegenwärtigen Ausgestaltung der Ein-Platz-Regelung der Sportfachverbände bedeutet die Nichtigkeit dieser Satzungsregel, da ihr Inhalt sich nicht auf einen zulässigen Teil reduzieren lässt.[617] Nur insofern steht die Regelung tatsächlich nur „auf dem Papier“, das heißt, sie kann einem Mitgliedschaftsbewerber nicht wirksam als Grund für dessen Nicht-Aufnahme in den Sportfachverband entgegengehalten werden.

Als Ergebnis der Bewertung der Ein-Platz-Regelung der Sportfachverbände bleibt festzuhalten: Die Ein-Platz-Regelung ist eine nicht notwendige Organisationsregel, in ihrer aktuellen Fassung unangemessen und damit nicht von der Organisationsautonomie der Sportfachverbände gedeckt.

Soweit sich die Sportfachverbände auf ihre Ein-Platz-Regelung als Aufnahmevoraussetzung berufen, betrifft dies unmittelbar Nicht-Mitglieder. Die Mitglieder der Sportfachverbände dagegen werden unmittelbar durch Regelungen betroffen, die die Absicherung der Organisationsstruktur nach der Ein-Platz-Regelung bezwecken. Deren Wirksamkeit steht im Folgenden im Fokus.

---

614 Vgl. BGH, Urteil vom 2. Dezember 1974, II ZR 78/72, NJW 1975, 771, 775.

615 Vgl. dazu ausführlich *Butte*, Das selbstgeschaffene Recht des Sports im Konflikt mit dem Geltungsanspruch des nationalen Rechts, S. 280 ff.

616 Vgl. dazu oben das Beispiel des Fußballsports unter § 7 II.2.

617 So auch das Ergebnis von *Butte*, Das selbstgeschaffene Recht des Sports im Konflikt mit dem Geltungsanspruch des nationalen Rechts, S. 285.

§ 8: Wirksamkeit von Verbandsregelungen zur Absicherung der exklusiven Organisation nach der Ein-Platz-Regelung?

Als Verbandsregelung zur Absicherung der Organisation nach der Ein-Platz-Regelung sind die Teilnahmeverbote in den Spiel- bzw. Sportordnungen der Sportfachverbände gegenüber den Mitgliedsvereinen und deren Mitglieder zu sehen.[618]

Sie kommen in Form eines Verbots mit der Möglichkeit einer Ausnahmegenehmigung vor:

§ 6 Abs. 3 der Spielordnung des Deutschen Handball-Bundes e. V. (DHB):[619]

> „Spiele gegen Mannschaften aus einem Verband, der nicht Mitglied der IHF [International Handball Federation] ist, sind grundsätzlich nicht gestattet. Ausnahmegenehmigungen kann der DHB erteilen."

Teilweise sind die Teilnahmeverbote direkt mit einer Sanktionsandrohung verbunden:

§ 18.2 Punkt 5 Sportordnung der Deutschen Triathlon Union e. V. (DTU):[620]

> „Eine Sperre kann gegen einen Athleten in folgenden Fällen ausgesprochen werden:
> (...)
> - Start eines DTU-Startpassinhabers bei einem nicht durch die DTU oder einen der Landesverbände genehmigten Wettkampf."[621]

---

618 Diese Erlaubnis- und Organisationsvorbehalte gibt es, seit der Wettkampfsport durch die Verbände organisiert wurde. Die Deutsche Turnerschaft hatte bereits im Jahr 1879 Turner, die nicht in der Deutschen Turnerschaft organisiert waren, von der Teilnahme an den Turnfesten ausgeschlossen. Wettkampfsperren wurde in den Satzungen verankert und zum Mittel des Existenzkampfes eingesetzt. Doppelmitgliedschaften in einem als Konkurrenz aufgefassten Verband wurde verboten, vgl. zu diesen frühen Entwicklungen *Lohbeck*, Das Recht der Sportverbände, S. 30 ff. Damals wie heute dienten diese Regelung dem Aufbau und der Bewahrung einer beherrschenden Stellung in der jeweiligen Sportart.

619 Stand 1. Juli 2017.

620 Stand 5. Februar 2017.

621 Im Sommer 2014 wurde ein Hobby-Triathlet gesperrt, der an einer Veranstaltung teilgenommen hatte, die der verbandsexterne Veranstalter nicht genehmigen hatte lassen, vgl. „Streit auf dem Rücken der Sportler", in: Süddeutsche Zeitung vom 2./3. August 2014 (Nr. 176), S. 37.

In der Spielordnung des BFV wird differenziert zwischen einem Teilnahmeverbot an einem regelmäßigen verbandsexternen Wettkampfbetrieb und einem Genehmigungsvorbehalt für die Teilnahme an einzelnen Wettkämpfen:

§ 77 Nr. 3 BFV-Spielordnung 2018:

> „Verbandsvereine und ihre Mitglieder dürfen nicht an einem nicht vom BFV organisierten oder genehmigten, regelmäßigen Spiel-oder Turnierbetrieb teilnehmen oder diesen unterstützen. Für einzelne Spiele und Turniere, an denen auch Nichtmitglieder des Verbandes teilnehmen, ist vom Verbandsverein eine Ausnahmegenehmigung zu beantragen. Die Ablehnung eines Antrages ist zu begründen."

Verstöße gegen die Spielordnung des BFV sind über § 12 lit. b) BFV-Satzung 2018 sanktionsbewehrt. Die Vorgabe bedeutet für den Mitgliedsverein, dass er als BFV-Mitglied nicht an Fußballturnieren oder -spielen, die nicht unter der Organisation des BFV stehen oder im Einzelfall genehmigt wurden, teilnehmen kann, ohne eine Verbandssanktion befürchten zu müssen oder die Mitgliedschaft im BFV ganz aufzugeben. Von welchem Verbandsorgan im Einzelfall eine Genehmigung ersucht werden muss, wird aus der Vorschrift der Spielordnung nicht deutlich.

Das BFV-Teilnahmeverbot steht im weiteren Verlauf der Untersuchung im Fokus, wobei sich die Ergebnisse grundsätzlich auf andere Sportfachverbände übertragen lassen. Wir wollen die Wirksamkeit des strafbewehrten § 77 Nr. 3 BFV-Spielordnung 2018 für die folgenden Fälle untersuchen:

Ein Mitgliedsverein nimmt an Veranstaltungen eines anderen, außerhalb der Verbandspyramide stehenden Wettkampforganisators teil (dazu unter I.).

Ein Mitglied eines Mitgliedsvereins nimmt an Veranstaltungen eines anderen, außerhalb der Verbandspyramide stehenden Wettkampforganisators teil (dazu unter II.).

I. Teilnahmeverbot gegenüber Mitgliedsverein

Auf Grundlage der oben[622] aufgezeigten Maßstäbe treten die Einzelinteressen des Mitgliedsvereins zurück, ohne dass eine Interessenabwägung im Einzelfall stattfindet, sofern § 77 Nr. 3 BFV-Spielordnung 2018 notwendig für die Verwirklichung des Zwecks des BFV ist. Sofern § 77 Nr. 3 BFV-Spielordnung 2018 als nicht notwendige Regelung zu sehen ist, gilt: Je mehr das Teilnahmeverbot im Interesse der Zweckförderung des Sportfachverbandes liegt, desto mehr Gewicht kommt ihm gegenüber dem Einzelinteresse des Mitgliedsvereins zu.

---

622 § 6 IV.2.c).

1. Interessen des Mitgliedsvereins an der Teilnahme an verbandsexternem Wettkampfbetrieb

Wie oben bereits ausgeführt,[623] ist die Entscheidungsfreiheit des anderen Teils ein zu berücksichtigendes Interesse im Rahmen der Abwägung. Bei den nicht notwendigen Regelungen ist die Entscheidungsfreiheit in der Binnenbeziehung Sportfachverband-Mitgliedsverein nur für Letzteren ein schützenswertes Interesse. Denn jenseits der notwendigen Regelungen bedarf die Einschränkung der Entscheidungsfreiheit der Mitgliedsvereine durch den Sportfachverband grundsätzlich einer Rechtfertigung.

Der Mitgliedsverein wird durch das Teilnahmeverbot in seiner Freiheit gehindert, an verschiedenen Wettkämpfen des Fußballsports teilzunehmen. Der im Zweck der Mitgliedsvereine des BFV zum Ausdruck kommende privatautonome Wille seiner Mitglieder macht deutlich, dass die Teilhabe am Wettkampf- und Leistungssport allgemein gewollt ist und nicht auf die Teilnahme am Wettkampfbetrieb des BFV festgelegt ist.[624]

In diesem Zusammenhang sind viele Szenarien denkbar, denen das Teilnahmeverbot entgegensteht und die deshalb an der Angemessenheit des Teilnahmeverbots zweifeln lassen. Dies wird an den folgenden Beispielen deutlich:

- Ein Mitgliedsverein will regelmäßig in der wettkampfbetriebsfreien Zeit an einer Spielrunde oder Turnieren eines anderen Wettkampforganisators teilnehmen, um seinen Mitgliedern auch in dieser Zeit die Gelegenheit zu bieten, sich in Wettkämpfen zu messen und um zugleich die Vereinskasse durch Teilhabe an den erzielten Erlösen aufzubessern.
- Ein Mitgliedsverein, der mit seinen Jugendmannschaften am BFV-Wettkampfbetrieb teilnimmt, will mit seiner Erwachsenen-Mannschaft an einem verbandsexternen Wettkampfbetrieb teilnehmen (beispielsweise weil dieser passendere Spieltermine vorsieht).
- Ein Mitgliedsverein will regelmäßig im Winter an dem Hallenfußball-Wettkampfbetrieb eines anderen Wettkampforganisators teilnehmen, da dieser eine Hallenfußball-Variante anbietet, die der BFV aufgrund einer Vorgabe der FIFA nicht mehr organisiert.

Das sanktionsbewehrte, generelle Teilnahmeverbot des § 77 Nr. 3 S. 1 BFV-Spielordnung 2018 verhindert in jedem der Beispiele, dass der Mitgliedsverein

623 § 6 IV.2.c) cc).

624 Vgl. beispielweise § 3 Abs. 1 der Satzung des TSV Schwabmünchen 1863 e. V. und § 3.2.1.c) der Satzung des TSV 1909 Gersthofen e. V.

seinen Willen frei verwirklichen kann. Vielmehr müsste er auf die Genehmigung des BFV hoffen, wobei völlig unklar bleibt, von wem und nach welchen Kriterien diese erteilt werden würde; oder aber er muss die Mitgliedschaft im BFV ganz aufgeben, um ohne Verstoß gegen die Spielordnung des BFV am Wettkampfbetrieb des externen Organisators teilzunehmen.

Die Freiheit des Mitgliedsvereins, seinen Zweck in anderer Weise als allein durch die Mitgliedschaft im BFV zu verwirklichen, ist durch das Teilnahmeverbot aufgehoben. Seine Organisationsautonomie ist eingeschränkt.

Für diese Einschränkung der Organisationsautonomie des Mitgliedsvereins bedarf der BFV einer sachlichen Rechtfertigung.

2. Rechtfertigung eines generellen Teilnahmeverbots durch Interessen des Sportfachverbandes?

a) Keine Rechtfertigung durch Interesse an der Bewahrung der exklusiven Organisation einer Sportart

Das Teilnahmeverbot des BFV sichert die bestehende Struktur ab. Denn es bindet die Mitgliedsvereine an die BFV-Wettbewerbe. Vor dem Hintergrund der gegenwärtigen tatsächlichen Situation der Fußball-Wettkampforganisation in Bayern ist das Teilnahmeverbot mangels vergleichbarem Angebot als für die bestehende Verbandspyramide präventive, Monopol wahrende Regelung zu sehen.

Wie oben bereits ausgeführt,[625] ist die exklusive Organisation einer Sportart nach der Ein-Platz-Regelung keine Notwendigkeit für die Wettkampfsportorganisation. Sie vereinfacht lediglich zum einen die Einhaltung des „Repräsentationsgedankens" und erleichtert die Ermittlung des „Besten" in einem Gebiet. Denn selbst wenn es mehrere Verbände einer Sportart in einem Gebiet gibt, ist die Wettkampfsportorganisation mit der Ermittlung eines „Besten" in der jeweiligen Sportart grundsätzlich möglich.

Damit ist die Regelung, soweit sie der Wahrung der exklusiven Organisation dient, ebenfalls nicht als notwendige Satzungsregel einzustufen. Es kommt also darauf an, wie stark die damit verbundenen Interessen der Erfüllung des Zwecks des BFV dienen.

aa) Praktikabilitätserwägungen

Die mit dem generellen Teilnahmeverbot bezweckten praktischen Aspekte werden bei dessen Durchbrechung auch nicht unmittelbar betroffen. Anders als die

---

625 Siehe § 7 III.

Ein-Platz-Regelung, deren Unwirksamkeit zur Aufnahme eines weiteren Verbandes führt und damit die Verbandsorganisation unmittelbar betrifft, bedeutet die Unwirksamkeit des Teilnahmeverbots nicht unmittelbar, dass die Verbandsorganisation verändert wird.

Da die mit dem Teilnahmeverbot verbundenen praktischen Interessen des BFV überhaupt nicht konkret betroffen sind, treten sie hinter dem Interesse des Mitgliedsvereins an der Ausübung seiner Organisationsautonomie zurück.

bb) Interesse an der Sicherung der eigenen Existenz

Es ist durchaus denkbar, dass der verbandsexterne Veranstalter es zur Voraussetzung macht, dass der Mitgliedsverein zur Teilnahme an seinen Wettkämpfen auch bei ihm Mitglied wird.

Hannamann vertritt dazu die Ansicht, dass es dem Verband zur Sicherung der eigenen Existenz gestattet sein muss, die Mitgliedschaft in einem Konkurrenzverband oder einem ähnlichen Zusammenschluss wirksam verbieten zu können. Denn der Konkurrenzverband wäre gerade durch die Mitgliederabwerbung in der Lage, den ursprünglichen Verband zu verdrängen.[626]

Zum Beleg führt *Hannamann* eine Entscheidung des Europäischen Gerichtshofs[627] an, aus der folge, dass der Europäische Gerichtshof das Verbot der Mitgliedschaft in einer konkurrierenden Genossenschaft zur Wahrung des Zwecks und der Funktionsfähigkeit für gerechtfertigt hält.[628]

Demnach müsste der BFV eine Doppelmitgliedschaft seines Mitgliedsvereins in einem Konkurrenzverband nicht dulden, sodass dieses Interesse für die Regelung eines generellen Teilnahmeverbots sprechen würde.

Allerdings geht es zu weit, wenn der BFV die Mitgliedschaft seines Mitgliedsvereins in einem anderen Verband durch das generelle Teilnahmeverbot ausschließen und als sachliche Rechtfertigung die Gefährdung seiner Existenz anführen könnte.

Zum einen stellt sich bereits die Frage, wann der andere Verband als Konkurrenzverband aufzufassen wäre. Ist ein Rugby-Verband ein Konkurrenzverband? Immerhin haben der Fußball-Sport und der Rugby-Sport dieselben Wurzeln[629], sodass es durchaus sein könnte, dass sich mehr und mehr BFV-Mitgliedsvereine für diese Variante begeistern werden. Ist ein Verband, der eine andere als die

626 *Hannamann*, Kartellverbot und Verhaltenskoordinationen im Sport, S. 271.
627 EuGH, Urteil vom 15. Dezember 1994, C-250/92, Slg. 1994 I, 5641, 5687.
628 *Hannamann*, Kartellverbot und Verhaltenskoordinationen im Sport, S. 271.
629 Siehe oben § 6 II.2.a) und § 7 III.1.

englische Variante der Sportart Fußball organisiert,[630] ein Konkurrenzverband? Vermutlich wird ein Konkurrenzverband nur dann anzunehmen sein, wenn der andere Verband per Definition dieselbe Sportart organisiert. Kriterien für eine eindeutige Abgrenzung gibt es dazu nicht. Der BFV wird im Zweifel sicherlich dazu gelangen, dass der andere Verband ein Konkurrenzverband ist, zumal seine eigene satzungsgemäße Aufgabenfestlegung in § 4 Abs. 4 Hs. 2 BFV-Satzung 2018 weitere Fuß-Ballspiele abdeckt („ebenso die Förderung weiterer Spielformen des Fußballs, wie z. B. Futsal, Street- oder Beach-Soccer, etc.").[631] Der BFV könnte also allein durch eine weite Auffassung des Konkurrenzbegriffs das Teilnahmeverbot auf eine Vielzahl von verbandsexternen Veranstaltern ausweiten.[632]

---

630 Beispielsweise die Variante „Calcio storico", die auf ein italienisches Fuß-Ballspiel mit Wurzeln im 15. Jahrhundert zurückgeht, siehe *Behringer*, Kulturgeschichte des Sports, S. 118 f.

631 Dieser Halbsatz wurde auf Antrag des BFV-Vorstandes im Jahr 2006 in die Satzung aufgenommen. Die lapidare „Kurzbegründung" lautete: „In der bisherigen Aufgabenbeschreibung des BFV fehlt eine weitere Bezugnahme auf moderne Spielarten des Fußballs", vgl. Tagesordnungspunkt 19.1. des 22. Ordentlicher Verbandstag des Bayerischen Fußball-Verbandes 2006. Dadurch, dass der BFV-Vorstand die hinzuzufügenden Ballspiele als „Spielformen des Fußballs" [sic!] qualifiziert hat und nicht als andere Sportarten, bedurfte die Änderung formal nur einer 2/3 Mehrheit der Delegiertenstimmen und nicht die für Zweckänderungen nötige 3/4 Mehrheit, § 16 Abs. 3 BFV-Satzung 2018. Da die Initiative zur Organisation des Wettkampfes in einer bestimmten Sportart im Verband typischerweise von „unten" nach „oben" ausgeht, ist stark zu bezweifeln, ob die Organisation „weiterer Spielformen des Fußball" vom primären Zweck des BFV gedeckt ist und die damit verbundenen Regelungen als notwendige einzustufen sind. Insbesondere „Futsal" hat der BFV erkennbar gegen den Willen mehrerer Mitgliedsvereine als neue Hallenfußball-Variante eingeführt.

632 Generell versuchen Sportfachverbände stets Varianten der von ihnen organisierten Sportart bzw. ähnlich anmutende Sportarten in ihre Organisation einzugliedern. Als Beispiel dafür dient die Wintersportart „Snowboarden", die in ihren Ursprung in den 1960er bis 1970er Jahren nahm. Ab den 1990er Jahren wurden die Wettkämpfe in dieser Sportart von der International Snowboard Federation (ISF) organisiert, in der sich 44 Nationalverbände zusammengeschlossen hatten. 1994 entschied der internationale Skiverband, die Fédération Internationale de Ski (FIS), Snowboard zu einer ihrer Disziplinen zu machen und bot ebenfalls Wettkämpfe an. Die Problematik in dieser Konkurrenzhandlung für den die ISF und seine Nationalverbände bestand darin, dass aufgrund des Ein-Platz-Prinzips nur die in der FIS organisierten Wettkampfteilnehmer an den Olympischen Winterspielen teilnehmen durften, siehe zu diesen Vorkomnissen *Trosien/Stetter*, Globale Ausbreitung des Snowboardings und Entwicklungen in Deutschland, S. 89 ff. Zwar musste sich die ISF aufgrund finanzieller Schwierigkeiten auflösen, jedoch wurde erneut ein globaler Sportfachverband, die

Zum anderen lässt sich das Urteil des Europäischen Gerichtshofs bei genauerer Betrachtung nicht zur Rechtfertigung des generellen Teilnahmeverbots des BFV heranziehen.[633] Denn der Europäische Gerichtshof hatte eine Satzungsregel zu beurteilen, die aufgrund einer akuten Konkurrenzsituation getroffen wurde und nicht – wie im Falle des Monopolisten BFV – als „Präventivmaßnahme" zu sehen war. Der Europäische Gerichtshof hatte im zu entscheidenden Fall eine konkrete Gefährdung des ordnungsgemäßen Funktionierens der Genossenschaft angenommen. Dennoch hat der Europäische Gerichtshof entschieden, dass „den Mitgliedern durch die Satzung (...) nur solche Beschränkungen auferlegt werden [dürfen], die notwendig sind, um das ordnungsgemäße Funktionieren der Genossenschaft sicherzustellen".[634]

Das wird bestätigt durch die Rechtsprechung des Bundesgerichtshofs.[635] Denn auch der Bundesgerichtshof stellte zur Rechtfertigung eines Verbots der Doppelmitgliedschaft darauf ab, ob dieses zur Sicherung des Zwecks und der Funktionsfähigkeit notwendig ist. Zu betonen ist in diesem Zusammenhang, dass der Bundesgerichtshof bei Notwendigkeit des Verbots die Anwendbarkeit des Kartellrechts verneint hätte.[636] Die Notwendigkeit verneinte der Bundesgerichtshof aber und kam zu dem Ergebnis, dass die generelle Untersagung der Mitgliedschaft in einer weiteren Vereinigung zu weit ginge, selbst wenn es sich dabei um einen Konkurrenzverband handele. Den Gesichtspunkt, dass Doppelmitgliedschaft zu „Misshelligkeiten" zwischen den Mitgliedern führen könnte, sah der Bundesgerichtshof ebenfalls nicht als ausreichend dafür an, die Möglichkeit von Doppelmitgliedschaften zu unterbinden.[637]

Wie die oben angeführten Beispiele zeigen, erfasst das generelle Teilnahmeverbot eine Vielzahl an Fällen, in denen durch eine Teilnahme des Mitgliedsvereins die Verwirklichung des Zwecks und das ordnungsgemäße Funktionieren des BFV in keiner Weise gefährdet wären. Die bloße Möglichkeit, dass ein Konkurrenzverband in der Zukunft in der Lage wäre, so viele Mitglieder vom BFV abzuwerben,

World Snowboarding Federation (WSF), für den Snowboardsport gegründet, die bis heute in Konkurrenz zur FIS die Repräsentation des Snowboardsports beansprucht und eigene Wettkämpfe durchführt.

633 Gegen die Heranziehung der Rechtsgedanken des Urteils auf einen uneingeschränkten Teilnahme-Erlaubnisvorbehalt auch *Grätz,* Missbrauch der marktbeherrschenden Stellung durch Sportverbände, S. 331.

634 EuGH, Urteil vom 15. Dezember 1994, C-250/92, Slg. 1994 I, 5641, 5687.

635 BGH, Beschluss vom 10. November 1992, KVR 26/91, NJW 1993, 1710.

636 BGH, Beschluss vom 10. November 1992, KVR 26/91, NJW 1993, 1710, 1711.

637 BGH, Beschluss vom 10. November 1992, KVR 26/91, NJW 1993, 1710, 1712.

dass seine eigene Existenz gefährdet wäre, ist keine sachliche Rechtfertigung für ein generelles Teilnahmeverbot. Vielmehr ist dieses Zukunftsszenario ein abstraktes Risiko, das jeder Verband trägt, der um Mitglieder zur gemeinsamen Zweckverfolgung wirbt. Wie die Entscheidungen des Europäischen Gerichtshofs und Bundesgerichtshof bestätigen, muss aber für die Rechtfertigung eines generellen Teilnahmeverbotes eine Notwendigkeit für die Zweckverfolgung gegeben sein. Das ist nur denkbar, wenn der Verband ohne dieses Verbot die Wettkampforganisation überhaupt nicht mehr durchführen könnte.

Die Wahrung der exklusiven Organisationsstruktur ist nicht notwendig für die Zweckverfolgung des BFV.

b) Keine Rechtfertigung durch die mitgliedschaftliche Förderpflicht

Hannamann sieht das Verbot der Konkurrenzmitgliedschaft auch durch die mitgliedschaftliche Förderpflicht[638] gerechtfertigt. Denn diese gebiete dem Mitglied, eine Konkurrenzmitgliedschaft, die zu einer Verdrängung des alten Verbandes führen kann, zu unterlassen.[639] Dieser Gedanke ließe sich auch auf das generelle Teilnahmeverbot übertragen.

Grundsätzlich haben die Mitglieder des BFV mit Gründung oder Beitritt versprochen, den gemeinsam festgelegten Zweck als Inhalt ihrer Rechtsbeziehung gemeinsam zu verfolgen.[640] Die dadurch zum Ausdruck kommende Förderpflicht umfasst auch Loyalitäts- und Unterlassungspflichten.[641]

Inhalt und Umfang der Förderpflicht können aber nicht abstrakt bestimmt werden, sondern hängen im Einzelfall entscheidend vom Zweck des Verbandes, von seiner realen Struktur sowie der Position des betreffenden Mitglieds im Verband ab.[642]

Das heißt, dass es auch in diesem Zusammenhang eine entscheidende Rolle spielt, inwieweit die durch das Teilnahmeverbot vom BFV eingeforderte Loyalität mit der Zweckverwirklichung in Zusammenhang steht. Je stärker der Konflikt die Zweckverwirklichung beeinträchtigt, desto stärker ist die Förderpflicht des

---

638 Die Förder- oder Treuepflicht als Inhalt ungeschriebene Rechtspflicht eines jeden Mitgliedschaftsverhältnisses siehe ausführlich *Lutter*, Theorie der Mitgliedschaft, AcP 180 (1980), S. 102 ff. und *Reichert*, Handbuch des Vereins- und Verbandsrechts, S. 190 ff.

639 *Hannamann*, Kartellverbot und Verhaltenskoordinationen im Sport, S. 271.

640 *Lutter*, Theorie der Mitgliedschaft, AcP 180 (1980), S. 102.

641 *Lutter*, Theorie der Mitgliedschaft, AcP 180 (1980), S. 110.

642 *Lutter*, Theorie der Mitgliedschaft, AcP 180 (1980), S. 109 ff. und 129 f.

Mitgliedsvereins.[643] Das wird durch die Rechtsprechung des Bundesgerichtshofes bestätigt, der die Förderpflicht eines Mitglieds an die Bedeutung für den Zweck und die Funktionsfähigkeit der Vereinigung knüpft.[644]

Ein generelles Teilnahmeverbot erfasst diese graduellen Unterschiede der Förderpflicht des Mitgliedsvereins nicht. Auch hierzu zeigen die oben aufgeführten Beispiele, dass viele Szenarien denkbar sind, in denen die Zweckverwirklichung des BFV durch die Teilnahme und Mitgliedschaft eines Mitgliedsvereins in einem Konkurrenzverband nicht betroffen ist.

Dazu kommt, dass die reale Struktur des BFV ein Faktor ist, der zu einer im Ausgangspunkt geringen Förderpflicht der Mitgliedsvereine des BFV führt. Denn die Förderpflichten sind umso größer, je größer der Grad der Geschlossenheit der konkreten Vereinigung ist.[645] Das folgt daraus, dass ein Verein mit wenigen Mitgliedern, die allesamt unmittelbaren Einfluss auf die Willensbildung haben, mehr auf die Förderung und Loyalität seiner Mitglieder angewiesen ist, als ein Großverein wie der BFV, in dem die Mitglieder auf die Willensbildung kaum Einfluss haben und mehr und mehr zu passiven Konsumenten werden.[646]

Zuletzt hängt die Förderpflicht auch entscheidend von der Position des betreffenden Mitglieds ab. Ein Mitglied, das zugleich ein repräsentatives Vereinsamt innehat, hat demnach eine stärkere Förderpflicht als andere Mitglieder.[647] Für die Mitgliedsvereine des BFV könnte man zwischen der Dauer der Mitgliedschaft im BFV unterscheiden. Ein Mitgliedsverein, der erst seit Kurzem Mitglied im BFV ist, wäre demnach hinsichtlich seiner Förderpflicht anders zu beurteilen als beispielsweise ein Gründungsmitglied.

Das generelle Teilnahmeverbot wird bereits der im BFV grundsätzlich gering ausgeprägten Förderpflicht sowie ihrer vom Einzelfall abhängenden Ausprägung nicht gerecht, sodass der BFV sich auch darauf nicht berufen kann.

Das generelle Teilnahmeverbot in § 77 Nr. 3 S. 1 BFV-Spielordnung 2018 ist deshalb eine unwirksame Regelung, auf deren Grundlage keine Sanktion gegen Mitgliedsvereine ergehen kann.

---

643 *Lutter*, Theorie der Mitgliedschaft, AcP 180 (1980), S. 116.

644 BGH, Beschluss vom 10. November 1992, KVR 26/91, NJW 1993, 1710, 1712.

645 *Reichert*, Handbuch des Vereins- und Verbandsrechts, S. 190; *Lutter*, Theorie der Mitgliedschaft, AcP 180 (1980), S. 105 f.

646 Zum Einflussverlust der Mitglieder im BFV siehe oben § 6 I.3. *Lutter*, Theorie der Mitgliedschaft, AcP 180 (1980), S. 112, nennt hierzu ausdrücklich den DFB und den ADAC als Beispiele für Verbände, die keine sonderlich hohe Loyalität beanspruchen können.

647 Vgl. *Reichert*, Handbuch des Vereins- und Verbandsrechts, S. 191.

3. Rechtfertigung eines Teilnahmeverbots mit Genehmigungsvorbehalt durch Interessen des Sportfachverbandes im Einzelfall?

Auch wenn die Sportfachverbände die Organisation nach der Ein-Platz-Regelung durch ein generelles Teilnahmeverbot nicht wirksam absichern können, besteht die Möglichkeit, durch ein Teilnahmeverbot mit Erlaubnisvorbehalt die Absicherung der Struktur mittelbar zu erreichen, wenn sich der BFV im Einzelfall auf sachliche Interessen berufen kann.

a) Interesse an der Wahrung des Regelstandards der Sportart Fußball

Hannamann meint, dass ein zulässiger Grund für die Verweigerung der Erlaubnis zur Teilnahme dann besteht, wenn der verbandsexterne Veranstalter nicht die prägenden internationalen Sportregeln der etablierten Sportart einhält. Denn zu deren Schutz sei der Verband gemäß seinem Zweck verpflichtet.[648]

Auch *Grätz* ist der Ansicht, dass es ein legitimes Ziel sei, dem Eindruck entgegenzuwirken, dass in einer Sportart die Regeln nach Belieben gehandhabt werden und das sportliche Kräftemessen selbst nicht mehr die entscheidende Rolle spiele. Ein Erlaubnisvorbehalt sei deshalb bei sehr unterschiedlichen Spielregeln des externen Veranstalters angemessen.[649]

Unterstützt werden diese Meinungen durch ein Urteil des Bundesgerichtshofs aus dem Jahr 1969.[650] Damals hatte der Bundesgerichtshof entschieden, dass die Suspendierung von Sportlern, die an einer nicht genehmigten Veranstaltung teilnehmen, ein notwendiges Mittel ist, „um einen gesicherten Ablauf der Veranstaltungen vom Standpunkt des „Sportgesetzes“[651] aus gesehen zu gewährleisten“ [sic!]. Denn: „Teilnehmer und Funktionäre (Schiedsrichter, Zeitnehmer u.dgl.) [müssen] an eine möglichst gleichbleibende sportliche Regelung gewöhnt sein und bleiben.“ Eine solche Sperre sei im organisierten internationalen Sportbetrieb durchaus nichts Ungewöhnliches. Zudem bliebe es dem verbandsexternen Veranstalter unbenommen, in gleicher Weise zu verfahren wie der Verband, also seine Mitglieder ebenfalls anzuhalten, nur an eigenen Wettkämpfen mitzuwirken. Der Verband versuche auch nicht, die ihm angeschlossenen Sportler vom verbandsexternen Veranstalter fernzuhalten und dessen Mitgliedern den Zugang

648 *Hannamann*, Kartellverbot und Verhaltenskoordinationen im Sport, S. 273 f.

649 *Grätz*, Missbrauch der marktbeherrschenden Stellung durch Sportverbände, S. 333 f.

650 BGH, Urteil vom 28. November 1969, I ZR 139/67, NJW 1970, 378.

651 Damit waren die Regeln des internationalen Sportfachverbandes (Internationalen Automobilsportverband) gemeint, die dieser als „Internationales Automobilsport-Gesetz“ bezeichnet hatte.

zu den Verbands-Veranstaltungen willkürlich zu verwehren. Denn er habe dem verbandsexternen Veranstalter den korporativen Anschluss angeboten.[652]

Die Ansichten der Literatur sowie das Bundesgerichtshof-Urteil von 1969 überzeugen nicht mit Blick auf den hier zugrunde gelegten Inhalt der Organisationsautonomie der Sportfachverbände. Das Verbot der Teilnahme an jedweder verbandsexternen Veranstaltung, die nicht die prägenden Spielregeln der „etablierten Sportart" einhält, hält der Inhaltskontrolle nicht stand.

Eine solche Regelung ist nicht notwendig für die Wettkampfsportorganisation. Der Wettkampfbetrieb des BFV wird nicht dadurch betroffen, dass seine Mitgliedsvereine bei einem anderen Veranstalter Fußball nach anderen beliebigen Regeln spielen.[653] Es ist vielmehr das Risiko des Mitgliedsvereins und seiner Mitglieder, dass sie durch die Umstellung auf unterschiedliche Spielregeln an Routine in der durch den BFV organisierten Variante einbüßen. Denn die durch den BFV organisierten Wettkämpfe werden stets nach den in der weltweiten Fußball-Verbandspyramide geltenden Spielregeln der FIFA ausgetragen.[654] Die Einhaltung dieser Regeln kann der BFV von seinen Mitgliedern aufgrund seines Zwecks fordern; aber nur innerhalb des von ihm organisierten Wettkampfbetriebs.

Darüber hinaus kann sich der BFV nicht darauf berufen, dass seine Mitgliedsvereine zum „Schutz der Fußballregeln" verpflichtet sind. Anders als *Hannamann* meint, haben sich die Mitgliedsvereine nicht dazu verpflichtet, sondern allgemein zur Förderung und Verbreitung des Fußballsports, § 1 Abs. 4 BFV-Satzung 2018. Der „Schutz der Fußballregeln" als Zwecksetzung des BFV kommt insbesondere auch deshalb nicht infrage, da die Spielregeln, wie sie die FIFA vorgibt, ihrerseits einem stetigen Wandel unterliegen und auch der BFV selbst die „Förderung weiterer Spielformen des Fußballs" als seine Aufgabe sieht.[655] Einerseits müssen die Mitgliedsvereine des BFV gemäß der Spielordnung die Sportart Fußball nach den Spielregeln der FIFA betreiben, andererseits sind sie aber satzungsgemäß zur Bewahrung der Spielregeln verpflichtet. Deshalb wäre es durchaus denkbar, dass der Mitgliedsverein dem Wortlaut der Satzung getreu handeln würde, wenn er nicht an einem Wettkampfbetrieb des BFV teilnimmt, der in anderen Spielformen des Fußballs besteht, oder von der Spielform des Fußballsports, die beim Beitritt des Mitgliedsvereins bestand, allzu sehr abweicht.

---

652 BGH, Urteil vom 28. November 1969, I ZR 139/67, NJW 1970, 378, 383.

653 So auch *Jakob*, Private Sportveranstaltungen im Spannungsfeld zwischen Verbandsautonomie und Wettbewerbsfreieheit, SpuRt 2016, S. 244.

654 Vgl. Nr. 1 der Präambel der BFV-Spielordnung 2018.

655 Siehe dazu oben unter § 8 I.2.a)bb).

Im Übrigen ist es in diesem Zusammenhang auch schwierig, eine genaue Grenze zu ziehen, wann die Regeln eines anderen Veranstalters so abweichen, dass sie den „prägenden" Fußballregeln der FIFA widersprechen, aber noch nicht so sehr abweichen, dass sie eine andere Sportart darstellen, an deren Wettkämpfen ein Verein mit mehreren Sportart-Abteilungen, also der typische TSV (Turn- und Sportverein) sowieso regelmäßig teilnimmt.

Auch der von *Grätz* als berechtigtes Interesse genannte Aspekt hält einer rechtlichen Bewertung nicht stand: Innerhalb seiner Wettkampforganisation ist es gerade die Aufgabe des BFV, „Beliebigkeit" der Spielregeln sowie die Abkehr vom Leistungsgedanken zu verhindern. Außerhalb seiner Wettkampforganisation wird der Zweck des BFV dadurch nicht betroffen. Eine tiefer gehende Würdigung dieses Aspekts fällt schwer, da seine Relevanz für ein Teilnahmeverbot nicht einleuchtet. Es ist vielsagend, dass *Grätz* diesen Aspekt aus den Schlussanträgen der Generalanwältin des Europäischen Gerichtshofs *Kokott* aus einem Verfahren vor dem Europäischen Gerichtshof von 2008 gewonnen hatte, welche im anschließenden Urteil in der rechtlichen Wertung nicht berücksichtigt wurden.[656] Dieser Gedanke spielte also im Rahmen der Entscheidung des Europäischen Gerichtshofs, die einen Teilnahme-Erlaubnisvorbehalt für unwirksam erklärte, überhaupt keine Rolle.

Die oben genannten Ansichten von Teilen der Literatur sowie die oben genannte Entscheidung des Bundesgerichtshofs würden in letzter Konsequenz zudem bedeuten, dass nicht nur die „etablierte" Sportart, sondern damit auch der „etablierte" Verband eine Art „Ewigkeitsgarantie" haben. Denn die Aufgabe der Mitgliedschaft zur Erprobung einer neuen Variante innerhalb einer anderen Struktur kommt aufgrund der Bedeutung der etablierten Verbände sowie der weiten Verbreitung der bestehenden Sportart in den allermeisten Fällen für die Mitglieder nicht infrage.

Dazu kommt, dass der Bundesgerichtshof in seiner oben genannten Entscheidung offensichtlich die Üblichkeit solcher Teilnahmeverbote als Argument für ihre Wirksamkeit gesehen hat, was kein rechtliches Argument sein kann. Denn aus einer weitverbreiteten, aber in dieser Form nicht angemessenen Praxis, kann ein berechtigtes Interesse nicht gewonnen werden.

Ebenso wenig überzeugt die Argumentation des Bundesgerichtshofes, wenn er dem externen Veranstalter genauso wie dem bestehenden Veranstalter die Möglichkeit der Regelung von Teilnahmeverboten einräumt, also auf die Waffen-

656 EuGH, Urteil vom 1. Juli 2008, C-49/07.

gleichheit als Rechtfertigung abstellt. Eine solche Waffengleichheit wäre aber nur dann gegeben, wenn der bestehende und der externe Veranstalter in einem echten Konkurrenzkampf um die Werbung neuer Mitglieder stehen würden, wie es im Rahmen der Entstehung einer völlig neuen Sportart denkbar wäre. Hat der das Teilnahmeverbot setzende Verband aber eine monopolartige Stellung aufgrund seiner Mitgliederzahl im von ihm organisierten Gebiet inne, der alternative Veranstalter aber keine oder kaum Mitglieder, so hilft ihm die vom Bundesgerichtshof eingeräumte Waffengleichheit nicht, da er überhaupt keine weiteren Mitglieder gewinnen wird.

Im Ergebnis ist festzuhalten, dass das Interesse an der Wahrung des Standards der Regeln einer Sportart im Einzelfall kein Teilnahmeverbot rechtfertigen kann.

Von diesem Interesse zu unterscheiden ist das notwendige Interesse der Sportfachverbände, dass die im verbandsexternen Wettkampf erzielten Ergebnisse und Leistungen keinen Einzug in die Wertung der verbandsinternen Wettkampforganisation erhalten. Auf die Anerkennung dieser Ergebnisse haben weder die am verbandsexternen Wettkampf teilnehmenden Mitglieder noch der verbandsexterne Veranstalter einen Anspruch. Denn die im externen Wettbewerb erzielten Ergebnisse entziehen sich hinsichtlich der Chancengleichheit und Vergleichbarkeit grundsätzlich der Kontrolle der Sportfachverbände.[657]

b) *Interesse an der Wahrung der Nicht-Wirtschaftlichkeit der Wettkampforganisation*

Hannamann vertritt zudem die Ansicht, dass ein Teilnahmeverbot dann gerechtfertigt ist, wenn der verbandsexterne Veranstalter hauptsächlich kommerzielle Interessen verfolgt, was beispielsweise der Fall sei, wenn er von den Teilnehmern ein „Eintrittsgeld" verlange, das außer Verhältnis zu seinen Organisations- und Verwaltungskosten steht.[658]

Auf dieses Interesse kann sich der BFV allerdings nicht berufen. Denn die Nicht-Wirtschaftlichkeit ist kein ideelles Ziel, zum dem sich die Mitgliedsvereine verschrieben haben. Vielmehr obliegt es jedem Mitgliedsverein selbst, dass er seinem Status als Idealverein im Sinne des § 21 BGB entsprechend keine wirtschaftliche Tätigkeit ausübt, die das Nebentätigkeitsprivileg überschreitet.

---

657 So im Ergebnis auch *Jakob*, Private Sportveranstaltungen im Spannungsfeld zwischen Verbandsautonomie und Wettbewerbsfreieheit, SpuRt 2016, S. 244.

658 Vgl. *Hannamann*, Kartellverbot und Verhaltenskoordinationen im Sport, S. 272 f.

Dazu kommt zum einen, dass die Nicht-Wirtschaftlichkeit des sportlichen Wettkampfs als ideelles Ziel seine Grundlage im „Amateurgedanken" hat, dessen Wert aus den oben genannten Gründen[659] gering zu schätzen ist.

Zum anderen kann der BFV die Nicht-Wirtschaftlichkeit des von ihm organisierten Wettkampfsports als zu beachtendes Interesse schwerlich proklamieren, ohne sich dem Vorwurf des widersprüchlichen und damit treuwidrigen Verhaltens auszusetzen.

Denn die Kommerzialisierung des Sports, die sich – anders als der Aufbau der Organisationsstruktur der Sportfachverbände[660] – von den oberen Verbandsebenen auf die unteren fortentwickelt, ist auf der vom BFV organisierten regionalen Ebene angekommen. Dem BFV stehen mittlerweile nicht mehr nur aufgrund seiner exklusiven Stellung für die Breitensportart Fußball in Bayern wirtschaftliche Möglichkeiten offen, sondern die Organisation des Wettkampfbetriebs auf bayerischer Ebene bringt unmittelbar wirtschaftliche Einnahmequellen mit sich. Den Wettkampfbetrieb der höchsten BFV-Ligen, der „Regionalliga Bayern" sowie der „Bayernliga Nord" und „Bayernliga Süd" verwertet der BFV medial durch das Internetfernsehen „BFV.TV", das zum Schutz der Marke auf ein eigenes Design- und Klangmuster zurückgreift.[661] Dies ist nicht Selbstzweck, sondern eine zusätzliche Werbeplattform für Wirtschaftsunternehmen.[662] Deshalb wird die „Regionalliga Bayern" auch als „Premium-Produkt"[663] des BFV bezeichnet.[664] Seine wirtschaft-

659 § 7 III.2.

660 Siehe dazu § 6 II.2.

661 Hier hat der BFV die Lehren aus dem „Hartplatzhelden.de-Urteil" des BGH (Urteil vom 28. Oktober 2010, I ZR 60/09, BGHZ 187, 255 ff.) gezogen und so eine schützbare Rechtsposition geschaffen.

662 Vor jedem Videobeitrag des Portals muss der Zuschauer ein Werbe-Video namhafter Unternehmen (z. B. großer deutscher Automobilhersteller) ansehen, ehe er die Zusammenfassungen des Wettkampfbetriebs oder andere sportbezogene Beiträge sieht, vgl. www.bftv.de (zuletzt abgerufen am 25. Juni 2017).

663 Die Wahrnehmung einer Liga als Produkt wird durch den Verband selbst gezielt befördert, indem Markenzeichen geschaffen werden (vgl. zu seit langer Zeit bestehenden Markenzeichen des DFB: *Jörg Englisch/Tim Bagger*, Nationalverband – DFB in: *Stopper/Lentze* (Hrsg.), Handbuch FußballRecht, S. 509 ff. und zu entsprechenden Entwicklungen auf Landesebene die Regelung in § 6 der Regionalligaordnung des BFV, wonach das BFV-Logo der Regionalliga Bayern am Trikotärmel des Wettkampfteilnehmers gut sichtbar angebracht sein muss).

664 So BFV-Präsident, Dr. Rainer Koch, im Rahmen eines Vortrags bei der Industrie- und Handelskammer München zu den Vermarktungschanchen des Amateurfußballs am 27. November 2012.

liche Tätigkeit hat der Bundesgerichtshof auf ein hundertprozentiges Tochterunternehmen, die „BFV Service GmbH", ausgegliedert.[665] Diese hat gemäß § 2 ihrer Satzung unter anderem als Gesellschaftszweck, den BFV und sein Angebot marktgerecht zu positionieren sowie Sponsorenpflege und Akquirierung neuer Mittel für die Zusammenarbeit mit dem BFV zu betreiben. Die „BFV Service GmbH" hat exklusiv die Vermarktungsrechte des BFV inne und verfügt über ein Eigenkapital von über 1,5 Millionen Euro.[666]

Schon allein angesichts dieses eigenen wirtschaftlichen Engagements im Zusammenhang mit der Organisation des Fußballsports kann der BFV die Teil-

---

665 Zur hier nicht näher untersuchten rechtsformwahrenden Möglichkeit der Ausgliederung der wirtschaftlichen Tätigkeit eines Idealvereins auf Tochterunternehmen siehe *Palandt/Ellenberger*, § 21, Rn. 4 f. Grundlage dafür ist das „ADAC-Urteil" des Bundesgerichtshofs vom 29. September 1982, I ZR 88/80, NJW 1983, 569, 571, da der BGH dort entschied, dass eine durch einen Idealverein gegründete und betriebene Kapitalgesellschaft keinen wirtschaftlichen Geschäftsbetrieb im Sinne der §§ 21, 22 BGB begründet und somit der Status des Idealvereins erhalten bleiben kann. Andere Ansicht: *Flume*, Allgemeiner Teil des Bürgerlichen Rechts, Erster Band. Zweiter Teil, S. 113 und *Reuter*, Rechtliche Grenzen ausgegliederter Wirtschaftstätigkeit von Idealvereinen, ZIP 1984, S. 1052 ff. Dem BGH nur im Ergebnis zustimmend *Schmidt*, Verbandszweck und Rechtsfähigkeit im Vereinsrecht, S. 128. Von der Möglichkeit der Ausgliederung haben mittlerweile die meisten Teilnehmer am Spitzenspielbetrieb der wirtschaftlich attraktiven Sportarten Gebrauch gemacht und die jeweilige, einen Gewerbetrieb erfordernde Abteilung in eine Kapitalgesellschaft (GmbH, GmbH und Co KG, KG a.A., AG) umgewandelt, vgl. *Summerer*, Sport, Vereine, Verbände, Kapitalgesellschaften in: *Fritzweiler/Pfister/Summerer*, Praxishandbuch Sportrecht, S. 153 ff.; *Holzhäußer*, Die Vereinslizensierung in den deutschen Profisportligen, S. 18. Befördert wurde diese Entwicklung durch die gesetzliche Änderung des Umwandlungsgesetzes, die es Vereinen, denen sich wirtschaftliche Möglichkeiten im Laufe ihres Bestehens ergeben, gezielt ermöglichte, die wirtschaftliche Tätigkeit unter Fortbestehen als Idealverein in einer dafür vorgesehenen Rechtsform zu betreiben (vgl. die Änderung des Umwandlungsgesetzes (UmwG) im Jahr 1994 (BGBl. I 1994/77 vom 8. November 1994, S. 3210 ff. mit der Begründung des Gesetzesentwurfs in: BT-Drucksache 12/6699, S. 73), die eine Ausgliederung der wirtschaftlichen Tätigkeit von Vereinen auf bestehende oder zu gründende Kapitalgesellschaften vereinfachen sollte). Ausführlich zu diesem Problemkreis *Lars Leuschner*, Das Konzernrecht des Vereins, Tübingen 2011.

666 Vgl. den Auszug aus dem Unternehmensregister des Jahresabschlusses zum Geschäftsjahr 2015, https://www.unternehmensregister.de/ureg/result.pdf;jsessionid=833174658D85415BFE90EAC037EB288B.web01-1?submitaction=showPdfDoc, zuletzt abgerufen am 22. Juni 2017).

nahme eines Mitgliedsvereins an einem verbandsexternen Wettbewerb, der auch wirtschaftliche Interessen verfolgt, nicht versagen.

c) Interesse an der Bewahrung der ideellen Ziele

Es ist auch denkbar, dass der externe Veranstalter den Wettkampfsport ohne Berücksichtigung der ideellen Ziele, wie sie zum heutigen Selbstverständnis der bestehenden Verbandspyramide gehören, organisiert.

Wie wir oben gesehen haben,[667] ist die Erziehung der Jugend oder die Wahrung des Fairnessgebots im Sinne des „Fair Play" zwar grundsätzlich keine Notwendigkeit für die Organisation von Wettkampfsport. Gleichwohl haben sich die Mitgliedsvereine des BFV durch ihren Beitritt dazu verpflichtet, die ideellen Ziele des BFV zu unterstützen. Deshalb kann das Interesse des BFV an der Einhaltung dieser Ziele berechtigte Einzelinteressen des Mitgliedsvereins überwiegen. Der BFV wird in seiner Zielsetzung, die Wettkampfsportorganisation mit der Verfolgung ideeller Interessen zu verbinden, durch die staatliche Vorstellung von der gesellschaftlichen Rolle des Sports bestätigt.[668] Dadurch bekommen die ideellen

---

667 Siehe dazu oben § 6 III.1.d).

668 Vgl. dazu nur den vierten und elften Erwägungsgrund zum Internationalen Übereinkommen gegen Doping im Sport vom 19. Oktober 2005, das auf der 33. Generalkonferenz der Vereinten Nationen für Erziehung, Wissenschaft und Kultur („UNESCO") getroffen wurde: „... in dem Bewusstsein, dass Sport für die Erhaltung der Gesundheit, die geistige, kulturelle und körperliche Erziehung und die Förderung der Völkerverständigung eine wichtige Rolle spielen soll," und „...im Hinblick auf den Einfluss, den Spitzenathleten auf Jugendliche ausüben,". Umgesetzt in nationales Recht wurde dieses Übereinkommen durch das das Gesetz zu dem Internationalen Übereinkommen vom 19. Oktober 2005 gegen Doping im Sport vom 26. März 2007, BGBl. II 2007/9 vom 29. März 2007, S. 354 ff. Die Übernahme der ideellen Aufgabe durch den BFV führt natürlich auch dazu, dass der BFV von staatlicher Seite Unterstützung erfährt, vgl. zur staatlichen Förderung des BFV die Richtlinien über die Gewährung von Zuwendungen des Freistaats Bayern zur Förderung des außerschulischen Sports (Sportförderrichtlinien), Bekanntmachung des Bayerischen Staatsministeriums für Unterricht und Kultus vom 12. Dezember 2011 – VII.10–57301-3.120261, in: Amtsblatt des Bayerischen Staatsministerien für Unterricht und Kultus und Wissenschaft, Forschung und Kunst vom 10. Januar 2012, Nr. 1/2012, S. 7 ff. (S. 20): „Geförderte Verbände: Gefördert werden der Bayerische Landes-Sportverband samt seinen Sportfachverbänden und Anschlussorganisationen [...].". Vgl. allgemein zu den einzelnen Sportfördermaßnahmen in Bund, Ländern und Gemeinden vgl. *Fritzweiler*, Sport und Staat, in: *Fritzweiler/Pfister/Summerer*, Praxishandbuch Sportrecht, S. 67 ff.; zur Betonung des gesellschaftlichen Wertes des Sports hinsichtlich Prävention und Bekämpfung von Gewalt und

Interessen des BFV in der Abwägung gegenüber davon abweichenden Einzelinteressen des Mitglieds zusätzliches Gewicht.

Wenn sich nun der externe Veranstalter den ideellen Funktionen des Sports in keiner Weise verpflichtet fühlt, also keinerlei Wert auf die Einhaltung des „Fair Play", die Vorbildfunktion für die Jugend oder den Schutz der Gesundheit der Wettkampfteilnehmer legt, dann kann das Interesse des BFV an der Nicht-Teilnahme seines Mitgliedsvereins am Wettkampf des externen Veranstalters durchaus höher zu werten sein als das Einzelinteresse des Mitgliedsvereins.

Allerdings kann dies nicht undifferenziert bei jeder Abweichung des externen Veranstalters von den ideellen Zielen des BFV der Fall sein, sondern es muss zu diesen in so erheblicher Weise im Widerspruch stehen, sodass das Recht auf Selbstbewahrung des Verbandes betroffen ist. Orientierungshilfe für die angemessene Beurteilung der Betroffenheit des Rechts auf Selbstbewahrung bietet der Blick auf die Rechtsprechung des Bundesgerichtshofs, in der dieses Recht eines Verbandes seine Grundlage findet.[669]

Der Bundesgerichtshof hatte den Ausschluss eines Mitglieds aus der Polizeigewerkschaft, ein Monopolverein, zu überprüfen. Das sich gegen den Ausschluss wendende Mitglied war Mitglied der Nationaldemokratischen Partei Deutschlands (NPD). Die NPD-Mitgliedschaft war der Grund für den Ausschluss, da sie mit dem satzungsgemäßen ausdrücklichen Bekenntnis der Gewerkschaft zu parteipolitischer Neutralität sowie der Ablehnung totalitärer Bestrebungen jeder Art nicht zu vereinbaren gewesen sei.[670]

Der Bundesgerichtshof führte aus, dass sich auch ein Monopolverein mit den satzungsmäßigen Mitteln gegen Störungen und Gefahren wehren könne, die der Zielsetzung und der inneren Ordnung des Verbandes aus den eigenen Reihen drohe. Deshalb könne er gegen Mitglieder vorgehen, die im Widerspruch zu der von ihnen übernommenen Rechtspflicht, jederzeit für die satzungsgemäßen

---

Intoleranz, Gesundheitsförderung sowie sozialer Integration siehe die Mitteilung der Kommission an das Europäische Parlament, den Rat, den Europäischen Wirtschafts- und Sozialausschuss und den Ausschuss der Regionen. Entwicklung der europäischen Dimension des Sports, 18. Januar 2011, KOM (2011) 12 endgültig, S. 4 ff.

669 Grundlegend: BGH, Urteil vom 28. September 1972, II ZR 5/70, NJW 1973, 35; bestätigt durch BGH, Urteil vom 15. Oktober 1990, II ZR 255/89, NJW 1991, 485. Auch in letzterem Urteil ging es um die Nichtvereinbarkeit einer Gewerkschaftsmitgliedschaft mit der gleichzeitigen Mitgliedschaft in einer gewerkschaftsfeindlichen Partei.

670 BGH, Urteil vom 28. September 1972, II ZR 5/70, NJW 1973, 35.

Ziele einzutreten, sich zu politischen Vereinigungen bekennen und diese aktiv fördern, deren Bestrebungen darauf hinauslaufen, die Gewerkschaften in ihrem durch die historische Entwicklung geprägten und vom Grundgesetzgeber anerkannten Erscheinungsbild zu beseitigen oder wesensmäßig umzugestalten, wie die Beklagte hier nach den Feststellungen des Berufungsgerichts annehmen durfte. Dieses Recht der Gewerkschaft auf Selbstbewahrung in ihrem Kernbereich habe hier den Vorrang vor dem Recht des Klägers, einer Koalition seiner Wahl anzugehören. Die allgemeine Handlungsfreiheit (Art. 2 GG) umschließe zwar die Möglichkeit zur freiwilligen Selbstbeschränkung, aber nicht das Recht, sich über frei gewählte Bindungen hinwegzusetzen, ohne sie zuvor rechtmäßig gelöst zu haben. So verbürge auch die besondere Grundrechtsnorm des Art. 9 Abs. 3 GG lediglich jedermann die Freiheit des Beitritts zu einer Koalition, deren Grundsätze er anerkennt und zu fördern bereit ist. Sie gebe aber nicht das Recht, Mitglied einer Koalition zu sein und gleichzeitig eine Organisation mit gegensätzlichem Programm als aktives Mitglied zu unterstützen; sonst bliebe auch der gemeinsam gebildete Wille der anderen Koalitionsmitglieder, wie er in der Verbandssatzung Ausdruck gefunden hat, ungeschützt. Zieht der Verband in einem solchen Fall aus dem widersprüchlichen Verhalten seines Mitglieds die Folgerung des Ausschlusses, so vollzieht er nur noch die sachlich schon von dem Mitglied selbst vorgenommene Trennung. Der Ausschluss des Mitglieds sei deshalb nur folgerichtig.[671]

Die Argumentation des Bundesgerichtshofs ist überzeugend. Die dem Urteil zugrunde liegenden Erwägungen sind grundsätzlich auf die hier zu bewertenden Teilnahmeverbote übertragbar. Der konkrete Streitgegenstand des Urteils zeigt aber, dass es darauf ankommt, dass die Teilnahme des Mitglieds am Wettbewerb des externen Veranstalters einem Angriff auf die ideellen Ziele des BFV gleichkommt. Dies kann nur dann anzunehmen sein, wenn die Unterstützung des Wettkampfbetriebs des externen Veranstalters das Bekenntnis zum „Fair Play" und die erzieherische Funktion schlichtweg konterkarieren würde. Ist dies nicht klar zu erkennen, spielt es sicherlich eine zusätzliche Rolle, wie häufig der Mitgliedsverein an einer solchen Veranstaltung teilnehmen will und wie eng die Bindung an den externen Veranstalter erfolgen soll. Eine dauerhafte Mitgliedschaft mit Förderpflicht wiegt schwerer als eine einmalige vertragliche Bindung.

Letztlich kann die Angemessenheit des Teilnahmeverbots wegen des Rechts des BFV auf Selbstbewahrung nur mit Blick auf den Einzelfall beurteilt werden. Grundsätzlich ist es aber denkbar, dass der BFV mit Blick auf die seinen ideellen

671 BGH, Urteil vom 28. September 1972, II ZR 5/70, NJW 1973, 35, 36.

Zielen widerstrebende Zielsetzung des externen Veranstalters seinem Mitglied die Erlaubnis zur Teilnahme versagt.

d) Interesse an der Durchführung des Wettkampfbetriebes

Das Interesse des BFV an der Durchführung des von ihm organisierten Wettkampfbetriebs ist grundsätzlich ein notwendiges Interesse. Denn darin liegt der primäre, ja der ursprünglichste Zweck eines jeden Sportfachverbandes.[672]

Es kommt aber in diesem Zusammenhang darauf an, ob dieses Interesse durch das Einzelinteresse des Mitglieds im Einzelfall überhaupt betroffen ist. Das ist nicht der Fall, wenn ein Mitgliedsverein in der Sommer- oder Winterpause des BFV-Wettkampfbetriebs an Wettkämpfen eines verbandsexternen Veranstalters teilnehmen will. Das ist ebenfalls nicht der Fall, wenn ein Mitgliedsverein sich vor Beginn der Einteilung der Wettkampfsysteme für die neue Saison entscheidet, dass er mit einer oder mehrerer seiner Mannschaften nicht mehr am Wettkampfbetrieb des BFV teilnehmen will.

Anders liegt der Fall, wenn die Teilnahme an verbandsexternen Wettkämpfen mit der Teilnahme am laufenden BFV-Wettkampfbetrieb in zeitlichen Konflikt gerät, der Mitgliedsverein also die Wettkampftermine des BFV vernachlässigen müsste, um am verbandsexternen Wettkampf teilzunehmen. Das Interesse des BFV, in diesem Fall die Teilnahme zu verbieten, folgt insbesondere daraus, dass der gesamte BFV-Wettkampfbetrieb, wie in den meisten Mannschaftssportarten, als mehrstufiges Wettkampfsystem organisiert ist, das nicht in sich geschlossen ist, sondern mit Auf- und Abstieg verbunden ist. In seinem Aufbau gleicht dieses System wiederum einer Pyramide, an deren Spitze die „Regionalliga Bayern" steht und die sich weiter in zwei Bayernligen, fünf Landesligen, mehrere Bezirks- und Kreisligen und weitere niedrigere Ligen auffächert.

Stünde es nun im freien Ermessen des Mitgliedsvereins, einen oder mehrere BFV-Wettkampftermine aufgrund der Teilnahme an einem verbandsexternen Wettkampf nicht wahrzunehmen, so wären davon insbesondere zum einen die Mitgliedsvereine betroffen, die in derselben Liga spielen. Denn der Nichtantritt des am verbandsexternen Wettkampf teilnehmenden Vereins hätte zur Folge, dass das nicht stattgefundene Spiel als Sieg mit zwei zu null Toren des jeweiligen Gegners zu werten wäre.[673] Dieser käme somit wettkampflos zu einem Sieg, während ein anderer Gegner gegen denselben Mitgliedsverein antreten musste und womöglich nicht siegreich war. Dadurch würde die Chancengleichheit im

672 Siehe dazu insbesondere § 6 II.

673 Vgl. § 29 Nr. 1 BFV-Spielordnung 2018.

Wettkampf innerhalb der Liga aufgrund des Einzelinteresses des am verbandsexternen Wettkampf teilnehmenden Mitgliedsvereins gestört.

Zum anderen würde insbesondere eine mehrmalige Vernachlässigung des BFV-Wettkampfbetriebs die Interessen vieler Mitgliedsvereine aus den niedrigeren Ligen betreffen. Denn der den Wettkampfbetrieb vernachlässigende Verein blockiert einen Platz in der höheren Liga, was Einfluss auf die gesamte Einteilung der niedrigeren Ligen hat. Durch seine bewusste Vernachlässigung des BFV-Spielbetriebs zeigt der Mitgliedsverein, dass er das wettkampftypische Interesse der anderen Mitgliedsvereine, das Streben nach dem Erreichen der Spitze des BFV-Wettkampfbetriebs, gering schätzt.

Vor diesem Hintergrund ist ein Teilnahmeverbot im Falle des Konflikts der externen Veranstaltungen mit Wettkampfterminen in der laufenden BFV-Wettkampf-Saison angemessen.[674]

Anders wäre ein Teilnahmeverbot in diesem Fall nur dann zu beurteilen, wenn der BFV bewusst den verbandsinternen Wettkampf-Kalender so gestaltet, dass im Grunde für die Mitgliedsvereine überhaupt keine Möglichkeit gegeben ist, an verbandsexternen Wettkämpfen teilzunehmen, ohne Terminverpflichtungen gegenüber dem BFV zu verletzen. Dafür bietet die Wettkampforganisation des BFV aber (bislang) keine Anhaltspunkte.

4. Teilnahmeverbot gegenüber Mitgliedsverein in bestimmten Fällen wirksam

Im Ergebnis ist festzuhalten, dass das generelle Teilnahmeverbot des § 77 Nr. 3 S. 1 BFV-Spielordnung 2018 die Mitgliedsvereine in ihrer Organisationsautonomie unangemessen benachteiligt und deshalb unwirksam ist. Der BFV kann sich insbesondere nicht darauf berufen, dass das Interesse an der Absicherung der exklusiven Organisation gemäß der Ein-Platz-Regelung, also an der Absicherung der monopolistischen Verbandspyramide, die Teilnahmeverbote rechtfertigt.

Auch § 77 Nr. 3 S. 2 BFV-Spielordnung 2018 benachteiligt die Mitgliedsvereine unangemessen, weil er nur für „einzelne Spiele und Turniere“ die Möglichkeit einer Ausnahmegenehmigung vorsieht, es einem Mitgliedsverein aber auch grundsätzlich möglich sein muss, an einem dauerhaften Wettkampfbetrieb eines verbandsexternen Veranstalters teilzunehmen, sofern er nicht dadurch berechtigte Interessen des Verbandes unangemessen verletzt.

---

674 Im Ergebnis so auch *Hannamann*, Kartellverbot und Verhaltenskoordinationen im Sport, S. 272.

In bestimmten Fällen hat der BFV aber ein berechtigtes Interesse an der Nicht-Teilnahme seines Mitgliedsvereins am verbandsexternen Wettbewerb, hinter welches das Einzelinteresse des Mitgliedsvereins zurücktreten und der Mitgliedsverein damit eine Einschränkung seiner Organisationsautonomie hinnehmen muss. Zugleich ist darin die Inhaltsbestimmung der Förderpflichten des Mitgliedsvereins gegenüber dem Verband als Interessenvertreter aller weiteren Mitgliedsvereine zu sehen.

Namentlich ist dies der Fall,

- wenn die ideelle Zielsetzung des verbandsexternen Veranstalters in einem durch den BFV nicht hinzunehmenden Widerspruch zu den eigenen ideellen Zielen steht, die mit der Organisation des Wettkampfsports verbunden sind,[675] oder
- wenn die Teilnahme an der verbandsexternen Veranstaltung zu einer Vernachlässigung der BFV-Wettkampftermine einer laufenden Saison führt, ohne dass der BFV seinen Mitgliedsvereinen durch einen zu dichten Terminkalender die Teilnahme an verbandsexternen Wettkämpfen praktisch unmöglich macht.

Beide Aspekte kann der BFV durch einen Erlaubnisvorbehalt für die Teilnahme an verbandsexternen Wettkämpfen erfassen, da es ihm so möglich ist, zu überprüfen, ob die Teilnahme am Wettkampf des externen Veranstalters diese berechtigten Verbandsinteressen verletzt. Nur in diesem in enger Verbindung zu seinem Zweck bestehenden Bereich, kann dem BFV ein Beurteilungs- und Ermessensspielraum zugestanden werden.[676]

II. Teilnahmeverbote gegenüber Mitgliedern eines Mitgliedsvereins

Der BFV beschränkt sich aber in § 77 Nr. 3 seiner Spielordnung nicht darauf, ein Teilnahmeverbot für seine Mitgliedsvereine zu regeln, sondern erstreckt das Verbot auch auf die Mitglieder seiner Mitgliedsvereine.[677] Ein solches Ver-

---

675 Das wäre beispielsweise denkbar, wenn der andere Verband keinerlei Rücksicht auf die Gesundheit der Sportler nimmt (kein Dopingverbot!), keinerlei Fairnessgedanke vorgesehen ist oder keinerlei Förderung der Jugend stattfindet.

676 Im Ergebnis so auch *Grätz*, Missbrauch der marktbeherrschenden Stellung durch Sportverbände, S. 330 und *Hannamann*, Kartellverbot und Verhaltenskoordinationen im Sport, S. 274, wobei Letztere den Beurteilungs- und Ermessensspielraum auch auf die hier abgelehnten Konstellationen erstreckt und damit deutlich zu weit auffasst.

677 Siehe oben unter § 8 das Zitat des § 77 Nr. 3 BFV-Spielordnung 2018.

bot bedeutete eine noch stärkere Absicherung der bestehenden exklusiven Organisation. Denn könnte der BFV rechtlich wirksam den in seinen Mitgliedsvereinen organisierten Individuen die Teilnahme an verbandsexternen Wettkämpfen verbieten, so entzöge er der Konkurrenz die Basis zum Aufbau einer alternativen Wettkampfstruktur in der Sportart Fußball. Dies käme einer „vollen Kontrolle" des Fußballsports im Gebiet Bayerns nahe.

Hierzu ist festzustellen, dass die Mitglieder der Mitgliedsvereine als Nichtmitglieder des BFV an § 77 Nr. 3 BFV-Spielordnung 2018 nicht gebunden sind. Das darin geregelte Teilnahmeverbot hat damit keinerlei Wirkung für die Individuen, die am vom BFV organisierten Wettkampf teilnehmen. Grundsätzlich bedarf die Wirksamkeit einer Verbandsregelung gegenüber den Mitgliedern der Mitgliedsvereine einer entsprechenden Grundlage in der Vereinssatzung des Mitgliedsvereins.[678] Ein automatischer Durchgriff des Regelwerkes durch die Verbands-Mitgliedschaft des Vereins auf seine Mitglieder ist ausgeschlossen.[679]

1. Keine entsprechende Regelung oder ausdrücklicher Verweis auf das Teilnahmeverbot in den Satzungen der Mitgliedsvereine

In den Satzungen der Mitgliedsvereine findet sich ein dem § 77 Nr. 3 BFV-Spielordnung 2018 entsprechendes Teilnahmeverbot nicht.[680] Eine direkte Bindung an das Teilnahmeverbot durch die individuelle Willenserklärung bei Gründung oder Beitritt zum Verein kommt also nicht infrage.

Auch ein ausdrücklicher Verweis auf § 77 Nr. 3 BFV-Spielordnung 2018 findet sich in den Satzungen der Mitgliedsvereine nicht.

---

678 Siehe dazu auch *Butte*, Das selbstgeschaffene Recht des Sports im Konflikt mit dem Geltungsanspruch des nationalen Rechts, S. 223.

679 BGH, Urteil vom 18. September 1958, II ZR 332/56, NJW 1958, 1867; *Staudinger/Weick*, § 25 Rn. 12; *Heermann*, Die Geltung von Verbandssatzungen gegenüber mittelbaren Mitgliedern und Nichtmitgliedern, S. 325; *Schlosser, P.*, Vereins- und Verbandsgerichtsbarkeit, S. 76 ff.

680 Es wurden freilich nicht die Satzungen von allen Mitgliedsvereinen des BFV geprüft, sondern lediglich einige Stichproben. Ein weiteres Indiz für die Korrektheit der Aussage ist die Tatsache, dass die BLSV-Mustersatzungen für Einsparten- und Mehrspartenvereine keine solche Regelung vorsehen. Auch die Tatsache, dass die Mehrspartenvereine, die zugleich an Wettkämpfen vieler verschiedener Sportfachverbände teilnehmen, in ihrer Satzung eine Vielzahl verschiedener Teilnahmeverbote regeln müssten, spricht für die getroffene Aussage.

2. Keine Bindung an das Teilnahmeverbot über allgemeinen Verweis auf die Satzung und Ordnungen des Verbandes

Aus § 8 Abs. 1 BFV-Satzung 2018 ergibt sich, dass jeder Mitgliedsverein in seiner Satzung festhalten muss, dass er über die BFV-Mitgliedschaft hinaus Mitglied im BLSV ist und dass er und seine Mitgliedspersonen alle sich aus der BFV-Satzung und den einzelnen Verbandsordnungen ergebenden Grundsätze und Verpflichtungen anerkennen und erfüllen müssen. Falls die Satzung des Mitgliedsvereins einen entsprechenden Passus nicht enthält, so ist es gemäß § 8 Abs. 5 lit. b) BFV-Satzung 2018 Voraussetzung für die BFV-Mitgliedschaft, dass die Mitgliederversammlung des Vereins den folgenden Beschluss fasst: „Der Verein erkennt mit der Aufnahme in den BFV und BLSV die Satzung und Ordnungen des BFV, die darauf gestützten Anordnungen und Beschlüsse und sonstigen Entscheidungen sowie die einschlägigen Bestimmungen der Satzung und Ordnungen des DFB und des SFV,[681] die Grundsätze des Amateursports, das Lizenzspielerstatut und sonstige durch die Entwicklung sich ergebenden Änderungen bzw. Ergänzungen der bisherigen Bestimmungen (z. B. für Bundesliga), ferner die sich aus der Mitgliedschaft des BFV bei einer Dachorganisation (BLSV) ergebenden Pflichten bzw. Folgen für den Verein als solchen und seine Mitglieder als bindend an. Der Verein haftet auch für die Verpflichtung seiner Mitglieder, die sich aus der Mitgliedschaft des Vereins beim BFV ergeben".

a) Forderung der Anerkennung hinsichtlich wettkampfbezogener Regelungen gerechtfertigt

Die sich aus § 8 Abs. 1 BFV-Satzung 2018 ergebende Forderung des BFV an die Mitglieder der Mitgliedsvereine, seine Satzungen und Ordnungen anzuerkennen beziehungsweise zu erfüllen, ist hinsichtlich der wettkampfbezogenen Regelungen gerechtfertigt. Wettkampfbezogene Regelungen sind all diejenigen Regelungen, die unmittelbar die Durchführung eines einheitlichen und chancengleichen Wettkampfbetriebs betreffen.[682]

---

681 Süddeutscher Fußball-Verband e. V.

682 Häufig wird aus BGH, Urteil vom 28. November 1994, II ZR 11/94, NJW 1995, 583, ein zu weites Verständnis von den Regelungen gewonnen, die sich nicht ausdrücklich in der Satzung des Mitgliedsvereins finden müssen, um für dessen Mitglieder zu gelten. Tatsächlich aber kommt im genannten BGH-Urteil aber das sehr enge Verständnis der auch konkludent anerkannten Regelungen zum Ausdruck (vgl. insbesondere NJW 1995, 583, 586).

Diese Zuordnung ist nicht gleichzusetzen mit der Kategorisierung in notwendige und nicht notwendige Wettkampfregelungen, anhand der wir den Kernbereich der Organisationsautonomie der Sportfachverbände definiert haben. Zu den wettkampfbezogenen Regelungen gehören die Spielregeln der Sportart sowie Regelungen, die der Herstellung gleicher Sport- und Wettkampfbedingungen oder der Sicherstellung eines geregelten Sport- und Wettkampfbetriebs innerhalb einer Verbandspyramide dienen und von deren Befolgung alle Teilnehmenden gleichermaßen ausgehen. Davon umfasst sind Sanktionsvorschriften, mit denen die jeweilige Spielordnung einen Regelverstoß belegt, da mit ihrer durchgehend allein freiwilligen Befolgung nicht gerechnet werden kann.[683]

Auch nicht notwendige Verbandsregelungen, die die Organisation des Wettkampfes unmittelbar betreffen, wie beispielsweise das Fairness-Gebot sowie die auf diesem beruhenden Regelungen und auch Anpassungen des Spielgeräts aufgrund wirtschaftlicher Motive, rechnen dazu.[684] Der Anspruch auf gleichermaßen Geltung für sämtliche Teilnehmer des Wettkampfbetriebs folgt daraus, dass andernfalls die Chancengleichheit und Vergleichbarkeit nicht gegeben wäre.[685]

---

683 So auch ausdrücklich der BGH, Urteil vom 20. September 2016, II ZR 25/15, NZG 2016, 1315, 1320; ebenso: *Heermann,* Bindung an die Satzung übergeordneter Verbände durch dynamische Verweisungsklauseln, S. 263; in diesem Bereich hohe Autonomie betonend *Blum/Ebeling*, Dynamische Verweisungen im Arbeits- und Verbandsrecht, S. 112; ausführlich zum Regelungsgehalt und Normcharakter der Vereinsordnungen für den speziellen Sozialkreis, vgl. *Kohler*, Mitgliedschaftliche Regelungen in Vereinsordnungen, S. 23 ff., 39 ff. Andere Ansicht hinsichtlich der eindeutig wettkampfbezogenen Dopingregelungen wohl *Summerer*, Sport, Vereine, Verbände, Kapitalgesellschaften in: *Fritzweiler/Pfister/Summerer*, Praxishandbuch Sportrecht, S. 204, der anführt, dass es nicht genügt, lediglich auf bestimmte Doping-Rahmenrichtlinien des übergeordneten Verbandes zu verweisen, sondern eine prinzipielle Wiedergabe des Tatbestands und der Rechtsfolge fordert, während die verbotenen Substanzen in einer Nebenordnung aufgeführt werden könnten, die ständiger Aktualisierung offen stünde. Das erscheint mir aber als Formalismus, da die Anti-Doping-Regeln grundsätzlich frei im Internet zugänglich sind und eine Kenntnisnahme für Jedermann ohne Weiteres möglich ist.

684 Siehe dazu oben § 6 III.2.

685 So auch BGH, Urteil vom 28. November 1994, II ZR 11/94, NJW 1995, 583, 584. Bei den notwendigen und angemessenen wettkampfbezogenen Regelungen ist es durchaus denkbar, „dynamische Satzungsverweisungen“ in den Vereinssatzungen der Mitgliedsvereine zuzulassen. Die Zulässigkeit von „dynamischen Satzungsverweisungen“ in Regelwerken der Sportfachverbände ist umstritten und noch nicht höchstrichterlich geklärt. Laut dem Mitglied des zweiten Zivilsenats des BGH, Richter Heinz Wöstmann, hat sein Senat die Frage der Wirksamkeit von „dynamischen

Ob eine solche nicht notwendige, aber wettkampfbezogene Regelung angemessen und damit wirksam ist, also von der Organisationsautonomie des Sportfachverbandes gedeckt ist, ist deshalb von der Frage der grundsätzlichen Bindung an die Regelung zu unterscheiden.

Die Bindung an diese Wettkampfordnungen kann für den individuellen Wettkampfteilnehmer entweder durch einen bestimmten und transparenten Verweis auf wettkampfbezogene Regelwerke in der Satzung seines Mitgliedsvereins erfolgen, durch seine Anmeldung zum Spielbetrieb oder die Beantragung einer generellen Start- oder Spielerlaubnis (Spielerpass). Im Rahmen der Anmeldung oder der Beantragung des Spielerpasses muss der Betroffene aber auf die zu beachtenden Regelwerke hingewiesen werden oder zumindest die zumutbare Möglichkeit der Kenntnisnahme gehabt haben. Ein Spielerpass ist im regional organisierten Wettkampfbetrieb zumindest bei Mannschaftssportarten die Regel. Nach § 32 Abs. 1 S. 1 BFV-Spielordnung 2018 ist dasjenige Vereinsmitglied zur Teilnahme am Wettkampf berechtigt, das nach den Vorschriften des BFV eine Spielerlaubnis für seinen Verein erhalten hat. Dazu ist ein durch den Sportler unterschriebener Passantrag an den BFV zu senden, der daraufhin das Spielrecht erteilt, § 32 Abs. 1 S. 2 BFV-Spielordnung 2018.[686]

Diese Differenzierung hinsichtlich der Bindung hat der Bundesgerichtshof grundlegend im sogenannten „Reiter-Urteil" von 1994 ausgeführt.[687] Daran hat der Bundesgerichtshof in seinem Urteil von 2016 angeknüpft, in welchem es insbesondere um die Bindung eines Fußballvereins an eine Regelung der FIFA ging, die der Bundesgerichtshof als nicht unmittelbar wettkampfbezogen einstufte.[688]

Satzungsverweisungen" in der anfangs der Fußnote zitierten BGH-Entscheidung „bewusst offengelassen" (Aussage vor dem Auditorium auf einer Tagung zum Vereinsrecht am 20. Januar 2017 in Frankfurt am Main).

686 Auf dem aktuellen BFV-Formular, den der individuelle Wettkampfteilnehmer und der Mitgliedsverein unterschreiben müssen, findet sich allerdings kein Verweis auf die zu beachtenden Wettkampfregeln, disziplinarische Regeln oder die Fußball-Spielregeln der FIFA (vgl. https://www.bfv.de/cms/docs/Passantrag_Erwachsene.pdf, zuletzt abgerufen am 8. Juli 2017). Der BGH, Urteil vom 28. November 1994, II ZR 11/94, NJW 1995, 583, 586, fordert aber, dass der entsprechende Wettbewerb, für den sich der Teilnehmer anmeldet, „ausdrücklich nach der Wettkampf- und Disziplinarordnung des für die betreffende Sportart verantwortlich zeichnenden Verbandes ausgeschrieben ist." Der BFV wäre insoweit besser beraten, auf diese Regelungen hinzuweisen.

687 BGH, Urteil vom 28. November 1994, II ZR 11/94, NJW 1995, 583.

688 BGH, Urteil vom 20. September 2016, II ZR 25/15, NZG 2016, 1315, 1320.

Auch wenn sich § 77 Nr. 3 BFV-Spielordnung 2018 in der Spielordnung des BFV findet, handelt es sich dabei in Beziehung zum Mitglied des Mitgliedsvereins nicht um eine wettkampfbezogene Regelung, deren Einhaltung durch die individuellen Wettkampfteilnehmer Voraussetzung für die Durchführung eines einheitlichen und chancengleichen Wettbewerbs innerhalb der Verbandspyramide ist. Wie bereits weiter oben ausgeführt,[689] finden sich in der BFV-Spielordnung auch gegenüber den Mitgliedsvereinen Regelungen, die nicht wettkampfbezogen sind, wie beispielsweise die „Live-Ticker"-Pflicht, § 28 (7.1) BFV-Spielordnung 2018. Die Nicht-Einhaltung der „Live-Ticker"-Pflicht hat – anders als beispielsweise die Regelungen zum Spielrecht, § 32 BFV-Spielordnung 2018 – keinen unmittelbaren Einfluss auf die Chancengleichheit der Wettkampfteilnehmer. § 77 Nr. 3 BFV-Spielordnung 2018 und die damit im Zusammenhang stehenden Sanktionsbestimmung des § 12 lit. b) BFV-Satzung 2018 betrifft als Teilnahmeverbot gegenüber dem Mitglied des Mitgliedsvereins den konkreten sportlichen BFV-Wettkampf nicht. Das Teilnahmeverbot gegenüber den individuellen Wettkampfteilnehmern zählt nicht zu den Regeln, von deren Befolgung gleichermaßen jeder Wettbewerbsteilnehmer (auch ohne ausdrückliche Bestimmung) ohne Weiteres ausgeht.

b) Anforderungen bezüglich der Einbeziehung nicht wettkampfbezogener Regelungen

Für eine Bindung der Mitglieder der Mitgliedsvereine an nicht wettkampfbezogene Regelungen des BFV-Regelwerks ist grundsätzlich zusätzlich ein ausdrücklicher Verweis in der Vereinssatzung (sogenannte „Doppelverankerung") oder auf andere Weise eine willentliche Anerkennung der jeweiligen konkreten Regelung erforderlich.[690] Der Verweis auf die Regelung muss eindeutig und widerspruchsfrei die entsprechende übernommene Fremdregelung bezeichnen und für die Mitglieder verbindlich erklären.[691]

---

689 § 6 IV.2.c)aa).

690 BGH, Urteil vom 10. Oktober 1988, II ZR 51/88, NJW-RR 1989, 376 ff.; BayObLG, Beschluss vom 23. Dezember 1986, BReg 3 Z 126/86, BayObLGZ 1986, 528 ff.; *Summerer*, Sport, Vereine, Verbände, Kapitalgesellschaften in: *Fritzweiler/Pfister/Summerer*, Praxishandbuch Sportrecht, S. 204; *Heermann*, Die Geltung von Verbandssatzungen gegenüber mittelbaren Mitgliedern und Nichtmitgliedern, S. 325; *Vieweg*, Normsetzung und -anwendung deutscher und internationaler Verbände, S. 335 f. Bestätigt durch: BGH, Urteil vom 20. September 2016, II ZR 25/15, NZG 2016, 1315.

691 *Staudinger/Weick*, § 25 Rn. 7; *Reichert*, Handbuch des Vereins- und Verbandsrechts, S. 103; *Schimke, Martin/Eilers, Goetz*, Vereins- und Verbandsrecht, in: *Nolte/Horst*

Hintergrund ist vor allem die Informationsfunktion der Satzung, durch die die Mitglieder über ihre Rechte und Pflichten Klarheit haben sollen. Die einbezogenen Regelungen müssen durch die Satzungsverweisung hinreichend bestimmbar[692] sowie klar und verständlich sein.[693] Unklarheiten gehen zulasten des sich auf die Regelung berufenden Verbandes.[694] Dies gilt insbesondere für nicht wettkampfbezogene Regelungen, die – wie § 77 Nr. 3 BFV-Spielordnung 2018 i.V.m. § 12 lit. b) BFV-Satzung 2018 – sanktionsbewehrt sind. Deren Tatbestand und mögliche Rechtsfolgen müssen grundsätzlich Bestandteil der Satzung des verweisenden Vereins sein.[695] Das heißt in formeller Hinsicht, dass sie entweder

---

(Hrsg.), Handbuch Sportrecht, S. 93. Die Notwendigkeit einer wörtlichen Übernahme des gesamten Inhaltes der Regelwerke in die Verbandssatzung ist hingegen abzulehnen, da dies insgesamt einen unzumutbaren Verwaltungsaufwand für die Fachverbände der untersten Ebene und erst recht für die einzelnen Vereine – man denke nur an den Aufwand von Mehrspartenvereinen – mit sich brächte und es nahezu unmöglich machte, die eigene Satzung übersichtlich und frei von Redundanzen zu gestalten. Auch der BGH, Urteil vom 10. Oktober 1988, II ZR 51/88, NJW-RR 1989, 377 f., hält es grundsätzlich für nicht notwendig, die übergeordneten Regelwerke in der Satzung im Wortlaut anzuführen, sondern ein Hinweis auf die in Bezug genommenen Paragraphen soll genügen. Mittlerweile auch zustimmend *Stöber/Otto*, Handbuch zum Vereinsrecht, Rz. 51, der in der 9. Auflage noch Bedenken gegenüber außerhalb der Satzungsurkunde Stehendem für die Mitglieder verbindlichen Vereinsrecht geäußert hatte (siehe 9. Auflage, Rz. 34).

692 Zum Maßstab der Bestimmtheit: *Heermann*, Bindung an die Satzung übergeordneter Verbände durch dynamische Verweisungsklauseln, S. 265. Etwas strenger ist *Steinbeck*, die für eine hinreichende Bestimmtheit fordert, dass die Verweisung konkrete Angaben darüber enthält, welche Regelungen der verwiesenen Ordnung in das eigene Regelwerk inkorporiert werden sollen, vgl. *Steinbeck*, Vereinsautonomie und Dritteinfluß, S. 179.

693 Vgl. zur Verständlichkeit der einbezogenen Regelung *Heermann*, Bindung an die Satzung übergeordneter Verbände durch dynamische Verweisungsklauseln, S. 267; auch *Steinbeck*, Vereinsautonomie und Dritteinfluß, S. 171. Vgl. auch den Rechtsgedanken des § 305c Abs. 2 BGB. Der Maßstab des verfassungsrechtlichen Bestimmtheitsgebots geht zu weit, vgl. BGH, Urteil vom 13. März 1978, II ZR 63/77, NJW 1978, 1382; BGH, Urteil vom 15. November 1982, II ZR 62/82, NJW 1983, 1056, 1057 f.; *Heermann*, Bindung an die Satzung übergeordneter Verbände durch dynamische Verweisungsklauseln, S. 265.

694 So auch *Wiedemann*, Verbandssouveränität und Außeneinfluss, S. 120; *Schimke, Martin/Eilers, Goetz*, Vereins- und Verbandsrecht, in: *Nolte/Horst* (Hrsg.), Handbuch Sportrecht, S. 101.

695 Vgl. BGH, Urteil vom 20. April 1967, II ZR 142/65, NJW 1967, 1268; *Reichert*, Handbuch des Vereins- und Verbandsrechts, S. 95 f.; *Orth*, Vereins- und Verbandsstrafen

Teil der Satzungsurkunde oder darin zum Satzungsbestandteil erklärt und beim Registergericht hinterlegt sind, § 71 Abs. 1 BGB.[696] Denn nur so kann dessen Mitglied seine Verhaltenspflichten eindeutig erkennen und vorhersehen, inwieweit ein Verstoß gegen eine ihm obliegende Verhaltenspflicht eine disziplinäre Maßnahme nach sich ziehen kann.

Bestätigt wird diese Wertung durch das Urteil des Bundesgerichtshofs vom 20. September 2016.[697] Ausdrücklich entschied der Bundesgerichtshof, dass es für die Umsetzung einer von einem übergeordneten Sportfachverband vorgesehenen, nicht wettkampfbezogenen Disziplinarmaßnahme gegenüber dem Mitglied eines nachgeordneten Vereins, das selbst nicht Mitglied des Fachverbands ist, entweder einer Grundlage in der Satzung des nachgeordneten Vereins oder einer sonstigen Anerkennung dieser Möglichkeit durch dessen Mitglied bedarf.[698]

Ein allgemeiner Verweis auf die Satzungen und Ordnungen des BFV, wie ihn § 8 Abs. 1 BFV-Satzung 2018 vorsieht, genügt diesen Anforderungen nicht.

Das in § 77 Nr. 3 BFV-Spielordnung 2018 geregelte Teilnahmeverbot entfaltet gegenüber den Mitgliedern der Mitgliedsvereine keinerlei Wirkung.[699]

---

am Beispiel des Fußballsports, S. 87 f.; *Petri*, Die Unschuldsvermutung im Verbandsstrafverfahren, S. 265.

696 *Palandt/Ellenberger*, § 71, Rn. 1.

697 Urteil vom 20. September 2016, II ZR 25/15, NZG 2016, 1315.

698 BGH, Urteil vom 20. September 2016, II ZR 25/15, NZG 2016, 1315, 1319.

699 Vgl. dazu auch den Beschluss der EU-Kommission vom 8. Dezember 2017, Case no. AT 40 208, in welchem die Europäische Kommission festgestellt hat, dass die Bestimmungen der Internationalen Eislaufunion (ISU), nach denen Sportler für die Teilnahme an nicht von der ISU genehmigten Eisschnelllauf-Wettkämpfen mit Sanktionen belegt werden, gegen die EU-Kartellvorschriften verstoßen. Die ISU muss diese Bestimmungen nun ändern. Nach der hier vertretenen Ansicht macht es im Zusammenhang mit Teilnahmeverboten also keinen Unterschied, ob eine Anwendung des Kartellrechts zu bejahen ist oder nicht, da auch bei Anwendung der allgemeinen Korrekturregeln (hier: § 242 BGB) dasselbe Ergebnis folgt.

Zusammenfassung und Ausblick

§ 9: Zusammenfassung in Thesen

- Zu § 4:
  Bei der Kodifizierung des Vereinsrechts des Bürgerlichen Gesetzbuchs stand aus historisch nachvollziehbaren Gründen das öffentlich-rechtliche Verhältnis Staat-Verein und nicht die privatrechtliche Beziehung Verein-Mitglied im Fokus. Die §§ 21 ff. BGB bieten vordergründig keine Lösungen für einen Ausgleich des Machtungleichgewichts zwischen Monopolverband und Mitgliedsverein.
- Zu § 5:
  Die innere Ordnung der Vereine basiert auf rechtsgeschäftlicher Konzeption. Die Satzung ist ein von den Gründern geschlossener Organisationsvertrag, der grundlegend die rechtsgeschäftlichen Beziehungen zwischen den Mitgliedsvereinen und den Organen des Sportfachverbandes regelt.
- Zu § 6:
  Der Zweck des Sportfachverbandes, die Wettkampfsportorganisation, ist entscheidend für den Inhalt der Organisationsautonomie.
  Die für Wettkampfsportorganisation notwendigen Regelungen bilden den Kerninhalt der Autonomie der Sportfachverbände.
- Zu § 7:
  Das Ein-Platz-Prinzip ist kein „Prinzip“, sondern eine von „oben“ implementierte Satzungsregelung, die die exklusive Stellung der zufällig zuerst gebildeten Verbandspyramide in einer Sportart wahrt.
  Weder die Ein-Platz-Regelung noch die monopolistische Organisation einer Sportart ist für die Wettkampfsportorganisation notwendig, sondern erleichtern diese lediglich.
  Die Ein-Platz-Regelung gehört nicht zum Kerninhalt der Organisationsautonomie und ist mangels Angemessenheit unwirksam.
- Zu § 8:
  Die generellen Verbote der Sportfachverbände für den Fall, dass ein Mitgliedsverein an einem verbandsexternen Wettbewerb teilnimmt, sind grundsätzlich unangemessen.
  Im Einzelfall können Teilnahmeverbote aufgrund ideeller und zweckorientierter Interessen der Sportfachverbände gegenüber ihren Mitgliedsvereinen angemessen und damit wirksam sein.
  Die Mitglieder der Mitgliedsvereine sind an das Teilnahmeverbot des Verbandes nicht gebunden, da darin keine unmittelbar wettkampfbezogene Regelung zu sehen ist.

§ 10: Ausblick

Die vorliegende Untersuchung ist kein Plädoyer für Verbandspluralität im Rahmen der Organisation einer Sportart.

Zwar ermöglicht es die Organisationsautonomie der Sportfachverbände nicht, das Ein-Platz-Prinzip und die bestehende monopolistische Struktur für die Organisation einer Sportart wirksam einzufordern und abzusichern. Das heißt aber nicht, dass deshalb Verbandspluralität für die Wettkampforganisation einer Sportart notwendig wäre.

Vielmehr sprechen praktische,[700] psychologische[701] und politische[702] Gründe dafür, dass die meisten Sportarten auch ohne die satzungsrechtlichen Absicherungsmechanismen in einer einzigen, einheitlichen Organisationsstruktur eingebettet bleiben,[703] nicht zwingend über die klassische Verbandspyramide,

---

700 Siehe dazu insbesondere § 7 III.3.

701 Siehe dazu insbesondere § 7 III.3.

702 Siehe dazu insbesondere § 7 III.2. und § 8 I.3.c).

703 Zu nennen ist in diesem Zusammenhang die durch den Medienunternehmer *Rupert Murdoch* 1995 gegründete parallel zur verbandsmäßig organisierten bestehenden Liga gegründete Football-Liga in Australien. Unter hohem finanziellen Aufwand warb er Wettkampfteilnehmer aus dem bereits bestehenden Verband ab. Der daraufhin in zwei parallelen Organisationen durchgeführte Spielbetrieb, wurde jedoch nach kurzer Zeit aufgrund zu geringen Zuschauerinteresses und somit mangelnder Wirtschaftlichkeit wieder in einer Organisationsstruktur zusammengefasst, vgl. zu diesem Vorgang überblicksartig *von Münch,* Australien als juristische Experimentierfeld?, NJW 1996, 3325; „Zwei Medienmogule kämpfen mit allen Mitteln um das Rugby-Ei" in: Frankfurter Allgemeine Sonntagszeitung vom 23. April 1995 (Nr. 16), S. 23. Auch die Versuche in den U.S.A., in denen Sport ein großer Wirtschaftsfaktor ist, hinsichtlich Gründungen von parallelen Ligensystemen führten letztendlich zu Verschmelzung mit dem bestehenden System oder scheiterten, *Pfister,* Einführung, in: *Fritzweiler/Pfister/Summerer*, Praxishandbuch Sportrecht, S. 16. Auch in Europa gab es immer wieder Initiativen im wirtschaftlich besonders attraktiven Fußballsport, eine parallele Organisationsstruktur durch Abwerben europäischer Spitzenmannschaften als Konkurrenz zur verbandsmäßig organisierten UEFA Champions League zu gründen, was bislang nicht Realität wurde, vgl. „100 Millionen Mark für den Sieger" in: Süddeutsche Zeitung vom 5./6. September 1998 (Nr. 204), S. 49 und „EU kündigt Untersuchung zur Europaliga an", in: Frankfurter Allgemeine Zeitung vom 21. August 1998 (Nr. 193), S. 32.

sondern eher über vertragliche Kooperationsvereinbarungen mit etwaigen aufkommenden Konkurrenzorganisationen.[704]

Allerdings schwindet gerade vor dem Hintergrund der insbesondere in den letzten Jahren immer mehr zutage getretenen Skandale im verbandsmäßig organisierten Sport das Vertrauen der Öffentlichkeit und der Politik dahin gehend, dass die monopolistischen Sportfachverbände mit dem wertevermittelnden Gut „Sport" verantwortungsvoll umgehen.[705] Es ist abzusehen: Entweder regulieren sich die Sportfachverbände selbst oder sie werden von staatlicher Seite reguliert, was von noch intensiverer gerichtlicher Kontrolle über gesetzliche Einschränkungen der Organisationsautonomie bis hin zur Wettkampforganisation unter staatlicher Aufsicht reichen kann.[706]

Selbstregulierung bedeutet im Wesentlichen den maßvollen Umgang[707] der Sportfachverbände mit ihrer Organisationsautonomie. Das heißt erstens, dass sich

---

704 Man denke nur an die bereits bestehenden vertraglichen Vereinbarungen, die die Eingliederung neu entstandener Zusammenschlüsse von Wettkampfteilnehmern in die bestehende Struktur sichern, z. B. die Vereinbarung zwischen dem DFB und der DFL e. V. (vgl. den aktuellen „Grundlagenvertrag" zwischen dem DFB und der DFL e. V., http://www.dfb.de/fileadmin/_dfbdam/128749-15_DFB_DFL_Grundlagenvertrag.pdf. zuletzt abgerufen am 8. Juli 2017) oder zwischen der European Club Association (ECA) und der UEFA (vgl. das „Memorandum of Understanding" zwischen der ECA und der UEFA von 2015 http://www.uefa.com/MultimediaFiles/Download/EuroExperience/uefaorg/Clubs/02/22/99/41/2229941_DOWNLOAD.pdf, zuletzt abgerufen am 8. Juli 2017).

705 Auch hier eignet sich der verbandsmäßig organisierte Fußballsport, insbesondere mit Blick auf die FIFA, als Beispiel. Einen Überblick über die Machenschaften der FIFA der vergangenen Jahre bietet ein Buch des Süddeutsche-Zeitung-Journalisten *Thomas Kistner* mit dem etwas reißerischen Titel „FIFA Mafia. Die schmutzigen Geschäfte mit dem Weltfußball", München 2014. Zur Maßlosigkeit der den internationalen Sportfachverbänden vorstehenden Präsidenten siehe „König Fußball", in: Frankfurter Allgemeine Sonntagszeitung vom 4. Juni 2006 (Nr. 22), S. B10 (Sonderbeilage zur Fußball WM 2006) und „Der Sport bin ich!", in: Frankfurter Allgemeine Zeitung vom 21. Juli 2012 (Nr. 168), S. 26.

706 Vgl. dazu die Forderung von *Bohn*, Regel und Recht, S. 133: „Der Staat muss zum Schutz der Beteiligten am Sport vor der Übermacht der Verbände tätig werden.".

707 Der Gedanke der maßvollen Gestaltung von Rechtsverhältnissen als Wert für Akteure des Privatrechts findet sich auch bei *Becker*, Maßvolle Kreditsicherung, S. 583 ff.; Im Wirtschaftssektor hat der Gedanke der Regulierung der grundsätzlichen Autonomie durch selbstauferlegte Verhaltenskodizes bereits zu einer anerkannten Praxis geführt, dem sogenannten „Compliance". Dieser Begriff beschreibt die Selbstverpflichtung zur Einhaltung gesetzlicher Regeln, regulatorischer Standards und

die Sportfachverbände auf ihren ursprünglichen Zweck rückbesinnen müssen, um so die innere Rechtfertigung ihrer Autonomie zu erkennen, und zweitens, dass sie ihre Befugnis zur Regelsetzung maßvoll ausüben müssen.[708]

Auf den Punkt gebracht: „Selbsterkenntnis und Maßhalten" ist das Motto, das die Sportfachverbände ihrem Handeln zugrunde legen müssen.[709] Dieses Motto kann in Anlehnung an das in Rule 10 der Olympic Charter 2018 geregelte olympische Motto[710] als das „delphische Motto" bezeichnet werden, waren doch der Überlieferung nach um die Mitte des 5. Jahrhunderts v.Chr. unter anderem die folgenden Inschriften an einem Tempel zu Delphi angebracht:[711] „ΓΝΩΘΙ ΣΕΑΥΤΟΝ" und „ΜΗΔΕΝ ΑΓΑΝ".

---

wesentlicher Anforderungen, siehe dazu *Inderst/Bannenberg/Poppe* (Hrsg.), Compliance, S. 1. Konkretisiert werden die regulatorischen Standards sowie wesentliche Anforderungen beispielsweise durch Richtlinien für gute Unternehmensführung- und mitbestimmung, sogenannte „Corporate Governance", siehe dazu *Gietzen*, Unternehmensmitbestimmung, Corporate Governance und der Deutsche Corporate Governance Kodex, S. 7 ff. und *Inderst/Bannenberg/Poppe* (Hrsg.), Compliance, S. 9.

708 Siehe dazu insbesondere § 6 III. und IV. Die autonome Selbstregulierung (in Abgrenzung zur durch staatliche Delegation ausgelösten „heteronomen" Selbstregulierung, vgl. dazu *Buck-Heeb/Dieckmann,* Selbstregulierung im Privatrecht, S. 33 ff.) hätte grundsätzlich den Vorteil, dass die Sportfachverbände und ihre Mitglieder aufgrund ihrer Sachnähe die Besonderheiten des Sports und der jeweiligen Sportart sachgerechter bei der rechtlichen Erfassung berücksichtigen und den Regulierungsakt genauer auf die spezifischen Probleme der Gemeinschaft abstimmen könnten als staatliche Gesetzgebungsakte, vgl. *Buck-Heeb/Dieckmann,* Selbstregulierung im Privatrecht, S. 222 f. Dahinter ist auch die staatstheoretische Idee des Subsidiaritätsprinzips zu sehen, die ihre Grundlage in den Gedanken *Aristoteles'* findet, nach denen sich das politische Gemeinwesen seiner Natur nach aus vielfältigen kleineren Einheiten zusammensetze, *Aristoteles*, Politik, 1261a, S. 32 ff., vgl. dazu *Zippelius*, Gesellschaft und Recht, S. 149.

709 Vgl. dazu die Forderungen von *Steiner*, Die Autonomie des Sports, S. 254 („Der Sport muss seine Freiheit selbst schützen.") und jüngst *Summerer*, Für Reformen ist es 5 vor 12!, SpuRt 2014, S. 1. Vgl. zur öffentlichen Forderung nach Reformen als nur „Neuanfang jetzt, bitte", in: Handelsblatt vom 27. Oktober 2015 (Nr. 207), S. 27, „Sportler, hört die Signale", in: Handelsblatt vom 12./13./14. Juni 2015 (Nr. 110), S. 24, „Wie reformwillig ist die FIFA?", in: Frankfurter Allgemeine Zeitung vom 26. Mai 2012 (Nr. 122), S. 27.

710 Rule 10 der Olympic Charter 2018 lautet: "The Olympic motto 'Citius – Altius – Fortius' expresses the aspirations of the Olympic Movement.".

711 Vgl. zu dieser Überlieferung *Tränkle*, ΓΝΩΘΙ ΣΕΑΥΤΟΝ. Zu Ursprung und Deutungsgeschichte des delphischen Spruchs, S. 20 f. Freie Übersetzung der im Text folgenden altgriechischen Sinnsprüche: „Erkenne dich selbst" und „Nichts im Übermaß".

Quellenverzeichnis

1. Gedruckte Quellen

Achilles/Spahn/Gebhard (Bearb.): Protokolle der Kommission für die Zweite Lesung des Entwurfs des Bürgerlichen Gesetzbuchs. Band I. Allgemeiner Theil und Recht der Schuldverhältnisse Abschn. I, Abschn. II Tit. I, Berlin 1897

Allgemeines Gesetzbuch für die Preussischen Staaten: Allgemeines Gesetzbuch für die Preussischen Staaten, Erster Theil, Berlin 1791

Allgemeines Landrecht für die preußischen Staaten von 1794: *siehe Hattenhauer*

Aristoteles: Metaphysik. Nach der Übersetzung von Eugen Rolfes in: Aristoteles, Philosophische Schriften in sechs Bänden, Band 3, Hamburg 1995

Aristoteles: Nikomachische Ethik. Nach der Übersetzung von Hermann Bonitz in: Aristoteles, Philosophische Schriften in sechs Bänden, Band 5, Hamburg 1995

Aristoteles: Politik. Übersetzt von Eugen Rolfes, in: Aristoteles, Philosophische Schriften in sechs Bänden, Band 4, Hamburg 1995

Armitage, David (Hrsg.): The Declaration of Independence. A global history, Cambridge/London 2007

Bruns, Karl Georg/Gradenwitz, Otto (Hrsg.): Fontes iuris Romani antiqui, Pars prior: Leges et negotia, 2. Neudruck der Ausgabe Tübingen 1909, Aalen 1969

Bürgerliches Gesetzbuch für das Königreich Sachsen (1865): Bürgerliches Gesetzbuch für das Königreich Sachsen (1865), abgedruckt in: Neudrucke privatrechtlicher Kodifikationen und Entwürfe des 19. Jahrhunderts, Band 4, Aalen 1973

Codex Maximilianeus Bavaricus, Civilis: Codex Maximilianeus Bavaricus, Civilis. Oder treu verbessert-und ergänzt- Chur-Bayrisches Land-Recht, welches alle zur bürgerlichen Rechts-Gelehrsamkeit gehörige Materien, so viel nicht schon in dem bereits Ao. 1751. Respective 1753. Neu-eröfneten Codice Criminali und Judiciario besonders hievon enthalten ist, sowohl nach denen Gemein-als Statutarischen Rechts-Grundlagen, mit durchgängiger Applicirung der Ersten auf die Letztere, wie auch mit nöthiger Entscheid-oder Supplirung deren vorhin entweder in Theil strittig und zweifelhaft oder defectuus befundener Stellen, benebst dem am Ende beigefügten Lehen-Recht in sich begreift, sohin mit Einschluß obgedacht-neuer Gerichts-und Criminal-Ordnungen ein kurz-deutlich-ordentlich-und vollständiges Systema Juris Privati Universi, wie solches in hiesigen Chur-Landen dermahlen üblich und eingeführt ist, in IV. Theilem, XLIX Kapituln, doch allerweegen in ganz natürlich-und ungezwungnen Zusammenhang darstellt. München 1756

Demel, Walter/Schubert, Werner (Hrsg.): Der Entwurf eines Bürgerlichen Gesetzbuches für das Königreich Bayern von 1811. Revidirter Codex Maximilianeus Bavaricus civilis, Ebelsbach 1986

Deutsche Turn-Zeitung: Vertrag zwischen den drei Verbänden Deutsche Turnerschaft (D.T.), Deutsche Sportbehörde für Leichtathletik (D.S.B.), Deutscher Fußball-Bund (D.F.B.), Amtliches Blatt der Deutschen Turnerschaft, Nr. 30, Leipzig 1930, S. 653–656

Deutsche Olympische Akademie (Hrsg.): Olympische Charta 2014. Übersetzt von *Christoph Vedder, Manfred Lämmer*. Stand: 9. September 2013, Melsungen 2013

Digesten: Siehe *Krueger, Paul/Mommsen, Theodor* (Hrsg.)

Enneccerus, Ludwig: Bericht über den Entwurf eines Bürgerlichen Gesetzbuchs in Verbindung mit dem Entwurfe eines Einführungsgesetzes zum Bürgerlichen Gesetzbuche – Nr. 87 und 87 a der Drucksachen – Reichsttagsdrucksache Nr. 440, 9. Legislatur-Periode. IV Session 1895/96. Berichterstatter: Abgeordneter Dr. Enneccerus. Band I. Erstes Buch, Allgemeiner Theil, und Zweites Buch, Recht der Schuldverhältnisse, Berlin 1896

Hattenhauer, Hans (Hrsg.): Allgemeines Landrecht für die preußischen Staaten von 1794, Berlin 1970

Hattenhauer, Hans (Hrsg.): Thibaut und Savigny. Ihre programmatischen Schriften. Mit einer Einführung von Hans Hattenhauer, 2. Auflage, München 2002

Hobbes, Thomas: Leviathan or the Matter, Forme and Power of A Commonwealth Ecclesiasticall and Civil, London 1651, in: *Klenner, Hermann* (Hrsg.), Thomas Hobbes. Leviathan. Aus dem Englischen übertragen von *Jutta Schlösser*, Hamburg 1996

Institutionen: Siehe *Knütel, Rolf/Kupisch, Berthold/Lohsse, Sebastian/Rüfner, Thomas*

Kant, Immanuel: Beantwortung der Frage: Was ist Aufklärung?, in: *Gedike, F./ Biester, I. E.* (Hrsg.), Berlinische Monatsschrift. Vierter Band. Julius bis December 1784, Berlin 1784, S. 481–494

Knütel, Rolf/Kupisch, Berthold/Lohsse, Sebastian/Rüfner, Thomas: Corpus Iuris Civilis. Die Institutionen. Text und Übersetzung, 4. Auflage, Heidelberg 2013

Kotulla, Michael (Hrsg.): Deutsches Verfassungsrecht 1806–1918. Eine Dokumentensammlung nebst Einführung. Erster Band: Gesamtdeutschland, Anhaltische Staaten und Baden, Berlin/Heidelberg 2006

Kruger, Paul/Mommsen, Theodor (Hrsg.): Corpus Iuris Civilis, Volumen primum. Institutiones recognovit Paulus Krueger. Digesta recognovit Theodorus Mommsen retractavit Paulus Krueger, Dublin/Zürich 1973

Motive: Motive zu dem Entwurfe eines Bürgerlichen Gesetzbuches für das Deutsche Reich, Band I, Allgemeiner Theil, 2. Auflage, Berlin 1896

Neues Testament: Die Bibel. Einheitsübersetzung der Heiligen Schrift. Altes und Neues Testament, Stuttgart 1980

Platon: Nomoi (Gesetze). Buch VIII–XII, Übersetzung und Kommentar von *Klaus Schöpsdau*, in: *Heitsch, Ernst u. a.* (Hrsg.), Platon. Werke. Übersetzung und Kommentar. IX 2. Nomoi (Gesetze), Göttingen 2011

Plinius der Jüngere: Briefe. Ausgewählt, übersetzt und mit einem Nachwort versehen von Mauriz Schuster, Stuttgart 2002

Rousseau, Jean-Jacques: Du Contract Social; ou Principes du Droit Politique, Amsterdam MDCCLXII, in: *Brockard, Hans/Pietzecker, Eva* (Hrsg.), Jean-Jacques Rousseau. Bürger von Genf. Du contrat social ou Principes du droit politique. Vom Gesellschaftsvertrag oder Grundsätze des Staatsrechts, Französisch/Deutsch, Stuttgart 2010

Smith, Adam: An inquiry into the nature and causes of the wealth of nations, in two volumes, London 1776

Stenographische Berichte über die Verhandlungen des Reichstags: IX. Legislaturperiode. IV. Session. 1895/97. Vierter Band. Von der 93. Sitzung am 19. Mai 1896 bis zur 119. Sitzung am 2. Juli 1896, der Vertagung des Reichstags. Von Seite 2349 bis 3128, Berlin 1896

Sueton: De Vita Caesarum, in: C. Suetonius Tranquillus. Die Kaiserviten. De Vita Caesarum – Berühmte Männer. De Viris Illustribus. Lateinisch-Deutsch. Herausgegeben und übersetzt von *Hans Martinet*, 3. Auflage, Düsseldorf 2006

Verordnung, die Ein- und Ausführung des bürgerlichen Gesetzbuchs für das Königreich Sachsen betreffend, vom 9. Januar 1865: Gesetz- und Verordnungsblatt für das Königreich Sachsen, 1. Stück vom Jahre 1865, abgedruckt in: Neudrucke privatrechtlicher Kodifikationen und Entwürfe des 19. Jahrhunderts. Band 4. Bürgerliches Gesetzbuch für das Königreich Sachsen, Aalen 1973

2. Quellen aus der Zentrale des Bayerischen Fußball-Verbandes in München:

„1. Verbandstag 1947“ (Aktenordner)

Bayerischer Landes-Sportverband. Sparte Fußball. Satzung. Nach den Beschlüssen des Spartentages in München vom 1. und 2. Februar 1947. In Kraft getreten am 1. August 1947 zitiert als „BLSV-Satzung der Sparte Fußball von 1947“

Satzung des Bayerischen Fußball-Verbandes von 1949 zitiert als „BFV-Satzung 1949“

Satzung des Bayerischen Fußball-Verbandes von 1976 zitiert als „BFV-Satzung 1976"

Satzung des Bayerischen Fußball-Verbandes von 1986 zitiert als „BFV-Satzung 1986"

Satzung des Bayerischen Fußball-Verbandes von 1992 zitiert als „BFV-Satzung 1992"

„Tagungen/Protokolle 1947/1948" (Aktenordner)

„Verbandstagprotokolle von 1947/49/51/53/55" (Aktenordner)

3. Satzungen, Ordnungen, Regelwerke:

Bayerischer Fußball-Verband e. V.: Satzung (Stand: 17. Juli 2017) zitiert als „BFV-Satzung 2018", abrufbar unter www.bfv.de, zuletzt abgerufen am 26. Januar 2018

Bayerischer Fußball-Verband e. V.: Spielordnung (Stand: 11. September 2017) zitiert als „BFV-Spielordnung 2018", abrufbar unter www.bfv.de, zuletzt abgerufen am 26. Januar 2018

Bayerischer Landes-Sportverband e. V.: Satzung in der Fassung vom 26. November 2016 zitiert als „BLSV-Satzung 2018", abrufbar unter www.blsv.de, zuletzt abgerufen am 26. Januar 2018

Deutscher Fußball-Bund e. V.: Satzung in der Fassung vom 4. November 2016 zitiert als „DFB-Satzung 2018", abrufbar unter www.dfb.de, zuletzt abgerufen am 26. Januar 2018

Deutscher Fußball-Bund e. V.: Spielordnung in der Fassung vom 30. November 2009 zitiert als „DFB-Spielordnung 2018", abrufbar unter www.dfb.de, zuletzt abgerufen am 26. Januar 2018

Deutscher Handballbund e. V.: Spielordnung (SpO) des Deutschen Handballbundes e. V. (Stand 28. Oktober 2017), abrufbar unter www.dhb.de, zuletzt abgerufen am 26. Januar 2018

Deutscher Olympische Sportbund e. V.: Satzung in der Fassung vom 5. Dezember 2015 zitiert als „DOSB-Satzung 2018", abrufbar unter www.dosb.de, zuletzt abgerufen am 26. Januar 2018

Deutscher Olympische Sportbund e. V.: Aufnahmeordnung des DOSB (in der Fassung vom 6. Dezember 2014), abrufbar unter www.dosb.de, zuletzt abgerufen am 26. Januar 2018

Deutsche Triathlon Union e. V.: Die Sportordnung der Deutschen Triathlon Union e. V. (SpO), Ausgabe 2017, abrufbar unter www.dtu-info.de, zuletzt abgerufen am 26. Januar 2018

Fédération Internationale de Football Association: Statuten in der Fassung vom 27. April 2016 zitiert als „FIFA-Statuten 2018“, abrufbar unter www.fifa.com, zuletzt abgerufen am 26. Januar 2018

Fédération Internationale de Football Association: Reglement für die Aufnahme von Verbänden in die FIFA vom 21. März 2013, abrufbar unter www.fifa.com, zuletzt abgerufen am 26. Januar 2018

International Olympic Committee: Olympic Charter (in der Fassung vom 15. September 2017) zitiert als „Olympic Charter 2018“, abrufbar unter www.olympic.org, zuletzt abgerufen am 26. Januar 2018

International Shooting Sport Federation e. V.: Satzung des ISSF, Ausgabe 2013 (Dritter Druck 06/2016), zitiert als „ISSF-Satzung 2018“, abrufbar unter www.issf-sports.org, zuletzt abgerufen am 26. Januar 2018

Royal Bavaria Liga: Regelwerk (Version 1.5), abrufbar unter www.infrator.de, zuletzt abgerufen am 26. Januar 2018

Turn- und Sportverein 1909 Gersthofen e. V.: Satzung (Stand: 26. August 2013), abrufbar unter www.tsv-gersthofen.de, zuletzt abgerufen am 26. Januar 2018

Turn- und Sportverein Schwabmünchen 1863 e.V: Satzung (Stand: 21. April 2010), abrufbar unter www.tsv-schwabmuenchen.de, zuletzt abgerufen am 26. Januar 2018

Union des Associations Européennes de Football: Statuten (Ausgabe: September 2017) zitiert als „UEFA-Statuten 2018“, abrufbar unter www.uefa.com, zuletzt abgerufen am 26. Januar 2018

Literaturverzeichnis

Adolphsen, Jens: Internationale Dopingstrafen, Tübingen 2003

Adolphsen, Jens/Nolte, Martin/Lehner, Michael/Gerlinger, Michael (Hrsg.): Sportrecht in der Praxis, Stuttgart 2012

Alpmann-Pieper, Annegerd u. a. (Hrsg.): Alpmann. Brockhaus. Studienlexikon Recht, 3. Auflage, München 2010

Bachmann, Gregor: Private Ordnung. Grundlagen ziviler Regelsetzung, Tübingen 2006

Baecker, Wolfgang: Grenzen der Vereinsautonomie im deutschen Sportverbandswesen, Berlin 1985

Bär, Fred: Die Schranken der inneren Vereinsautonomie – historisch-dogmatische Überlegungen zu einem Vereinsgesetz, Berlin/Baden-Baden 1996

Bauer, Martin: Kultur und Sport im Bundesverfassungsrecht, Frankfurt a. M./ Berlin/Bern/New York/Paris/Wien 1999

Becker, Christoph: Systembildung in Europas Kodifikationen, in: *Armgardt, Matthias/Repgen, Tilman* (Hrsg.), Naturrecht in Antike und früher Neuzeit. Symposium aus Anlass des 75. Geburtstages von Klaus Luig, Tübingen 2014, S. 17–59

Becker, Christoph: Juristische Person, in: *Cordes, Albrecht u. a.* (Hrsg.), Handwörterbuch zur deutschen Rechtsgeschichte, Band II: Geistliche Gerichtsbarkeit - Konfiskation, 2. Auflage, Berlin 2012, Spalten 1456–1459

Becker, Christoph: Maßvolle Kreditsicherung, Köln u. a. 1999

Becker, Christoph: Kodifikation des Bürgerlichen Rechts – Lehren aus dem Streit zwischen Savigny und Thibaut, in: *Henning Rosenau/Hakan Hakeri* (Herausgeber), Kodifikation der Patientenrechte. Beiträge des X. Deutsch-Türkischen Symposiums zum Medizin- und Biorecht, Baden-Baden, 2014, Seiten 11 bis 44

Behringer, Wolfgang: Kulturgeschichte des Sports. Vom antiken Olympia bis zur Gegenwart, München 2012

Bette, Karl-Heinrich: Sportsoziologie, Bielefeld 2010

Blum, Verena/Ebeling, Stephan: Dynamische Verweisungen im Arbeits- und Verbandsrecht, in: *Bepler, Klaus* (Hrsg.), Sportler, Arbeiter und Statuten. Herbert Fenn zum 65. Geburtstag, Berlin 2000, S. 85–120

Brockhaus: *Brockhaus-Redaktion* (Hrsg.), Brockhaus. Enzyklopädie in 30 Bänden. Band 7. Dieu-Emar, 21. Auflage, Leipzig/Mannheim 2005

Brockhaus Recht: *Lexikonredaktion Brockhaus* (Hrsg.), Der Brockhaus Recht, Leipzig/Mannheim 2005

Bohn, Clarissa: Regel und Recht. Wechselwirkungen zwischen Verbandsrecht und staatlichem Recht und deren strukturelle Besonderheiten, Baden-Baden 2008

Brost, Stefan: Die „Besonderheiten des Sports“ im neuen Artikel 165 des Lissabonner Vertrages, in: Zeitschrift für Sport und Recht (SpuRt) 2010, S. 178–182

Buck-Heeb, Petra/Dieckmann, Andreas: Selbstregulierung im Privatrecht, Tübingen 2010

Burmeister, Joachim: Sportverbandswesen und Verfassungsrecht, in: Die Öffentliche Verwaltung. Zeitschrift für Verwaltungsrecht und Verwaltungspolitik (DÖV) 1978, 1–11

Busche, Jan: Privatautonomie und Kontrahierungszwang, Tübingen 1999

Butte, Freyja C.: Das selbstgeschaffene Recht des Sports im Konflikt mit dem Geltungsanspruch des nationalen Rechts. Dargestellt am Beispiel des Lizenzfußballs unter besonderer Berücksichtigung der Umsetzung des FIFA-Reglements bezüglich Status und Transfer von Spielern im deutschen Rechtsraum, Baden-Baden 2010

Bydlinski, Franz: Die Suche nach der Mitte als Daueraufgabe des Privatrechts, AcP 204 (2004) 309 ff., in: *Grunsky, Wolfgang u. a.* (Hrsg.), Archiv für die civilistische Praxis (AcP), 204. Band, Tübingen 2004, S. 309–394

Canaris, Claus-Wilhelm: Grundrechte und Privatrecht – eine Zwischenbilanz –, Berlin/New York 1999

Cario, Daniela: Vom Sportverein zur Sport-eG, Nürnberg 2002

Coing, Helmut: Das Privatrecht und die Probleme der Ordnung des Verbandswesens, in: *Jakobs, Horst Heinrich u. a.* (Hrsg.), Festschrift für Werner Flume zum 70. Geburtstag. 12. September 1978, Band 1, Köln 1978, S. 429–442

Coing, Helmut: Europäisches Privatrecht. Band I. Älteres Gemeines Recht (1500 bis 1800), München 1985; Band II. 19. Jahrhundert. Überblick über die Entwicklung des Privatrechts in den ehemals gemeinrechtlichen Ländern, München 1989

Coubertin, Pierre de: Olympische Erinnerungen. Herausgegeben und eingeleitet von *Carl Diem*, 2. Auflage, Frankfurt 1959

Creifelds, Carl/Weber, Klaus: Rechtswörterbuch, 20. Auflage, München 2011

Duve, Christian/Rösch, Karl Ömer: Ist das deutsche Kartellrecht mehr wert als alle Olympiasiege?, in: Zeitschrift für Schiedsverfahren (SchiedsVZ) 2015, S. 69–77

Eisenberg, Christiane (Hrsg.): Fußball, soccer, calcio. Ein englischer Sport auf seinem Weg um die Welt, München 1997

Eckert, Jörn: Die Krise der Rechtsgeschichte und die Frage nach ihrem Nutzen für die Theorie und die Praxis des Rechts, in: *Eckert, Jörn* (Hrsg.), Der praktische Nutzen der Rechtsgeschichte. Hans Hattenhauer zum 8. September 2001, Heidelberg 2003, S. 121 ff.

Fechner, Frank/Arnhold, Johannes/Brodführer, Michael: Sportrecht, Tübingen 2014

Fischer, Paul/Burwell, Geoffrey: Kleines England-Lexikon. Wissenswertes über Großbritannien, 3. Auflage, München 1995

Flume, Werner: Allgemeiner Teil des Bürgerlichen Rechts. Erster Band. Zweiter Teil. Die juristische Person, Berlin/Heidelberg 1983

Flume, Werner: Allgemeiner Teil des Bürgerlichen Rechts. Zweiter Band. Das Rechtsgeschäft, 4. Auflage, Berlin/Heidelberg 1992

Föhr, Horst: Anforderungen des Grundgesetzes an den Aufbau von Verbänden, in: Neue Juristische Wochenschrift (NJW) 1975, S. 617 ff.

Fritzweiler, Jochen: Autonomie der Sportverbände – Gefahr für den Sport?, in: Zeitschrift für Sport und Recht (SpuRt) 2011, S. 1.

Fritzweiler, Jochen/Pfister, Bernhard/Summerer, Thomas: Praxishandbuch Sportrecht, 3. Auflage, München 2014

Fürstenberg, Friedrich: Ein analytisches Modell zur soziologischen Theorie des 19. Jahrhunderts, in: *Rüegg, Walter/Neuloh, Otto* (Hrsg.), Zur soziologischen Theorie und Analyse des 19. Jahrhunderts, Göttingen 1971, S. 22–33

Fuge, Jens: Die Gründung des Deutschen Fußballbundes, Abdruck eines Berichts aus der Zeitschrift „Spiel und Sport“ Nr. 144 vom 3. Februar 1900 über den ersten allgemeinen deutschen Fußballtag am 28. Januar 1900 in: *Fuge, Jens*, Ein Jahrhundert Leipziger Fußball. Die Jahre 1893 bis 1945, Leipzig 1996, S. 129–134

Gemoll, Wilhelm: Griechisch-Deutsches Schul- und Handwörterbuch, 9. Auflage, München 1965

Gierke, Otto von: Das deutsche Genossenschaftsrecht. Erster Band. Rechtsgeschichte der deutschen Genossenschaft, Berlin 1868; Zweiter Band. Geschichte des deutschen Körperschaftsbegriffs, Berlin 1873; Dritter Band. Die Staats- und Korporationslehre des Altertums und des Mittelalters und ihre Aufnahme in Deutschland, Berlin 1881; Vierter Band. Die Staats- und Korporationslehre der Neuzeit. Durchgeführt bis zur Mitte des siebzehnten, für das Naturrecht bis zum Beginn des neunzehnten Jahrhunderts, Berlin 1913

Gierke, Otto von: Deutsches Privatrecht. Erster Band. Allgemeiner Teil und Personenrecht, Berlin 1895

Gierke, Otto von: Der Entwurf eines bürgerlichen Gesetzbuches und das deutsche Recht, Nachdruck der Ausgabe Leipzig 1889, Goldbach 1997

Gießelmann-Goetze, Gudrun: Das Ein-Platz-Prinzip in: *Will, Michael R.* (Hrsg.), Sport und Recht in Europa – Kolloquium –, Saarbrücken 1988, S. 15–26

Gietzen, Nicole: Unternehmensmitbestimmung, Corporate Governance und der Deutsche Corporate Governance Kodex, Tübingen 2013

Göhner, Reinhard: Verfassungsrechtliche Voraussetzungen für die Willensbildung in privatrechtlichen Interessenverbänden, in: Deutsches Verwaltungsblatt (DVBl.) 1980, S. 1033–1038

Grätz, Daniel: Missbrauch der marktbeherrschenden Stellung durch Sportverbände, Tübingen 2009

Grimm, Jacob und Wilhelm: Deutsches Wörterbuch, Zehnten Bandes Erste Abtheilung, Seeleben-Sprechen, Leipzig 1905; Zwölfter Band, I. Abteilung, V-Verwunzen, Leipzig 1956

Grüne, Hardy: 100 Jahre Deutsche Meisterschaft. Die Geschichte des Fußballs in Deutschland, Göttingen 2003

Haas, Ulrich/Martens, Dirk-Reiner: Sportrecht – Eine Einführung in die Praxis, Zürich 2011

Hadding, Walther: Korporationsrechtliche oder rechtsgeschäftliche Grundlage des Vereinsrechts? In: *Lutter, Marcus u. a.* (Hrsg.), Festschrift für Robert Fischer, Berlin/New York 1979, S. 165–196

Hannamann, Isolde: Kartellverbot und Verhaltenskoordinationen im Sport (= Beiträge zum Sportrecht, Band 8), Berlin 2001

Heermann, Peter W.: Die Geltung von Verbandssatzungen gegenüber mittelbaren Mitgliedern und Nichtmitgliedern, in: Neue Zeitschrift für Gesellschaftsrecht (NGZ), 1999, S. 325–333

Heermann, Peter W.: Voraussetzungen und Grenzen der Inhaltskontrolle autonomen Vereinsrechts – Eine kritische Bestandsaufnahme insbesondere für den Bereich des Sports –, in: *Hüttemann, Rainer u. a.* (Hrsg.), Non Profit Law Yearbook 2007, Köln 2008, S. 91–112

Heermann, Peter W.: Bindung an die Satzung übergeordneter Verbände durch dynamische Verweisungsklauseln, in: Zeitschrift für das gesamte Handelsrecht und Wirtschaftsrecht (ZHR), 2010, S. 250–292

Heermann, Peter W.: Die Sportschiedsgerichtsbarkeit nach dem Pechstein-Urteil des BGH, in: Neue Juristische Wochenschrift (NJW) 2016, Heft 31, S. 2224–2227

Heimann, Karl-Heinz (Hrsg.): 100 Jahre deutscher Fußball. Sportmagazin Kicker (Sonderheft), Nürnberg 1999

Heinemann, Klaus: Einführung in die Ökonomie des Sports. Ein Handbuch, Schorndorf 1995

Heß, Burkhard: Voraussetzungen und Grenzen eines autonomen Sportrechts unter besonderer Berücksichtigung des internationalen Spitzensports, in: *Heß, Burkhard/Dressler, Wolf-Dieter*, Aktuelle Rechtsfragen des Sports. Tübinger Begegnung: Dialog zwischen der Juristischen Fakultät der Universität Tübingen und Richtern des Bundesgerichtshofs, Heidelberg 1999, S. 1–48

Hirschmann, Albert: Exit, Voice and Loyalty. Responses to Decline in Firms, Organizations, and States, Cambridge/Massachusetts 1970

Holzhäußer, Felix: Die Vereinslizenzierung in den deutschen Profisportligen. Rechtsfragen und Rechtsgrundlagen der Vereinslizenzierung nach der Ausgliederung der Profiligen aus den Bundesdachsportverbänden, Marburg 2006

Holzhäußer, Felix/Bagger, Tim/Schenk, Maximilian: Ist E-Sport „echter" Sport, in: Zeitschrift für Sport und Recht (SpuRt) 2016, S. 94–98

Holzke, Frank: Der Begriff Sport im deutschen und im europäischen Recht, Köln 2001

Honsell, Heinrich: Ambiguitas contra stipulatorem, in: *Benöhr, Hans-Peter u. a.* (Hrsg.), Iuris Professio. Festgabe für Max Kaser zum 80. Geburtstag, Graz/Wien 1986

Honsell, Heinrich: Einleitung zum BGB – Entstehung und Entwicklung, in: *Martinek, Michael* (Redaktor), J. von Staudingers Kommentar zum Bürgerlichen Gesetzbuch mit Einführungsgesetz und Nebengesetzen. Eckpfeiler des Zivilrechts, Berlin 2014, S. 167–235

Horch, Heinz-Dieter/Schubert, Manfred/Walzel, Stefan: Besonderheiten der Sportbetriebslehre, Berlin 2014

Horn, Stefan: Die Anwendung des europäischen Kartellrechts auf den Sport, Berlin 2016

Huba, Karl-Heinz: Fußball-Weltgeschichte. 1843 bis heute. Bilder, Daten, Fakten, München 2000

Humboldt, Wilhelm von: Ideen zu einem Versuch, die Gränzen der Wirksamkeit des Staats zu bestimmen, Breslau 1851

Inderst, Cornelia/Bannenberg, Britta/Poppe, Sina (Hrsg.),: Compliance. Aufbau-Management-Risikobereiche, 2. Auflage, Heidelberg 2013

Jakob, Anne: Private Sportveranstaltungen im Spannungsfeld zwischen Verbandsautonomie und Wettbewerbsfreiheit. Die Regelungsmacht der Verbände über Anbieter kommerzieller Sportwettbewerbe, in: Zeitschrift für Sport und Recht (SpuRt) 2016, S. 240–245

Jakobs, Horst Heinrich/Schubert, Werner (Hrsg.): Die Beratung des Bürgerlichen Gesetzbuches in systematischer Zusammenstellung der unveröffentlichten Quellen, Allgemeiner Teil. §§ 1–240. 1. Teilband, Berlin/New York 1985

Jhering, Rudolph von: Der Zweck im Recht, Erster Band, 2. Auflage, Leipzig 1884

Jellinek, Georg: Allgemeine Staatslehre, 3. Auflage, Berlin 1929

Jickeli, Joachim: Kartellrechtliche Grenzen des Einplatzprinzips im Verbandsrecht, in: *Martinek, Michael,* u.a. (Hrsg.), Festschrift für Dieter Reuter zum 70. Geburtstag am 16. Oktober 2010, Berlin/New York 2010, S. 1027–1041

Kaiser, Martin: Sport- und Spielregeln als materielles Nichtrecht?, in: Zeitschrift für Sport und Recht (SpuRt) 2009, S. 6–10

Kaser, Max: Der römische Anteil am deutschen bürgerlichen Recht, in: Juristische Schulung (JuS) 1967, S. 337–344

Kaser, Max: Römische Rechtsgeschichte, 2. Auflage, Göttingen 1993

Kaser, Max: Das Römische Privatrecht, Erster Abschnitt, Das altrömische, das vorklassische und das klassische Recht, 2. Auflage, München 1971

Ketteler, Gerd: Sport als Rechtsbegriff, in: Zeitschrift für Sport und Recht (SpuRt) 1997, S. 73–77

Keys, Barbara J.: Globalizing Sport. National Rivalry and International Community in the 1930s, Cambridge-Massachusets/London 2006

Kiel, Alexander: Zukunftswerkstatt und Visionskultur im Sport – eine explorative Studie, Landau 2012

Kirchhof, Ferdinand: Private Rechtsetzung, Berlin 1987

Klippel, Diethelm (Hrsg.): Deutsche Rechts- und Gerichtskarte. Mit einem Orientierungsheft neu herausgegeben und mit einer Einleitung versehen von Diethelm Klippel, Goldbach 1996

Köbler, Gerhard: Juristisches Wörterbuch. Für Studium und Ausbildung, 16. Auflage, München 2016

Kögler, Peter: Arbeiterbewegung und Vereinsrecht. Ein Beitrag zur Entstehungsgeschichte des BGB, Berlin 1974

Kohler, Stefan: Mitgliedschaftsrechtliche Regelungen in Vereinsordnungen, Heidelberg 1992

Kreutz, Peter: Romidee und Rechtsbild in der Spätantike. Untersuchungen zur Ideen- und Mentalitätsgeschichte, Berlin 2008

Kreutz, Peter: Der rechtliche Status von Verhaltensregeln im alpinen Wintersport, in: Causa Sport, Heft 1/2014, S. 23–33

Krockow, Christian Graf von: Sport, Gesellschaft und Politik. Eine Einführung, München 1980

Kübler, Friedrich: Privatrecht und Demokratie, in: *Baur, Fritz u. a.* (Hrsg.), Funktionswandel der Privatrechtsinstitutionen. Festschrift für Ludwig Raiser zum 70. Geburtstag, Tübingen 1974, S. 697–725

Kummer, Max: Spielregel und Rechtsregel, Bern 1973

Larenz, Karl/Wolf, Manfred: Allgemeiner Teil des Bürgerlichen Rechts, 9. Auflage, München 2004

Leach, Darcy K.: The Iron Law of What Again? Conceptualizing Oligarchy across Organizational Forms, in: Sociological Theory, Volume 23, Issue 3, September 2005, S. 312–337

Leist, Alexander: Vereinsherrschaft und Vereinsfreiheit im künftigen Reichsrecht, Jena 1899

Leßmann, Herbert: Die Verbände in der Demokratie und ihre Regelungsprobleme, in: Neue Juristische Wochenschrift (NJW) 1978, S. 1545–1551

Leuschner, Lars: Das Konzernrecht des Vereins, Tübingen 2011

Liebenam, Wilhelm: Zur Geschichte und Organisation des römischen Vereinswesens. 3 Untersuchungen. Nachdruck der Ausgabe Leipzig 1890, Aalen 1964

Lohbeck, Eckhart: Das Recht der Sportverbände. Eine entwicklungsgeschichtliche und rechtstatsächliche Untersuchung zum Verbandsgefüge und Satzungswerk der deutschen Sportverbände, Marburg 1971

Lohbeck, Eckhart: Die Vereinsordnungen, in: Monatsschrift für Deutsches Recht (MDR), 26. Jahrgang, Köln-Hamburg 1972

Look, Frank van: Vereinsstrafen als Vertragsstrafen. Ein Beitrag zum inneren Vereinsrecht, Berlin 1990

Luhmann, Niklas: Zweckbegriff und Systemrationalität. Über die Funktion von Zwecken im sozialen System, Ulm 1973

Lutter, Marcus: Theorie der Mitgliedschaft. Prolegomena zu einem Allgemeinen Teil des Korporationsrechts, in: *Grunsky, Wolfgang* u. a. (Hrsg.), Archiv für die civilistische Praxis (AcP), 180. Band, Tübingen 1980, S. 85–158

Maier, Frank: Rechtsfragen der Organisation und Autonomie im Verbands- und Berufssport – Dargestellt am Beispiel des Deutschen Fußball-Bundes und der National Football League in den USA –, Bayreuth 1995

Maunz, Theodor/Dürig, Günther (Begr.): Grundgesetz-Kommentar, Band I–VII, 78. Auflage, München 2016

Meyer-Cording, Ulrich: Die Vereinsstrafe, Tübingen 1957

Meyer, Dieter: Juristische Fremdwörter, Fachausdrücke und Abkürzungen, 13. Auflage, München 2012

Meyers Lexikonredaktion (Hrsg.): Meyers neues Lexikon. In zehn Bänden, Mannheim [u. a.] 1993

Michels, Robert: Zur Soziologie des Parteiwesens in der modernen Demokratie. Untersuchungen über die oligarchischen Tendenzen des Gruppenlebens, Leipzig 1911

Monheim, Dirk: Sportlerrechte und Sportgerichte im Lichte des Rechtsstaatsprinzips – auf dem Weg zu einem Bundessportgericht, München 2006

Möschel, Wernhard: Monopolverband und Satzungskontrolle. Am Beispiel des Einlagensicherungsfonds des Bundesverbandes deutscher Banken e.V., Tübingen 1978

Münch, Ingo von: Australien als juristisches Experimentierfeld?, in: Neue Juristische Wochenschrift (NJW) 1996, S. 3324–3325

MünchKommBGB: *Säcker, Franz Jürgen* u.a (Hrsg.), Münchener Kommentar zum Bürgerlichen Gesetzbuch, Band 1, Allgemeiner Teil §§ 1–240, ProstG, 7. Auflage, München 2015; Band 2, Schuldrecht – Allgemeiner Teil, 7. Auflage, München 2016

Mummenhoff, Winfried: Gründungssysteme und Rechtsfähigkeit. Die staatliche Mitwirkung bei der Verselbständigung des bürgerlichrechtlichen Vereins, Köln 1979

Mugdan, Benno: Die gesammelten Materialien zum Bürgerlichen Gesetzbuch für das Deutsche Reich. Band 1. Einführungsgesetz und Allgemeiner Teil. Neudruck der Ausgabe Berlin 1899, Berlin 1979

Müller, Friedrich: Korporation und Assoziation. Eine Problemgeschichte der Vereinigungsfreiheit im deutschen Vormärz, Berlin 1965

Naul, Roland/Wick, Uwe: Football, in: *Bartlett, Roger/Gratton, Chris/Rolf, Christer G.* (Hrsg.), Encyclopedia of international sports studies, Oxon/New York 2010, S. 540–543

Nicklisch, Fritz: Der verbandsrechtliche Aufnahmezwang und die Inhaltskontrolle satzungsmäßiger Aufnahmevoraussetzungen in: Juristenzeitung (JZ) 1976, 105–113

Nipperdey, Thomas: Deutsche Geschichte 1866–1918. Erster Band: Arbeitswelt und Bürgergeist, München 1990

Nolte, Martin/Horst, Johannes (Hrsg.): Handbuch Sportrecht, Schorndorf 2009

Orth, Jan F.: Vereins- und Verbandsstrafen am Beispiel des Fußballsports, Frankfurt a.M. 2009

Palandt, Otto/Brudermüller, Gerd u.a. (Bearb.): Bürgerliches Gesetzbuch mit Nebengesetzen insbesondere mit Einführungsgesetz (Auszug) einschließlich Rom I-, Rom II- und Rom III-Verordnungen sowie Haager Unterhaltsprotokoll und EU-Erbrechtsverordnung, Allgemeines Gleichbehandlungsgesetz (Auszug), Wohn- und Betreuungsvertragsgesetz, BGB-Informationspflichten-Verordnung, Unterlassungsklagengesetz, Produkthaftungsgesetz, Erbbaurechtsgesetz, Wohnungseigentumsgesetz, Versorgungsausgleichsgesetz, Lebenspartnerschaftsgesetz, Gewaltschutzgesetz, 77. Auflage, München 2018

Petri, Grischka: Die Unschuldsvermutung im Verbandsstrafverfahren, in: *Bepler, Klaus* (Hrsg.), Sportler, Arbeiter und Statuten. Herbert Fenn zum 65. Geburtstag, Berlin 2000, S. 239–287

Pfister, Bernhard: Autonomie des Sports, sport-typisches Verhalten und staatliches Recht, in: *Pfister, Bernhard/Will, Michael* (Hrsg.), Festschrift für Werner Lorenz zum siebzigsten Geburtstag, Tübingen 1991, S. 171–192

Planck, Karl: Fußlümmelei. Über Stauchballspiel und englische Krankheit. Nachdruck der Ausgabe Stuttgart 1898 in: Geschichte des Fußballs, Band 2, Münster 1982, S. 1–45

Popp, Klaus: Öffentliche Aufgaben der Gewerkschaften und innerverbandliche Willensbildung, Berlin 1975

Pöttinger, Peter: Wirtschaftliche und soziale Grundlagen der Professionalisierung im Sport, Wiesbaden 1989

Räker, Jan: Grundrechtliche Beziehungen juristischer Personen im Berufssport, Berlin 2008

Rauball, Reinhard (Hrsg.): Bundesliga-Skandal, Berlin 1972

Reichert, Bernhard (Begr.)/*Schimke, Martin/Dauernheim, Jörg* (Hrsg.): Handbuch des Vereins- und Verbandsrechts, 13. Auflage, Köln 2016

Reimann, Christoph: Lizenz- und Athletenvereinbarungen zwischen Sportverband und Sportler, Frankfurt am Main 2003

Reuter, Dieter: Das selbstgeschaffene Recht des internationalen Sports im Konflikt mit dem Geltungsanspruch des nationalen Rechts, in: DZWir 1996, S. 1 ff.

Reuter, Dieter: Rechtliche Grenzen ausgegliederter Wirtschaftstätigkeit von Idealvereinen, in: Zeitschrift für Wirtschaftsrecht (ZIP), Heft 9, 20. Oktober 1984, S. 1052–1064

Reuter, Dieter: Privatrechtliche Schranken der Perpetuierung von Unternehmen. Ein Beitrag zum Problem der Gestaltungsfreiheit im Recht der Unternehmensformen, Frankfurt am Main, 1973

Rimet, Jules: Introduction et esquisse historique in: *Kister, René/Schmid Godefroy* (Hrsg.), Le Football – Encyclopédie des sports modernes, Band I des Jahrgangs 1953, Genf 1953, S. 9 ff.

Rittner, Fritz: Die werdende juristische Person. Untersuchungen zum Gesellschafts- und Unternehmensrecht, Tübingen 1973

Rödl, Florian: Privatrecht und Gesellschaftsverfassung – zur logischen Rolle der Grundrechte im Privatrecht, in: *Hauer, Matti* u. a. (Hrsg.), Jahrbuch Junger

Zivilrechtswissenschaftler 2012. Macht im Zivilrecht. Berliner Tagung 5.–8. September 2012, Stuttgart 2013, S. 375–395

Röthig, Peter/Prohl, Robert u. a. (Hrsg.): Sportwissenschaftliches Lexikon, 7. Auflage, Schorndorf 2003

Rotteck, Carl von/Welcker Carl (Hrsg.): Das Staats-Lexikon. Encyclopädie der sämmtlichen Staatswissenschaften für alle Stände. Erster Band, Altona 1845; Dritter Band, Altona 1846

Ruffert, Matthias: Vorrang der Verfassung und Eigenständigkeit des Privatrechts. Eine verfassungsrechtliche Untersuchung zur Privatrechtswirkung des Grundgesetzes, Tübingen 2001

Säcker, Franz Jürgen: Probleme der Repräsentation von Großvereinen. Überlegungen zum Urteil des OLG Frankfurt vom 19. Dezember 1984 zu gewerkschaftlichen Delegiertenversammlungen, München 1986

Savigny, Friedrich Karl von: System des heutigen römischen Rechts. Erster Band, Berlin 1840

Savigny, Friedrich Karl von: System des heutigen römischen Rechts. Zweyter Band, Berlin 1840

Scheck, Matthias: Die Tätigkeit von Idealvereinen im Spannungsverhältnis zwischen Vereinsautonomie und kartellrechtlichen Verhaltensanforderungen, Marburg 2012

Scherrer, Urs/Ludwig, Kai: Sportrecht. Eine Begriffserläuterung, 2. Auflage, Zürich 2010

Schleiter, Pieter: Die lex sportiva – Ein autonomer Begründungsansatz zur internationalen Rechtsharmonisierung im Sport?, in: *Vieweg, Klaus* (Hrsg.), Facetten des Sportrechts. Referate der achten und neunten interuniversitären Tagung Sportrecht, Berlin 2009, S. 231–250

Schlosser, Hans: Neuere Europäische Rechtsgeschichte. Privat- und Strafrecht vom Mittelalter bis zur Moderne, 3. Auflage, München 2017

Schlosser, Hans: Grundzüge der neueren Privatrechtsgeschichte. Rechtsentwicklungen im europäischen Kontext, 10. Auflage, Heidelberg 2005

Schlosser, Peter: Vereins- und Verbandsgerichtsbarkeit, München 1972

Schmidt, Karsten: Gesellschaftsrecht, 4. Auflage, Köln u. a. 2002

Schmidt, Karsten: Verbandszweck und Rechtsfähigkeit im Vereinsrecht. Eine Studie über Erwerb und Verlust der Rechtsfähigkeit wirtschaftlicher und nichtwirtschaftlicher Vereine, Heidelberg 1984

Schmölders, Günter: Das Selbstbild der Verbände. Empirische Erhebung über die Verhaltensweisen der Verbände in ihrer Bedeutung für die wirtschaftspolitische Willensbildung in der Bundesrepublik Deutschland, Berlin 1965

Schockenhoff, Martin: Der Grundsatz der Vereinsautonomie, in: *Grunsky, Wolfgang* u. a. (Hrsg.), Archiv für die civilistische Praxis (AcP), 193. Band, Tübingen 1993, S. 35–67

Schröder, Jürgen: Symbolik der Olympischen Bewegung. Grundlagen und Möglichkeiten eines rechtlichen Schutzes, Mainz 1976

Schubert, Werner: Materialien zur Entstehungsgeschichte des BGB – Einführung, Biographien, Materialien –, (= *Jakobs, Horst Heinrich/Schubert, Werner* (Hrsg.), Die Beratung des Bürgerlichen Gesetzbuches in systematischer Zusammenstellung der unveröffentlichten Quellen, Berlin/New York, Erster Band), Berlin/New York 1978

Schubert, Werner (Hrsg.): Die Vorlagen der Redaktoren für die erste Kommission zur Ausarbeitung des Entwurfs eines Bürgerlichen Gesetzbuches. Allgemeiner Teil. Teil 1. Verfasser: Albert Gebhard, Berlin/New York 1981

Schütz, Markus: Zur Korrektur unerträglicher Tatsachenentscheidungen von Schiedsrichtern. Zugleich Anmerkung zum Urteil des DFB-Sportgerichts vom 28.10.2013, Zeitschrift für Sport und Recht (SpuRt) 2014, S. 53–55.

Schulz, Fritz: Classical Roman law, London 1951

Schulze, Reiner: Verbände, in: *Erler, Adalbert/Kaufmann, Ekkehard/Cordes, Albrecht/Lück, Heiner/Werkmüller, Dieter/Schmidt-Wiegand, Ruth* (Hrsg.), Handwörterbuch zur deutschen Rechtsgeschichte. V. Band: Straftheorie-Zycha, Berlin 1998, S. 662

Schwierkus, Freddy: Der rechtsfähige ideelle und wirtschaftliche Verein (§§ 21, 22 BGB), Berlin 1981

Simon, Thomas: Die Rechtsprechung des 19. und beginnenden 20. Jahrhunderts zur Möglichkeit gerichtlicher Nachprüfung von Vereinsentscheidungen – Eine historische Analyse richterlicher Entscheidungsfindung –, Leipzig 1972

Sinn, Ulrich: Olympia. Kult, Sport und Fest in der Antike, München 1996

Soergel, Thomas (Begr.)/*Siebert, Walter/Baur, Jürgen F.* (Hrsg.): Bürgerliches Gesetzbuch mit Einführungsgesetz und Nebengesetzen, Band 1, Allgemeiner Teil, §§ 1–103, 13. Auflage, Stuttgart u. a. 2000

Sorg, Heinrich: Von der Stunde Null bis zum Deutschen Sportbund, in: Jahrbuch des Sports 1955/56, Frankfurt am Main 1955, S. 79 ff.

Staudinger: Habermann, Norbert/Weick, Günter (Bearbeiter), J. von Staudingers Kommentar zum Bürgerlichen Gesetzbuch mit Einführungsgesetz und Nebengesetzen. Buch 1. Allgemeiner Teil. §§ 21–79. (Allgemeiner Teil 2), Berlin 2005

Steinbeck, Anja: Vereinsautonomie und Dritteinfluß. Dargestellt an den Verbänden des Sports, Berlin/New York 1999

Steinbeck, Anja: Der Anspruch auf Aufnahme in einen Verein – dargestellt am Beispiel der Sportverbände, in: Wirtschaft und Wettbewerb (WuW) 1996, S. 91–102

Steiner, Udo: Die Autonomie des Sports, in: *Tettinger, Peter/Vieweg, Klaus* (Hrsg.), Gegenwartsfragen des Sportrechts. Ausgewählte Schriften von Udo Steiner, Berlin 2004, S. 222–254

Steiner, Udo: Amateurfußball und Grundrechte, in: *Tettinger, Peter/Vieweg, Klaus* (Hrsg.), Gegenwartsfragen des Sportrechts. Ausgewählte Schriften von Udo Steiner, Berlin 2004, S. 9–26

Steiner, Udo: Verfassungsfragen des Sports, in: Neue Juristische Wochenschrift (NJW) 1991, Heft 43, S. 2729–2736

Steiner, Udo: Quo vadis Sportrecht?, in: Causa Sport, Heft 1/2009, S. 14–24

Steinmann, Kurt: Meisterstücke der griechischen und römischen Literatur, Stuttgart 1998

Stöber, Kurt/Otto, Dirk Ulrich: Handbuch zum Vereinsrecht, 10. Auflage, Köln 2012

Stolleis, Michael (Hrsg.): Juristen. Ein biographisches Lexikon. Von der Antike bis zum 20. Jahrhundert, München 2001

Stopper, Martin/Lentze, Gregor (Hrsg.): Handbuch Fußball-Recht. Rechte – Vermarktung – Organisation, Berlin 2012

Süddeutscher Fußball-Verband (Hrsg.): 100 Jahre Süddeutscher Fußball-Verband, Gersthofen 1997

Swaddling, Judith: Die Olympischen Spiele der Antike. Aus dem Englischen übersetzt von *Ursula Blank-Sangmeister*, Stuttgart 2004

Teubner, Gunther: Organisationsdemokratie und Verbandsverfassung. Rechtsmodelle für politisch relevante Verbände, Tübingen 1978

Teubner, Gunther: Ziele und Methoden der verbandsrechtlichen Reformdiskussion, in: Zeitschrift für Unternehmens- und Gesellschaftsrecht (ZGR), 1975, S. 459–476

Teubner, Gunther: Zu den Regelungsproblemen der Verbände – Neo-Korporatismus und innerverbandliche Opposition –, in: JuristenZeitung (JZ) 1978, S. 545–548

Thibaut, Anton Friedrich Justus: System des Pandekten-Rechts, Erster Band, siebente Ausgabe, Jena 1828

Tilch, Horst/Arloth, Frank (Hrsg.): Deutsches Rechts-Lexikon, Band 1, A-F, 3. Auflage, München 2001

Tränkle, Hermann: ΓΝΩΘΙ ΣΕΑΥΤΟΝ. Zu Ursprung und Deutungsgeschichte des delphischen Spruchs, in: *Latacz, Joachim/Neumann, Günter* (Hrsg.),

Würzburger Jahrbücher für die Altertumswissenschaft. Neue Folge. Band 11, Würzburg 1985, S. 19–31

Trosien, Gerhard/Stetter, Dirk: Globale Ausbreitung des Snowboardings und Entwicklungen in Deutschland, in: *Trosien, Gerhard* (Hrsg.), Globalisierung und Sport. Business – Entertainment – Trends, Aachen 1998, S. 89–102

Vieweg, Klaus: Normsetzung und -anwendung deutscher und internationaler Verbände, Berlin 1990

Vieweg, Klaus: Gleichschaltung und Führerprinzip – Zum rechtlichen Instrumentarium der Organisation des Sports im Dritten Reich, in: *Salje, Peter* (Hrsg.), Recht und Unrecht im Nationalsozialismus, Münster 1985, S. 244–271

Vieweg, Klaus: Zur Einführung: Sport und Recht, in: Juristische Schulung (JuS) 1983, 825 ff.

Vieweg, Klaus/Staschik, Paul: Lex sportiva und Fairness-Prinzip, in: Zeitschrift für Sport und Recht (SpuRt) 2013, S. 227–234

Vogt, Matthias: Philosophie, Eggolsheim 2005

Vormbaum, Thomas: Die Rechtsfähigkeit der Vereine im 19. Jahrhundert. Ein Beitrag zur Entstehungsgeschichte des BGB, Berlin/New York 1976

Werkmüller, Dieter: Verein, in: *Erler, Adalbert/Kaufmann, Ekkehard/Cordes, Albrecht/Lück, Heiner/Werkmüller, Dieter/Schmidt-Wiegand, Ruth* (Hrsg.), Handwörterbuch zur deutschen Rechtsgeschichte. V. Band: Straftheorie-Zycha, Berlin 1998, S. 690

Westermann, Harm Peter: Das Recht des Leistungssports – ein Sonderprivatrecht?, in: *Löwisch, Manfred u. a.* (Hrsg.), Beiträge zum Handels- und Wirtschaftsrecht. Festschrift für Fritz Rittner zum 70. Geburtstag, München 1991, S. 771–791

Westermann, Harm Peter: BGB-Vereinsrecht vor 100 Jahren und heute, in: *Jickeli, Joachim u. a.* (Hrsg.), Gedächtnisschrift für Jürgen Sonnenschein. 22. Januar 1938 bis 6. Dezember 2000, Berlin 2003, S. 617–633

Westermann, Harry: Zweck der Gesellschaft und Gegenstand des Unternehmens im Aktien- und Genossenschaftsrecht, in: *Hubmann, Heinrich/Hübner, Heinz* (Hrsg.), Festschrift für Ludwig Schnorr von Carolsfeld zum 70. Geburtstag. 26. Januar 1973, Köln u. a. 1972, S. 517–532

Wieacker, Franz: Privatrechtsgeschichte der Neuzeit. Unter besonderer Berücksichtigung der deutschen Entwicklung, 2. Auflage, Göttingen 1967

Wieacker, Franz: Zur Theorie der Juristischen Person des Privatrechts, in: *Forsthoff, Ernst u. a.* (Hrsg.), Festschrift für Ernst Rudolf Huber zum 70. Geburtstag am 8. Juni 1973, Göttingen 1973, S. 339 ff.

Wiedemann, Herbert: Verbandssouveränität und Außeneinfluss. Gedanken zur Errichtung eines Beirats in einer Personengesellschaft, in: *Fischer, Robert/Hefermehl, Wolfgang* (Hrsg.), Gesellschaftsrecht und Unternehmensrecht. Festschrift für Wolfgang Schilling zum 65. Geburtstag am 5. Juni 1973, Berlin/New York 1973, S. 105–124

Windscheid, Bernhard: Lehrbuch des Pandektenrechts, Erster Band, Düsseldorf 1862

Wolf, Erik: Große Rechtsdenker der deutschen Geistesgeschichte, 4. Auflage, Tübingen 1963

Zippelius, Reinhold: Gesellschaft und Recht. Grundbegriffe der Rechts- und Staatssoziologie, München 1980

Augsburger Studien zum Internationalen Recht

Herausgegeben von Volker Behr, Luis Greco und Christoph Vedder

Band 1 Ramon Sieveking: Schiedsgutachtenverträge nach deutschem und New Yorker Recht. Eine rechtsvergleichende Untersuchung der Sach- und Interessengerechtigkeit der Ausgestaltung des deutschen Schiedsgutachtenrechts. 2007.

Band 2 Susanne Kobor: Bargaining in the Criminal Justice Systems of the United States and Germany. A Matter of Justice and Administrative Efficiency Within Legal, Cultural Context. 2008.

Band 3 Jérôme Pause: Der französische Conseil d'État als höchstes Verwaltungsgericht und oberste Verwaltungsbehörde. Seine Entwicklung und heutige Stellung. 2008.

Band 4 Henriette Heine: Die Rechtsstellung des Beschuldigten im Rahmen der Europäisierung des Strafverfahrens. 2009.

Band 5 Susanne Kratzer: Die vorweggenommene Erbfolge in Deutschland und Italien unter besonderer Berücksichtigung des Familienvertrages (*patto di famiglia*). 2009.

Band 6 Octavian Gabriel Pascu: Strafrechtliche Fundamentalprinzipien im Gemeinschaftsrecht. Unter besonderer Berücksichtigung des Kartellordnungswidrigkeitenrechts. 2010.

Band 7 Henning Rosenau / Sangyun Kim (Hrsg.): Straftheorie und Strafgerechtigkeit. Deutsch-Japanischer Strafrechtsdialog. 2010.

Band 8 Gerhard Molt: Das Recht der nicht-schifffahrtlichen Wassernutzung am Mekong im Lichte des allgemeinen internationalen Wasserrechts. 2011.

Band 9 Michael Kraus: Rechtsstaatliche Terrorismusbekämpfung durch Straf- und Strafprozessrecht. 2012.

Band 10 Arnd Koch / Matthias Rossi (Hrsg.): Kodifikation in Europa. 2012.

Band 11 Vanessa Desoutter: La responsabilité civile de la société mère vis-à-vis de sa filiale. Comparaison entre l'Aktiengesetz allemande et le droit français des groupes. 2012.

Band 12 Klaus Schwichtenberg: Die Kooperationsverpflichtung der Mitgliedstaaten der Europäischen Union bei Abschluss und Anwendung gemischter Verträge. 2014.

Band 13 Henning Rosenau /Oliver Schön (Hrsg.): Japanisches Recht im Vergleich. Erstes Symposium zum japanischen Recht für Nachwuchswissenschaftler an der Universität Augsburg. Deutsch-Japanischer Strafrechtsdialog ドイツー日本 刑法に関する対話. 2014.

Band 14 Szabolcs Petrus: Europäisches Strafrecht. Gegenwärtige Rechtslage und künftige Perspektiven. 2015.

Band 15 Frank Schemmel: Haftungsfall Burn-Out. Ein Beitrag zur Klärung haftungsrechtlicher Probleme im Rahmen von arbeitsbedingtem Stress und Überbelastung. Insbesondere unter Berücksichtigung der japanischen Rechtslage zu den Phänomenen Karôshi und Karô-jisatsu. 2016.

Band 16 Erhan Temel (Hrsg.): Türkei und Deutschland in Europa. 2016.

Band 17 Donald Riznik: Die Immunität „ratione personae" des Souveräns. 2016.

Band 18 Désirée Hofmann: Die Umsetzung universeller Menschenrechtsverträge in Deutschland. 2017.

Band 19 Christian Gemmer: Die Energieaußenhandelspolitik der Europäischen Union. 2017.

Band 20 Andreas Stegmann: Unternehmenssanktionen durch die Weltbank. 2017.

Band 21 Paul Fischer: Die Rolle des Ein-Platz-Prinzips in der Autonomie der Sportfachverbände. 2018.

www.peterlang.com

www.ingramcontent.com/pod-product-compliance
Ingram Content Group UK Ltd.
Pitfield, Milton Keynes, MK11 3LW, UK
UKHW021848290926
8980IPUK00005B/715

9 783631 750957